TRANZLATY

La Langue est pour tout le Monde

Η γλώσσα είναι για όλους

L'appel de la forêt

Το Κάλεσμα της Άγριας Φύσης

Jack London
Τζακ Λόντον

Français / ελληνικά

Copyright © 2025 Tranzlaty
All rights reserved
Published by Tranzlaty
ISBN: 978-1-80572-821-4
Original text by Jack London
The Call of the Wild
First published in 1903
www.tranzlaty.com

Dans le primitif
Στο Πρωτόγονο

Buck ne lisait pas les journaux/
Ο Μπακ δεν διάβαζε εφημερίδες.
S'il avait lu les journaux, il aurait su que des problèmes se préparaient.
Αν είχε διαβάσει εφημερίδες, θα ήξερε ότι θα υπήρχαν προβλήματα.
Il y avait des problèmes non seulement pour lui-même, mais pour tous les chiens de la marée.
Υπήρχαν προβλήματα όχι μόνο για τον ίδιο, αλλά για κάθε σκύλο της παλίρροιας.
Tout chien musclé et aux poils longs et chauds allait avoir des ennuis.
Κάθε σκύλος με δυνατούς μύες και ζεστό, μακρύ τρίχωμα θα είχε μπελάδες.
De Puget Bay à San Diego, aucun chien ne pouvait échapper à ce qui allait arriver.
Από το Πιούτζετ Μπέι μέχρι το Σαν Ντιέγκο, κανένα σκυλί δεν μπορούσε να ξεφύγει από αυτό που ερχόταν.
Des hommes, tâtonnant dans l'obscurité de l'Arctique, avaient trouvé un métal jaune.
Άντρες, ψάχνοντας στο σκοτάδι της Αρκτικής, είχαν βρει ένα κίτρινο μέταλλο.
Les compagnies de navigation et de transport étaient à la recherche de cette découverte.
Ατμοπλοϊκές και μεταφορικές εταιρείες κυνηγούσαν την ανακάλυψη.
Des milliers d'hommes se précipitaient vers le Nord.
Χιλιάδες άντρες έσπευσαν στη Βόρεια Χώρα.
Ces hommes voulaient des chiens, et les chiens qu'ils voulaient étaient des chiens lourds.
Αυτοί οι άντρες ήθελαν σκυλιά, και τα σκυλιά που ήθελαν ήταν βαριά σκυλιά.
Chiens dotés de muscles puissants pour travailler.
Σκύλοι με δυνατούς μύες για να μοχθούν.

Chiens avec des manteaux de fourrure pour les protéger du gel.
Σκυλιά με γούνινο τρίχωμα για να τα προστατεύει από τον παγετό.

Buck vivait dans une grande maison dans la vallée ensoleillée de Santa Clara.
Ο Μπακ έμενε σε ένα μεγάλο σπίτι στην ηλιόλουστη κοιλάδα της Σάντα Κλάρα.
La maison du juge Miller s'appelait ainsi.
Το σπίτι του Δικαστή Μίλερ ονομαζόταν το σπίτι του.
Sa maison se trouvait en retrait de la route, à moitié cachée parmi les arbres.
Το σπίτι του βρισκόταν μακριά από τον δρόμο, μισοκρυμμένο ανάμεσα στα δέντρα.
On pouvait apercevoir la large véranda qui courait autour de la maison.
Μπορούσε κανείς να δει την πλατιά βεράντα που εκτεινόταν γύρω από το σπίτι.
On accédait à la maison par des allées gravillonnées.
Το σπίτι προσεγγιζόταν από χαλικόστρωτα μονοπάτια.
Les sentiers serpentaient à travers de vastes pelouses.
Τα μονοπάτια ελίσσονταν μέσα από απέραντους χλοοτάπητες.
Au-dessus de nos têtes se trouvaient les branches entrelacées de grands peupliers.
Από πάνω υψώνονταν τα αλληλοσυνδεόμενα κλαδιά ψηλών λεύκων.
À l'arrière de la maison, les choses étaient encore plus spacieuses.
Στο πίσω μέρος του σπιτιού τα πράγματα ήταν ακόμα πιο ευρύχωρα.
Il y avait de grandes écuries, où une douzaine de palefreniers discutaient
Υπήρχαν μεγάλοι στάβλοι, όπου μια ντουζίνα γαμπροί κουβεντιάζονταν

Il y avait des rangées de maisons de serviteurs recouvertes de vigne
Υπήρχαν σειρές από καλύβες υπηρετών ντυμένες με κλήματα
Et il y avait une gamme infinie et ordonnée de toilettes extérieures
Και υπήρχε μια ατελείωτη και τακτοποιημένη σειρά από βοηθητικά σπίτια
Longues tonnelles de vigne, pâturages verts, vergers et parcelles de baies.
Μακριές κληματαριές με σταφύλια, πράσινα λιβάδια, οπωρώνες και χωράφια με μούρα.
Ensuite, il y avait l'usine de pompage du puits artésien.
Έπειτα υπήρχε η μονάδα άντλησης για το αρτεσιανό πηγάδι.
Et il y avait le grand réservoir en ciment rempli d'eau.
Και εκεί ήταν η μεγάλη τσιμεντένια δεξαμενή γεμάτη με νερό.
C'est ici que les garçons du juge Miller ont fait leur plongeon matinal.
Εδώ τα αγόρια του Δικαστή Μίλερ έκαναν την πρωινή τους βουτιά.
Et ils se sont rafraîchis là-bas aussi dans l'après-midi chaud.
Και δρόσησαν εκεί κάτω το ζεστό απόγευμα επίσης.
Et sur ce grand domaine, Buck était celui qui régnait sur tout.
Και πάνω από αυτή τη μεγάλη επικράτεια, ο Μπακ ήταν αυτός που την κυβερνούσε ολόκληρη.
Buck est né sur cette terre et y a vécu toutes ses quatre années.
Ο Μπακ γεννήθηκε σε αυτή τη γη και έζησε εδώ όλα τα τέσσερα χρόνια του.
Il y avait bien d'autres chiens, mais ils n'avaient pas vraiment d'importance.
Υπήρχαν πράγματι και άλλα σκυλιά, αλλά δεν είχαν πραγματικά σημασία.

D'autres chiens étaient attendus dans un endroit aussi vaste que celui-ci.
Αναμένονταν και άλλα σκυλιά σε ένα μέρος τόσο απέραντο όσο αυτό.
Ces chiens allaient et venaient, ou vivaient à l'intérieur des chenils très fréquentés.
Αυτά τα σκυλιά έρχονταν και έφυγαν ή ζούσαν μέσα στα πολυσύχναστα κυνοκομεία.
Certains chiens vivaient cachés dans la maison, comme Toots et Ysabel.
Μερικά σκυλιά ζούσαν κρυμμένα στο σπίτι, όπως ο Τουτς και η Ίζαμπελ.
Toots était un carlin japonais, Ysabel un chien nu mexicain.
Ο Τουτς ήταν ένα ιαπωνικό πανκ, η Ίζαμπελ ένα μεξικανικό άτριχο σκυλί.
Ces étranges créatures sortaient rarement de la maison.
Αυτά τα παράξενα πλάσματα σπάνια έβγαιναν έξω από το σπίτι.
Ils n'ont pas touché le sol, ni respiré l'air libre à l'extérieur.
Δεν άγγιξαν το έδαφος, ούτε μύρισαν τον αέρα έξω.
Il y avait aussi les fox-terriers, au moins une vingtaine.
Υπήρχαν επίσης τα φοξ τεριέ, τουλάχιστον είκοσι τον αριθμό.
Ces terriers aboyaient férocement sur Toots et Ysabel à l'intérieur.
Αυτά τα τεριέ γάβγιζαν μανιασμένα στον Τουτς και την Υζαμπελ μέσα στο σπίτι.
Toots et Ysabel sont restés derrière les fenêtres, à l'abri du danger.
Ο Τουτς και η Ίζαμπελ έμειναν πίσω από τα παράθυρα, ασφαλείς από κάθε κακό.
Ils étaient gardés par des domestiques munies de balais et de serpillères.
Τους φρουρούσαν υπηρέτριες με σκούπες και σφουγγαρίστρες.
Mais Buck n'était pas un chien de maison, et il n'était pas non plus un chien de chenil.

Αλλά ο Μπακ δεν ήταν σκύλος σπιτιού, ούτε ήταν σκύλος κυνοτροφείου.

L'ensemble de la propriété appartenait à Buck comme son royaume légitime.

Ολόκληρη η περιουσία ανήκε στον Μπακ ως νόμιμο βασίλειό του.

Buck nageait dans le réservoir ou partait à la chasse avec les fils du juge.

Ο Μπακ κολυμπούσε στη δεξαμενή ή πήγε για κυνήγι με τους γιους του Δικαστή.

Il marchait avec Mollie et Alice tôt ou tard le soir.

Περπατούσε με τη Μόλι και την Άλις τις πρώτες ή τις τελευταίες ώρες.

Lors des nuits froides, il s'allongeait devant le feu de la bibliothèque avec le juge.

Τις κρύες νύχτες ξάπλωνε μπροστά στη φωτιά της βιβλιοθήκης με τον Δικαστή.

Buck a promené les petits-fils du juge sur son dos robuste.

Ο Μπακ πήγαινε βόλτα τα εγγόνια του Δικαστή στη γερή του πλάτη.

Il roula dans l'herbe avec les garçons, les surveillant de près.

Κυλίστηκε στο γρασίδι με τα αγόρια, φυλάσσοντάς τα στενά.

Ils s'aventurèrent jusqu'à la fontaine et même au-delà des champs de baies.

Τόλμησαν να πάνε στο σιντριβάνι και μάλιστα πέρασαν από τα χωράφια με τα μούρα.

Parmi les fox terriers, Buck marchait toujours avec une fierté royale.

Ανάμεσα στα φοξ τεριέ, ο Μπακ περπατούσε πάντα με βασιλική υπερηφάνεια.

Il ignora Toots et Ysabel, les traitant comme s'ils étaient de l'air.

Αγνόησε τον Τουτς και την Υ̓ζαμπελ, φερόμενος τους σαν να ήταν αέρας.

Buck régnait sur toutes les créatures vivantes sur les terres du juge Miller.

Ο Μπακ κυβερνούσε όλα τα ζωντανά πλάσματα στη γη του Δικαστή Μίλερ.
Il régnait sur les animaux, les insectes, les oiseaux et même les humains.
Κυριάρχησε πάνω σε ζώα, έντομα, πουλιά, ακόμη και ανθρώπους.
Le père de Buck, Elmo, était un énorme et fidèle Saint-Bernard.
Ο πατέρας του Μπακ, ο Έλμο, ήταν ένας τεράστιος και πιστός Άγιος Βερνάρδος.
Elmo n'a jamais quitté le juge et l'a servi fidèlement.
Ο Έλμο δεν έφυγε ποτέ από το πλευρό του Δικαστή και τον υπηρέτησε πιστά.
Buck semblait prêt à suivre le noble exemple de son père.
Ο Μπακ φαινόταν έτοιμος να ακολουθήσει το ευγενές παράδειγμα του πατέρα του.
Buck n'était pas aussi gros, pesant cent quarante livres.
Ο Μπακ δεν ήταν τόσο μεγαλόσωμος, ζύγιζε εκατόν σαράντα κιλά.
Sa mère, Shep, était un excellent chien de berger écossais.
Η μητέρα του, η Σεπ, ήταν ένα καλό σκωτσέζικο ποιμενικό σκυλί.
Mais même avec ce poids, Buck marchait avec une présence royale.
Αλλά ακόμα και με αυτό το βάρος, ο Μπακ περπατούσε με βασιλική παρουσία.
Cela venait de la bonne nourriture et du respect qu'il recevait toujours.
Αυτό προερχόταν από το καλό φαγητό και τον σεβασμό που πάντα λάμβανε.
Pendant quatre ans, Buck a vécu comme un noble gâté.
Για τέσσερα χρόνια, ο Μπακ ζούσε σαν κακομαθημένος ευγενής.
Il était fier de lui, et même légèrement égoïste.
Ήταν περήφανος για τον εαυτό του, ακόμη και ελαφρώς εγωιστής.

Ce genre de fierté était courant chez les seigneurs des régions reculées.
Αυτού του είδους η υπερηφάνεια ήταν συνηθισμένη στους άρχοντες της απομακρυσμένης υπαίθρου.
Mais Buck s'est sauvé de devenir un chien de maison choyé.
Αλλά ο Μπακ γλίτωσε από το να γίνει χαϊδεμένος σπιτόσκυλο.
Il est resté mince et fort grâce à la chasse et à l'exercice.
Παρέμεινε αδύνατος και δυνατός μέσα από το κυνήγι και την άσκηση.
Il aimait profondément l'eau, comme les gens qui se baignent dans les lacs froids.
Αγαπούσε πολύ το νερό, όπως οι άνθρωποι που κάνουν μπάνιο σε κρύες λίμνες.
Cet amour pour l'eau a gardé Buck fort et en très bonne santé.
Αυτή η αγάπη για το νερό κράτησε τον Μπακ δυνατό και πολύ υγιή.
C'était le chien que Buck était devenu à l'automne 1897.
Αυτός ήταν ο σκύλος που είχε γίνει ο Μπακ το φθινόπωρο του 1897.
Lorsque la découverte du Klondike a attiré des hommes vers le Nord gelé.
Όταν η απεργία του Κλοντάικ τράβηξε τους άντρες στον παγωμένο Βορρά.
Des gens du monde entier se sont précipités vers ce pays froid.
Άνθρωποι από όλο τον κόσμο έσπευσαν στην κρύα γη.
Buck, cependant, ne lisait pas les journaux et ne comprenait pas les nouvelles.
Ο Μπακ, ωστόσο, δεν διάβαζε εφημερίδες ούτε καταλάβαινε ειδήσεις.
Il ne savait pas que Manuel était un homme désagréable à fréquenter.
Δεν ήξερε ότι ο Μανουέλ ήταν κακός άνθρωπος για να έχεις παρέα.
Manuel, qui aidait au jardin, avait un problème grave.

Ο Μανουέλ, που βοηθούσε στον κήπο, είχε ένα σοβαρό πρόβλημα.
Manuel était accro aux jeux de loterie chinois.
Ο Μανουέλ ήταν εθισμένος στον τζόγο στο κινεζικό λαχείο.
Il croyait également fermement en un système fixe pour gagner.
Πίστευε επίσης ακράδαντα σε ένα σταθερό σύστημα για τη νίκη.
Cette croyance rendait son échec certain et inévitable.
Αυτή η πεποίθηση έκανε την αποτυχία του βέβαιη και αναπόφευκτη.
Jouer un système exige de l'argent, ce qui manquait à Manuel.
Το να παίζεις με ένα σύστημα απαιτεί χρήματα, τα οποία ο Μανουέλ δεν είχε.
Son salaire suffisait à peine à subvenir aux besoins de sa femme et de ses nombreux enfants.
Ο μισθός του μόλις που συντηρούσε τη γυναίκα του και τα πολλά παιδιά του.
La nuit où Manuel a trahi Buck, les choses étaient normales.
Τη νύχτα που ο Μανουέλ πρόδωσε τον Μπακ, τα πράγματα ήταν φυσιολογικά.
Le juge était présent à une réunion de l'Association des producteurs de raisins secs.
Ο Δικαστής βρισκόταν σε μια συνάντηση του Συνδέσμου Παραγωγών Σταφίδας.
Les fils du juge étaient alors occupés à former un club d'athlétisme.
Οι γιοι του Δικαστή ήταν απασχολημένοι με τη δημιουργία ενός αθλητικού συλλόγου τότε.
Personne n'a vu Manuel et Buck sortir par le verger.
Κανείς δεν είδε τον Μάνουελ και τον Μπακ να φεύγουν μέσα από τον οπωρώνα.
Buck pensait que cette promenade n'était qu'une simple promenade nocturne.

Ο Μπακ νόμιζε ότι αυτή η βόλτα ήταν απλώς μια απλή νυχτερινή βόλτα.
Ils n'ont rencontré qu'un seul homme à la station du drapeau, à College Park.
Συνάντησαν μόνο έναν άντρα στο σταθμό σημαίας, στο Κόλετζ Παρκ.
Cet homme a parlé à Manuel et ils ont échangé de l'argent.
Αυτός ο άντρας μίλησε στον Μανουέλ και αντάλλαξαν χρήματα.
« Emballez les marchandises avant de les livrer », a-t-il suggéré.
«Τυλίξτε τα εμπορεύματα πριν τα παραδώσετε», πρότεινε.
La voix de l'homme était rauque et impatiente lorsqu'il parlait.
Η φωνή του άντρα ήταν τραχιά και ανυπόμονη καθώς μιλούσε.
Manuel a soigneusement attaché une corde épaisse autour du cou de Buck.
Ο Μανουέλ έδεσε προσεκτικά ένα χοντρό σχοινί γύρω από το λαιμό του Μπακ.
« Tournez la corde et vous l'étoufferez abondamment »
«Στρέψε το σχοινί και θα τον πνίξεις πολύ»
L'étranger émit un grognement, montrant qu'il comprenait bien.
Ο ξένος γρύλισε, δείχνοντας ότι κατάλαβε καλά.
Buck a accepté la corde avec calme et dignité tranquille ce jour-là.
Ο Μπακ δέχτηκε το σχοινί με ηρεμία και γαλήνη αξιοπρέπεια εκείνη την ημέρα.
C'était un acte inhabituel, mais Buck faisait confiance aux hommes qu'il connaissait.
Ήταν μια ασυνήθιστη πράξη, αλλά ο Μπακ εμπιστευόταν τους άντρες που γνώριζε.
Il croyait que leur sagesse allait bien au-delà de sa propre pensée.
Πίστευε ότι η σοφία τους ξεπερνούσε κατά πολύ τη δική του σκέψη.

Mais ensuite la corde fut remise entre les mains de l'étranger.
Αλλά τότε το σχοινί δόθηκε στα χέρια του ξένου.
Buck émit un grognement sourd qui avertissait avec une menace silencieuse.
Ο Μπακ έβγαλε ένα χαμηλό γρύλισμα που προειδοποιούσε με μια ήσυχη απειλή.
Il était fier et autoritaire, et voulait montrer son mécontentement.
Ήταν περήφανος και επιβλητικός, και ήθελε να δείξει τη δυσαρέσκειά του.
Buck pensait que son avertissement serait compris comme un ordre.
Ο Μπακ πίστευε ότι η προειδοποίησή του θα ερμηνευόταν ως διαταγή.
À sa grande surprise, la corde se resserra rapidement autour de son cou épais.
Προς έκπληξή του, το σχοινί τεντώθηκε γρήγορα γύρω από τον χοντρό λαιμό του.
Son air fut coupé et il commença à se battre dans une rage soudaine.
Ο αέρας του κόπηκε και άρχισε να πολεμάει με ξαφνική οργή.
Il s'est jeté sur l'homme, qui a rapidement rencontré Buck en plein vol.
Όρμησε προς τον άντρα, ο οποίος συνάντησε γρήγορα τον Μπακ στον αέρα.
L'homme attrapa Buck par la gorge et le fit habilement tourner dans les airs.
Ο άντρας άρπαξε τον Μπακ από το λαιμό και τον έστριψε επιδέξια στον αέρα.
Buck a été violemment projeté au sol, atterrissant à plat sur le dos.
Ο Μπακ ρίχτηκε με δύναμη κάτω, προσγειώνοντας ανάσκελα.
La corde l'étranglait alors cruellement tandis qu'il donnait des coups de pied sauvages.

Το σχοινί τον έπνιξε τώρα άγρια ενώ κλωτσούσε άγρια.
Sa langue tomba, sa poitrine se souleva, mais il ne reprit pas son souffle.
Η γλώσσα του έπεσε έξω, το στήθος του σφίχτηκε, αλλά δεν πήρε ανάσα.
Il n'avait jamais été traité avec une telle violence de sa vie.
Δεν είχε ποτέ στη ζωή του υποστεί τέτοια βία.
Il n'avait jamais été rempli d'une fureur aussi profonde auparavant.
Επίσης, ποτέ πριν δεν είχε νιώσει τόσο βαθιά οργή.
Mais le pouvoir de Buck s'est estompé et ses yeux sont devenus vitreux.
Αλλά η δύναμη του Μπακ εξασθένησε και τα μάτια του έγιναν γυάλινα.
Il s'est évanoui juste au moment où un train s'arrêtait à proximité.
Λιποθύμησε ακριβώς τη στιγμή που ένα τρένο σταμάτησε εκεί κοντά.
Les deux hommes le jetèrent alors rapidement dans le fourgon à bagages.
Έπειτα οι δύο άντρες τον πέταξαν γρήγορα στο βαγόνι αποσκευών.
La chose suivante que Buck ressentit fut une douleur dans sa langue enflée.
Το επόμενο πράγμα που ένιωσε ο Μπακ ήταν πόνος στην πρησμένη γλώσσα του.
Il se déplaçait dans un chariot tremblant, à peine conscient.
Κινούνταν μέσα σε ένα τρεμάμενο κάρο, έχοντας μόνο αμυδρά τις αισθήσεις του.
Le cri aigu d'un sifflet de train indiqua à Buck où il se trouvait.
Η διαπεραστική κραυγή μιας σφυρίχτρας του τρένου έδειξε στον Μπακ την τοποθεσία του.
Il avait souvent roulé avec le juge et connaissait ce sentiment.
Είχε συχνά ταξιδέψει με τον Δικαστή και ήξερε τι συναισθανόταν.

C'était le choc unique de voyager à nouveau dans un fourgon à bagages.
Ήταν η μοναδική εμπειρία του να ταξιδεύεις ξανά σε ένα βαγόνι αποσκευών.
Buck ouvrit les yeux et son regard brûla de rage.
Ο Μπακ άνοιξε τα μάτια του και το βλέμμα του έκαιγε από οργή.
C'était la colère d'un roi fier déchu de son trône.
Αυτή ήταν η οργή ενός περήφανου βασιλιά που είχε εκδιωχθεί από τον θρόνο του.
Un homme a tenté de l'attraper, mais Buck a frappé en premier.
Ένας άντρας άπλωσε το χέρι του να τον αρπάξει, αλλά ο Μπακ τον χτύπησε πρώτος.
Il enfonça ses dents dans la main de l'homme et la serra fermement.
Βύθισε τα δόντια του στο χέρι του άντρα και το κράτησε σφιχτά.
Il ne l'a pas lâché jusqu'à ce qu'il s'évanouisse une deuxième fois.
Δεν το άφησε μέχρι που λιποθύμησε για δεύτερη φορά.
« Ouais, il a des crises », murmura l'homme au bagagiste.
«Ναι, έχει κρίσεις», μουρμούρισε ο άντρας στον υπάλληλο των αποσκευών.
Le bagagiste avait entendu la lutte et s'était approché.
Ο μεταφορέας είχε ακούσει τον αγώνα και είχε πλησιάσει.
« Je l'emmène à Frisco pour le patron », a expliqué l'homme.
«Θα τον πάω στο Φρίσκο για το αφεντικό», εξήγησε ο άντρας.
« Il y a un excellent vétérinaire qui dit pouvoir les guérir. »
«Υπάρχει ένας καλός σκύλος-γιατρός εκεί που λέει ότι μπορεί να τους θεραπεύσει.»
Plus tard dans la soirée, l'homme a donné son propre récit complet.
Αργότερα εκείνο το βράδυ, ο άντρας έδωσε την πλήρη δική του αφήγηση.
Il parlait depuis un hangar derrière un saloon sur les quais.

Μίλησε από ένα υπόστεγο πίσω από ένα σαλούν στις αποβάθρες.
« Tout ce qu'on m'a donné, c'était cinquante dollars », se plaignit-il au vendeur du saloon.
«Μου έδωσαν μόνο πενήντα δολάρια», παραπονέθηκε στον υπάλληλο του σαλούν.
« Je ne le referais pas, même pour mille dollars en espèces. »
«Δεν θα το ξαναέκανα, ούτε για χίλια λεφτά μετρητά.»
Sa main droite était étroitement enveloppée dans un tissu ensanglanté.
Το δεξί του χέρι ήταν σφιχτά τυλιγμένο σε ένα ματωμένο ύφασμα.
Son pantalon était déchiré du genou au pied.
Το μπατζάκι του παντελονιού του ήταν σκισμένο ορθάνοιχτο από το γόνατο μέχρι το πόδι.
« Combien a été payé l'autre idiot ? » demanda le vendeur du saloon.
«Πόσο πληρώθηκε η άλλη κούπα;» ρώτησε ο υπάλληλος του σαλούν.
« Cent », répondit l'homme, « il n'accepterait pas un centime de moins. »
«Εκατό», απάντησε ο άντρας, «δεν θα έπαιρνε ούτε σεντ λιγότερο».
« Cela fait cent cinquante », dit le vendeur du saloon.
«Αυτό κάνει εκατόν πενήντα», είπε ο υπάλληλος του σαλούν.
« Et il vaut tout ça, sinon je ne suis pas meilleur qu'un imbécile. »
«Και τα αξίζει όλα, αλλιώς δεν θα είμαι καλύτερος από έναν ηλίθιο.»
L'homme ouvrit les emballages pour examiner sa main.
Ο άντρας άνοιξε τα περιτυλίγματα για να εξετάσει το χέρι του.
La main était gravement déchirée et couverte de sang séché.
Το χέρι ήταν άσχημα σκισμένο και γεμάτο κρούστα από ξεραμένο αίμα.
« Si je n'ai pas l' hydrophobie… » commença-t-il à dire.

«Αν δεν πάθει υδροφοβία...» άρχισε να λέει.
« Ce sera parce que tu es né pour être pendu », dit-il en riant.
«Θα είναι επειδή γεννήθηκες για να κρεμιέσαι», ακούστηκε ένα γέλιο.
« Viens m'aider avant de partir », lui a-t-on demandé.
«Έλα να με βοηθήσεις πριν φύγεις», του ζήτησαν.
Buck était dans un état second à cause de la douleur dans sa langue et sa gorge.
Ο Μπακ ήταν ζαλισμένος από τον πόνο στη γλώσσα και το λαιμό του.
Il était à moitié étranglé et pouvait à peine se tenir debout.
Ήταν μισοστραγγαλισμένος και μετά βίας μπορούσε να σταθεί όρθιος.
Pourtant, Buck essayait de faire face aux hommes qui l'avaient blessé ainsi.
Παρόλα αυτά, ο Μπακ προσπάθησε να αντιμετωπίσει τους άντρες που τον είχαν πληγώσει τόσο πολύ.
Mais ils le jetèrent à terre et l'étranglèrent une fois de plus.
Αλλά τον έριξαν κάτω και τον έπνιξαν για άλλη μια φορά.
Ce n'est qu'à ce moment-là qu'ils ont pu scier son lourd collier de laiton.
Μόνο τότε μπόρεσαν να πριονίσουν το βαρύ ορειχάλκινο κολάρο του.
Ils ont retiré la corde et l'ont poussé dans une caisse.
Αφαίρεσαν το σχοινί και τον έσπρωξαν σε ένα κλουβί.
La caisse était petite et avait la forme d'une cage en fer brut.
Το κλουβί ήταν μικρό και είχε το σχήμα ενός τραχιού σιδερένιου κλουβιού.
Buck resta allongé là toute la nuit, rempli de colère et d'orgueil blessé.
Ο Μπακ έμεινε εκεί όλη νύχτα, γεμάτος οργή και πληγωμένη υπερηφάνεια.
Il ne pouvait pas commencer à comprendre ce qui lui arrivait.
Δεν μπορούσε να αρχίσει να καταλαβαίνει τι του συνέβαινε.

Pourquoi ces hommes étranges le gardaient-ils dans cette petite caisse ?
Γιατί τον κρατούσαν αυτοί οι παράξενοι άντρες σε αυτό το μικρό κλουβί;
Que voulaient-ils de lui et pourquoi cette cruelle captivité ?
Τι τον ήθελαν, και γιατί αυτή η σκληρή αιχμαλωσία;
Il ressentait une pression sombre, un sentiment de catastrophe qui se rapprochait.
Ένιωθε μια σκοτεινή πίεση· ένα αίσθημα καταστροφής που πλησίαζε.
C'était une peur vague, mais elle pesait lourdement sur son esprit.
Ήταν ένας αόριστος φόβος, αλλά κατέκλυσε έντονα την ψυχή του.
Il a sursauté à plusieurs reprises lorsque la porte du hangar a claqué.
Αρκετές φορές πετάχτηκε πάνω όταν η πόρτα του υπόστεγου χτύπησε με θόρυβο.
Il s'attendait à ce que le juge ou les garçons apparaissent et le sauvent.
Περίμενε να εμφανιστεί ο Δικαστής ή τα αγόρια και να τον σώσει.
Mais à chaque fois, seul le gros visage du tenancier de bar apparaissait à l'intérieur.
Αλλά μόνο το χοντρό πρόσωπο του ιδιοκτήτη του σαλούν κρυφοκοιτούσε μέσα κάθε φορά.
Le visage de l'homme était éclairé par la faible lueur d'une bougie de suif.
Το πρόσωπο του άντρα φωτιζόταν από την αμυδρή λάμψη ενός κεριού από ζωικό λίπος.
À chaque fois, l'aboiement joyeux de Buck se transformait en un grognement bas et colérique.
Κάθε φορά, το χαρούμενο γάβγισμα του Μπακ μεταβαλλόταν σε ένα χαμηλό, θυμωμένο γρύλισμα.

Le tenancier du saloon l'a laissé seul pour la nuit dans la caisse

Ο φύλακας του σαλούν τον άφησε μόνο του για τη νύχτα στο κλουβί

Mais quand il se réveilla le matin, d'autres hommes arrivèrent.

Αλλά όταν ξύπνησε το πρωί, έρχονταν κι άλλοι άντρες.

Quatre hommes sont venus et ont ramassé la caisse avec précaution, sans un mot.

Τέσσερις άντρες ήρθαν και μάζεψαν προσεκτικά το κιβώτιο χωρίς να πουν λέξη.

Buck comprit immédiatement dans quelle situation il se trouvait.

Ο Μπακ κατάλαβε αμέσως την κατάσταση στην οποία βρισκόταν.

Ils étaient d'autres bourreaux qu'il devait combattre et craindre.

Ήταν περαιτέρω βασανιστές που έπρεπε να πολεμήσει και να φοβηθεί.

Ces hommes avaient l'air méchants, en haillons et très mal soignés.

Αυτοί οι άντρες έδειχναν κακοί, ατημέλητοι και πολύ άσχημα περιποιημένοι.

Buck grogna et se jeta férocement sur eux à travers les barreaux.

Ο Μπακ γρύλισε και τους όρμησε με μανία μέσα από τα κάγκελα.

Ils se sont contentés de rire et de le frapper avec de longs bâtons en bois.

Απλώς γέλασαν και τον χτυπούσαν με μακριά ξύλινα μπαστούνια.

Buck a mordu les bâtons, puis s'est rendu compte que c'était ce qu'ils aimaient.

Ο Μπακ δάγκωσε τα ξυλάκια και μετά συνειδητοποίησε ότι αυτό τους άρεσε.

Il s'allongea donc tranquillement, maussade et brûlant d'une rage silencieuse.

Έτσι ξάπλωσε ήσυχα, σκυθρωπός και φλεγόμενος από ήσυχη οργή.

Ils ont soulevé la caisse dans un chariot et sont partis avec lui.
Σήκωσαν το κλουβί σε ένα κάρο και τον πήραν μακριά.
La caisse, avec Buck enfermé à l'intérieur, changeait souvent de mains.
Το κλουβί, με τον Μπακ κλειδωμένο μέσα, άλλαζε συχνά χέρια.
Les employés du bureau express ont pris les choses en main et l'ont traité brièvement.
Οι υπάλληλοι του γραφείου εξπρές ανέλαβαν την ευθύνη και τον χειρίστηκαν για λίγο.
Puis un autre chariot transporta Buck à travers la ville bruyante.
Έπειτα, ένα άλλο κάρο μετέφερε τον Μπακ στην άλλη άκρη της θορυβώδους πόλης.
Un camion l'a emmené avec des cartons et des colis sur un ferry.
Ένα φορτηγό τον μετέφερε με κουτιά και δέματα σε ένα φέρι.
Après la traversée, le camion l'a déchargé dans un dépôt ferroviaire.
Αφού διέσχισε, το φορτηγό τον ξεφόρτωσε σε μια σιδηροδρομική αποθήκη.
Finalement, Buck fut placé dans une voiture express en attente.
Επιτέλους, ο Μπακ τοποθετήθηκε σε ένα εξπρές βαγόνι που περίμενε.
Pendant deux jours et deux nuits, les trains ont emporté la voiture express.
Επί δύο μερόνυχτα, τα τρένα τραβούσαν το εξπρές μακριά.
Buck n'a ni mangé ni bu pendant tout le douloureux voyage.
Ο Μπακ ούτε έφαγε ούτε ήπιε σε όλο το επώδυνο ταξίδι.
Lorsque les messagers express ont essayé de l'approcher, il a grogné.
Όταν οι ταχυμεταφορείς προσπάθησαν να τον πλησιάσουν, γρύλισε.

Ils ont réagi en se moquant de lui et en le taquinant cruellement.
Απάντησαν χλευάζοντάς τον και πειράζοντάς τον σκληρά.
Buck se jeta sur les barreaux, écumant et tremblant
Ο Μπακ έπεσε στα κάγκελα, αφρίζοντας και τρέμοντας
ils ont ri bruyamment et l'ont raillé comme des brutes de cour d'école.
Γέλασαν δυνατά και τον κορόιδευαν σαν νταήδες του σχολείου.
Ils aboyaient comme de faux chiens et battaient des bras.
Γάβγιζαν σαν ψεύτικα σκυλιά και χτυπούσαν τα χέρια τους.
Ils ont même chanté comme des coqs juste pour le contrarier davantage.
Λάλησαν κιόλας σαν κόκορες μόνο και μόνο για να τον αναστατώσουν περισσότερο.
C'était un comportement stupide, et Buck savait que c'était ridicule.
Ήταν ανόητη συμπεριφορά, και ο Μπακ ήξερε ότι ήταν γελοίο.
Mais cela n'a fait qu'approfondir son sentiment d'indignation et de honte.
Αλλά αυτό μόνο βάθυνε το αίσθημα οργής και ντροπής του.
Il n'a pas été trop dérangé par la faim pendant le voyage.
Δεν τον ενοχλούσε ιδιαίτερα η πείνα κατά τη διάρκεια του ταξιδιού.
Mais la soif provoquait une douleur aiguë et une souffrance insupportable.
Αλλά η δίψα έφερε οξύ πόνο και αφόρητη ταλαιπωρία.
Sa gorge sèche et enflammée et sa langue brûlaient de chaleur.
Ο ξερός, φλεγόμενος λαιμός και η γλώσσα του έκαιγαν από τη ζέστη.
Cette douleur alimentait la fièvre qui montait dans son corps fier.

Αυτός ο πόνος τροφοδότησε τον πυρετό που ανέβαινε μέσα στο περήφανο σώμα του.
Buck était reconnaissant pour une seule chose au cours de ce procès.
Ο Μπακ ήταν ευγνώμων για ένα μόνο πράγμα κατά τη διάρκεια αυτής της δοκιμασίας.
La corde avait été retirée de son cou épais.
Το σχοινί είχε αφαιρεθεί από τον χοντρό λαιμό του.
La corde avait donné à ces hommes un avantage injuste et cruel.
Το σχοινί είχε δώσει σε αυτούς τους άντρες ένα άδικο και σκληρό πλεονέκτημα.
Maintenant, la corde avait disparu et Buck jura qu'elle ne reviendrait jamais.
Τώρα το σχοινί είχε εξαφανιστεί, και ο Μπακ ορκίστηκε ότι δεν θα επέστρεφε ποτέ.
Il a décidé qu'aucune corde ne passerait plus jamais autour de son cou.
Αποφάσισε ότι κανένα σχοινί δεν θα περνούσε ποτέ ξανά γύρω από τον λαιμό του.
Pendant deux longs jours et deux longues nuits, il souffrit sans nourriture.
Για δύο ολόκληρες μέρες και νύχτες, υπέφερε χωρίς φαγητό.
Et pendant ces heures, il a développé une énorme rage en lui.
Και εκείνες τις ώρες, έσφιξε μέσα του μια απέραντη οργή.
Ses yeux sont devenus injectés de sang et sauvages à cause d'une colère constante.
Τα μάτια του έγιναν κατακόκκινα και άγρια από τον συνεχή θυμό.
Il n'était plus Buck, mais un démon aux mâchoires claquantes.
Δεν ήταν πια ο Μπακ, αλλά ένας δαίμονας με σαγόνια που έσπασαν.
Même le juge n'aurait pas reconnu cette créature folle.
Ούτε ο Δικαστής θα αναγνώριζε αυτό το τρελό πλάσμα.

Les messagers express ont soupiré de soulagement lorsqu'ils ont atteint Seattle
Οι ταχυμεταφορείς αναστέναξαν με ανακούφιση όταν έφτασαν στο Σιάτλ
Quatre hommes ont soulevé la caisse et l'ont amenée dans une cour arrière.
Τέσσερις άντρες σήκωσαν το κλουβί και το έφεραν σε μια πίσω αυλή.
La cour était petite, entourée de murs hauts et solides.
Η αυλή ήταν μικρή, περιτριγυρισμένη από ψηλούς και συμπαγείς τοίχους.
Un grand homme sortit, vêtu d'un pull rouge affaissé.
Ένας μεγαλόσωμος άντρας βγήκε έξω φορώντας ένα κρεμασμένο κόκκινο πουκάμισο.
Il a signé le carnet de livraison d'une écriture épaisse et audacieuse.
Υπέγραψε το βιβλίο παραδόσεων με χοντρό και τολμηρό χέρι.
Buck sentit immédiatement que cet homme était son prochain bourreau.
Ο Μπακ διαισθάνθηκε αμέσως ότι αυτός ο άντρας ήταν ο επόμενος βασανιστής του.
Il se jeta violemment sur les barreaux, les yeux rouges de fureur.
Όρμησε βίαια προς τα μπαρ, με μάτια κόκκινα από οργή.
L'homme sourit simplement sombrement et alla chercher une hachette.
Ο άντρας απλώς χαμογέλασε σκυθρωπά και πήγε να φέρει ένα τσεκούρι.
Il portait également une massue dans sa main droite épaisse et forte.
Έφερε επίσης ένα ρόπαλο στο χοντρό και δυνατό δεξί του χέρι.
« Tu vas le sortir maintenant ? » demanda le chauffeur, inquiet.
«Θα τον βγάλεις έξω τώρα;» ρώτησε ανήσυχος ο οδηγός.

« Bien sûr », dit l'homme en enfonçant la hachette dans la caisse comme levier.

«Σίγουρα», είπε ο άντρας, σφηνώνοντας το τσεκούρι στο κλουβί ως μοχλό.

Les quatre hommes se dispersèrent instantanément et sautèrent sur le mur de la cour.

Οι τέσσερις άντρες σκορπίστηκαν αμέσως, πηδώντας πάνω στον τοίχο της αυλής.

Depuis leurs endroits sûrs, ils attendaient d'assister au spectacle.

Από τις ασφαλείς θέσεις τους από ψηλά, περίμεναν να παρακολουθήσουν το θέαμα.

Buck se jeta sur le bois éclaté, le mordant et le secouant violemment.

Ο Μπακ όρμησε στο θρυμματισμένο ξύλο, δαγκώνοντας και τρέμοντας άγρια.

Chaque fois que la hachette touchait la cage, Buck était là pour l'attaquer.

Κάθε φορά που το τσεκούρι χτυπούσε το κλουβί), ο Μπακ ήταν εκεί για να το επιτεθεί.

Il grogna et claqua des dents avec une rage folle, impatient d'être libéré.

Γρύλισε και ξεστόμισε από άγρια οργή, ανυπόμονος να απελευθερωθεί.

L'homme dehors était calme et stable, concentré sur sa tâche.

Ο άντρας απέξω ήταν ήρεμος και σταθερός, αφοσιωμένος στην εργασία του.

« Bon, alors, espèce de diable aux yeux rouges », dit-il lorsque le trou fut grand.

«Τώρα, κοκκινομάτη διάβολε», είπε όταν η τρύπα ήταν μεγάλη.

Il laissa tomber la hachette et prit le gourdin dans sa main droite.

Άφησε κάτω το τσεκούρι και πήρε το ρόπαλο στο δεξί του χέρι.

Buck ressemblait vraiment à un diable ; les yeux injectés de sang et flamboyants.

Ο Μπακ έμοιαζε πραγματικά με διάβολο· τα μάτια του ήταν κόκκινα και φλεγόμενα.
Son pelage se hérissait, de la mousse s'échappait de sa bouche, ses yeux brillaient.
Το παλτό του έσφυζε από τρίχες, αφρός έκανε το στόμα του να φουσκώνει, τα μάτια του έλαμπαν.
Il rassembla ses muscles et se jeta directement sur le pull rouge.
Σφίγγει τους μύες του και όρμησε κατευθείαν στο κόκκινο πουλόβερ.
Cent quarante livres de fureur s'abattèrent sur l'homme calme.
Εκατόν σαράντα κιλά οργής έπεσαν πάνω στον ήρεμο άντρα.
Juste avant que ses mâchoires ne se referment, un coup terrible le frappa.
Λίγο πριν κλείσουν τα σαγόνια του, τον χτύπησε ένα τρομερό χτύπημα.
Ses dents claquèrent l'une contre l'autre, rien d'autre que l'air
Τα δόντια του έσπασαν μεταξύ τους μόνο με αέρα
une secousse de douleur résonna dans son corps
ένα χτύπημα πόνου αντήχησε στο σώμα του
Il a fait un saut périlleux en plein vol et s'est écrasé sur le dos et sur le côté.
Πέταξε στον αέρα και έπεσε ανάσκελα και στο πλευρό του.
Il n'avait jamais ressenti auparavant le coup d'un gourdin et ne pouvait pas le saisir.
Δεν είχε νιώσει ποτέ πριν το χτύπημα ενός ρόπαλου και δεν μπορούσε να το συλλάβει.
Avec un grognement strident, mi-aboiement, mi-cri, il bondit à nouveau.
Με ένα στριγκό γρύλισμα, εν μέρει γάβγισμα, εν μέρει κραυγή, πήδηξε ξανά.
Un autre coup brutal le frappa et le projeta au sol.
Ένα ακόμα βίαιο χτύπημα τον χτύπησε και τον εκσφενδόνισε στο έδαφος.

Cette fois, Buck comprit : c'était la lourde massue de l'homme.
Αυτή τη φορά ο Μπακ κατάλαβε—ήταν το βαρύ ρόπαλο του άντρα.
Mais la rage l'aveuglait, et il n'avait aucune idée de retraite.
Αλλά η οργή τον τύφλωσε και δεν είχε καμία σκέψη για υποχώρηση.
Douze fois il s'est lancé et douze fois il est tombé.
Δώδεκα φορές εκτοξεύτηκε και δώδεκα φορές έπεσε.
Le gourdin en bois le frappait à chaque fois avec une force impitoyable et écrasante.
Το ξύλινο ρόπαλο τον συνέθλιβε κάθε φορά με αδίστακτη, συντριπτική δύναμη.
Après un coup violent, il se releva en titubant, étourdi et lent.
Μετά από ένα δυνατό χτύπημα, σηκώθηκε παραπατώντας, ζαλισμένος και αργός.
Du sang coulait de sa bouche, de son nez et même de ses oreilles.
Αίμα έτρεχε από το στόμα του, τη μύτη του, ακόμη και από τα αυτιά του.
Son pelage autrefois magnifique était maculé de mousse sanglante.
Το κάποτε όμορφο παλτό του ήταν λερωμένο με ματωμένο αφρό.
Alors l'homme s'est avancé et a donné un coup violent au nez.
Τότε ο άντρας πλησίασε και χτύπησε άσχημα στη μύτη.
L'agonie était plus vive que tout ce que Buck avait jamais ressenti.
Η αγωνία ήταν πιο έντονη από οτιδήποτε είχε νιώσει ποτέ ο Μπακ.
Avec un rugissement plus bête que chien, il bondit à nouveau pour attaquer.
Με ένα βρυχηθμό που έμοιαζε περισσότερο με θηρίο παρά με σκύλο, πήδηξε ξανά για να επιτεθεί.

Mais l'homme attrapa sa mâchoire inférieure et la tourna vers l'arrière.

Αλλά ο άντρας έπιασε την κάτω γνάθο του και την έστριψε προς τα πίσω.

Buck fit un saut périlleux et s'écrasa à nouveau violemment.

Ο Μπακ τινάχτηκε με το κεφάλι πάνω από τα πόδια του και έπεσε ξανά με δύναμη κάτω.

Une dernière fois, Buck se précipita sur lui, maintenant à peine capable de se tenir debout.

Για μια τελευταία φορά, ο Μπακ όρμησε εναντίον του, μόλις που μπορούσε να σταθεί όρθιος.

L'homme a frappé avec un timing expert, délivrant le coup final.

Ο άντρας χτύπησε με άψογο συγχρονισμό, δίνοντας το τελειωτικό χτύπημα.

Buck s'est effondré, inconscient et immobile.

Ο Μπακ κατέρρευσε σωρός, αναίσθητος και ακίνητος.

« Il n'est pas mauvais pour dresser les chiens, c'est ce que je dis », a crié un homme.

«Δεν είναι αδιάφορος στο να σπάει σκύλους, αυτό λέω κι εγώ», φώναξε ένας άντρας.

« Druther peut briser la volonté d'un chien n'importe quel jour de la semaine. »

«Ο Ντρούθερ μπορεί να σπάσει τη θέληση ενός κυνηγόσκυλου οποιαδήποτε μέρα της εβδομάδας.»

« Et deux fois un dimanche ! » a ajouté le chauffeur.

«Και δύο φορές την Κυριακή!» πρόσθεσε ο οδηγός.

Il monta dans le chariot et fit claquer les rênes pour partir.

Ανέβηκε στο κάρο και τράβηξε τα ηνία για να φύγει.

Buck a lentement repris le contrôle de sa conscience

Ο Μπακ σιγά σιγά ανέκτησε τον έλεγχο της συνείδησής του

mais son corps était encore trop faible et brisé pour bouger.

αλλά το σώμα του ήταν ακόμα πολύ αδύναμο και σπασμένο για να κινηθεί.

Il resta allongé là où il était tombé, regardant l'homme au pull rouge.

Ήταν ξαπλωμένος εκεί που είχε πέσει, παρακολουθώντας τον άντρα με την κόκκινη φούτερ.

« Il répond au nom de Buck », dit l'homme en lisant à haute voix.

«Απαντά στο όνομα Μπακ», είπε ο άντρας διαβάζοντας φωναχτά.

Il a cité la note envoyée avec la caisse de Buck et les détails.

Παρέθεσε απόσπασμα από το σημείωμα που στάλθηκε με το κλουβί του Μπακ και τις λεπτομέρειες.

« Eh bien, Buck, mon garçon », continua l'homme d'un ton amical,

«Λοιπόν, Μπακ, αγόρι μου», συνέχισε ο άντρας με φιλικό τόνο,

« Nous avons eu notre petite dispute, et maintenant c'est fini entre nous. »

«Είχαμε τον μικρό μας καβγά, και τώρα τελείωσε μεταξύ μας.»

« Tu as appris à connaître ta place, et j'ai appris à connaître la mienne », a-t-il ajouté.

«Έμαθες τη θέση σου και εγώ τη δική μου», πρόσθεσε.

« Sois sage, tout ira bien et la vie sera agréable. »

«Να είσαι καλός/ή και όλα θα πάνε καλά και η ζωή θα είναι ευχάριστη.»

« Mais sois méchant, et je te botterai les fesses, compris ? »

«Αλλά αν είσαι κακός, θα σε νικήσω μέχρι το κάρβουνο, κατάλαβες;»

Tandis qu'il parlait, il tendit la main et tapota la tête douloureuse de Buck.

Καθώς μιλούσε, άπλωσε το χέρι του και χάιδεψε το πονεμένο κεφάλι του Μπακ.

Les cheveux de Buck se dressèrent au contact de l'homme, mais il ne résista pas.

Τα μαλλιά του Μπακ σηκώθηκαν όρθια στο άγγιγμα του άντρα, αλλά δεν αντιστάθηκε.

L'homme lui apporta de l'eau, que Buck but à grandes gorgées.

Ο άντρας του έφερε νερό, το οποίο ο Μπακ ήπιε με μεγάλες γουλιές.
Puis vint la viande crue, que Buck dévora morceau par morceau.
Έπειτα ήρθε το ωμό κρέας, το οποίο ο Μπακ καταβρόχθιζε κομμάτι-κομμάτι.
Il savait qu'il était battu, mais il savait aussi qu'il n'était pas brisé.
Ήξερε ότι τον είχαν ξυλοκοπήσει, αλλά ήξερε επίσης ότι δεν ήταν συντετριμμένος.
Il n'avait aucune chance contre un homme armé d'une matraque.
Δεν είχε καμία πιθανότητα να αντιμετωπίσει έναν άντρα οπλισμένο με ρόπαλο.
Il avait appris la vérité et il n'a jamais oublié cette leçon.
Είχε μάθει την αλήθεια και δεν το ξέχασε ποτέ.
Cette arme était le début de la loi dans le nouveau monde de Buck.
Αυτό το όπλο ήταν η αρχή του νόμου στον νέο κόσμο του Μπακ.
C'était le début d'un ordre dur et primitif qu'il ne pouvait nier.
Ήταν η αρχή μιας σκληρής, πρωτόγονης τάξης πραγμάτων που δεν μπορούσε να αρνηθεί.
Il accepta la vérité ; ses instincts sauvages étaient désormais éveillés.
Αποδέχτηκε την αλήθεια· τα άγρια ένστικτά του ήταν πλέον ξύπνια.
Le monde était devenu plus dur, mais Buck l'a affronté avec courage.
Ο κόσμος είχε γίνει πιο σκληρός, αλλά ο Μπακ τον αντιμετώπισε με θάρρος.
Il a affronté la vie avec une prudence, une ruse et une force tranquille nouvelles.
Αντιμετώπισε τη ζωή με νέα προσοχή, πονηριά και ήρεμη δύναμη.

D'autres chiens sont arrivés, attachés dans des cordes ou des caisses comme Buck l'avait été.
Έφτασαν κι άλλα σκυλιά, δεμένα σε σχοινιά ή κλουβιά όπως είχε κάνει και ο Μπακ.
Certains chiens sont venus calmement, d'autres ont fait rage et se sont battus comme des bêtes sauvages.
Μερικά σκυλιά έρχονταν ήρεμα, άλλα λυσσομανούσαν και μάλωναν σαν άγρια θηρία.
Ils furent tous soumis au règne de l'homme au pull rouge.
Όλοι τους τέθηκαν υπό την κυριαρχία του άντρα με τα κόκκινα πουλόβερ.
À chaque fois, Buck regardait et voyait la même leçon se dérouler.
Κάθε φορά, ο Μπακ παρακολουθούσε και έβλεπε το ίδιο μάθημα να ξεδιπλώνεται.
L'homme avec la massue était la loi, un maître à obéir.
Ο άντρας με το ρόπαλο ήταν νόμος· ένας αφέντης που έπρεπε να υπακούει.
Il n'avait pas besoin d'être aimé, mais il fallait qu'on lui obéisse.
Δεν είχε ανάγκη να τον συμπαθούν, αλλά έπρεπε να τον υπακούν.
Buck ne s'est jamais montré flatteur ni n'a remué la queue comme le faisaient les chiens plus faibles.
Ο Μπακ ποτέ δεν χαϊδεύτηκε ούτε κουνούσε τα νεύρα του όπως έκαναν τα πιο αδύναμα σκυλιά.
Il a vu des chiens qui avaient été battus et qui continuaient à lécher la main de l'homme.
Είδε σκυλιά που ήταν ξυλοκοπημένα και εξακολουθούσαν να έγλειφαν το χέρι του άντρα.
Il a vu un chien qui refusait d'obéir ou de se soumettre du tout.
Είδε ένα σκυλί που δεν υπάκουε ούτε υποτασσόταν καθόλου.
Ce chien s'est battu jusqu'à ce qu'il soit tué dans la bataille pour le contrôle.

Αυτό το σκυλί πολέμησε μέχρι που σκοτώθηκε στη μάχη για τον έλεγχο.

Des étrangers venaient parfois voir l'homme au pull rouge.

Ξένοι έρχονταν μερικές φορές να δουν τον άντρα με την κόκκινη φούτερ.

Ils parlaient sur un ton étrange, suppliant, marchandant et riant.

Μιλούσαν με παράξενο τόνο, παρακαλούσαν, παζαρεύονταν και γελούσαν.

Lors de l'échange d'argent, ils partaient avec un ou plusieurs chiens.

Όταν γινόταν ανταλλαγή χρημάτων, έφευγαν με ένα ή περισσότερα σκυλιά.

Buck se demandait où étaient passés ces chiens, car aucun n'était jamais revenu.

Ο Μπακ αναρωτήθηκε πού πήγαν αυτά τα σκυλιά, γιατί κανένα δεν επέστρεψε ποτέ.

la peur de l'inconnu envahissait Buck chaque fois qu'un homme étrange venait

Ο φόβος του αγνώστου γέμιζε τον Μπακ κάθε φορά που ερχόταν ένας άγνωστος άντρας

il était content à chaque fois qu'un autre chien était pris, plutôt que lui-même.

Χαιρόταν κάθε φορά που έπαιρναν ένα άλλο σκυλί, αντί για τον εαυτό του.

Mais finalement, le tour de Buck arriva avec l'arrivée d'un homme étrange.

Αλλά τελικά, ήρθε η σειρά του Μπακ με την άφιξη ενός παράξενου άντρα.

Il était petit, nerveux, parlait un anglais approximatif et jurait.

Ήταν μικρόσωμος, νευρώδης, και μιλούσε σπαστά αγγλικά και βρισιές.

« Sacré-Dam ! » hurla-t-il en posant les yeux sur le corps de Buck.

«Σακρεντάμ!» φώναξε όταν είδε το σώμα του Μπακ.

« C'est un sacré chien tyrannique ! Hein ? Combien ? » demanda-t-il à voix haute.

«Αυτό είναι ένα καταραμένο σκυλί νταή! Ε; Πόσο;» ρώτησε φωναχτά.

« Trois cents, et c'est un cadeau à ce prix-là. »

«Τριακόσια, και είναι δώρο σε αυτή την τιμή»,

« Puisque c'est de l'argent du gouvernement, tu ne devrais pas te plaindre, Perrault. »

«Αφού είναι χρήματα της κυβέρνησης, δεν πρέπει να παραπονιέσαι, Περό.»

Perrault sourit à l'idée de l'accord qu'il venait de conclure avec cet homme.

Ο Περώ χαμογέλασε πλατιά στη συμφωνία που μόλις είχε κάνει με τον άντρα.

Le prix des chiens a grimpé en flèche en raison de la demande soudaine.

Η τιμή των σκύλων είχε εκτοξευθεί λόγω της ξαφνικής ζήτησης.

Trois cents dollars, ce n'était pas injuste pour une si belle bête.

Τριακόσια δολάρια δεν ήταν άδικο για ένα τόσο καλό θηρίο.

Le gouvernement canadien ne perdrait rien dans cet accord

Η καναδική κυβέρνηση δεν θα έχανε τίποτα από τη συμφωνία

Leurs dépêches officielles ne seraient pas non plus retardées en transit.

Ούτε οι επίσημες αποστολές τους θα καθυστερούσαν κατά τη μεταφορά.

Perrault connaissait bien les chiens et pouvait voir que Buck était quelque chose de rare.

Ο Περό γνώριζε καλά τα σκυλιά και μπορούσε να διακρίνει ότι ο Μπακ ήταν κάτι σπάνιο.

« Un sur dix dix mille », pensa-t-il en étudiant la silhouette de Buck.

«Ένας στους δέκα δέκα χιλιάδες», σκέφτηκε, καθώς μελετούσε τη σωματική διάπλαση του Μπακ.

Buck a vu l'argent changer de mains, mais n'a montré aucune surprise.
Ο Μπακ είδε τα χρήματα να αλλάζουν χέρια, αλλά δεν έδειξε έκπληξη.
Bientôt, lui et Curly, un gentil Terre-Neuve, furent emmenés.
Σύντομα, αυτός και ο Κέρλι, ένας ευγενικός από τη Νέα Γη, οδηγήθηκαν μακριά.
Ils suivirent le petit homme depuis la cour du pull rouge.
Ακολούθησαν τον μικρόσωμο άντρα από την αυλή της κόκκινης πουλόβερ.
Ce fut la dernière fois que Buck vit l'homme avec la massue en bois.
Αυτή ήταν η τελευταία φορά που ο Μπακ είδε τον άντρα με το ξύλινο ρόπαλο.
Depuis le pont du Narval, il regardait Seattle disparaître au loin.
Από το κατάστρωμα του Narwhal παρακολουθούσε το Σιάτλ να χάνεται στο βάθος.
C'était aussi la dernière fois qu'il voyait le chaud Southland.
Ήταν επίσης η τελευταία φορά που είδε τη ζεστή Νότια Γη.
Perrault les emmena sous le pont et les laissa à François.
Ο Περώ τους πήρε κάτω από το κατάστρωμα και τους άφησε στον Φρανσουά.
François était un géant au visage noir, aux mains rugueuses et calleuses.
Ο Φρανσουά ήταν ένας γίγαντας με μαύρο πρόσωπο και τραχιά, σκληρά χέρια.
Il était brun et basané; un métis franco-canadien.
Ήταν μελαχρινός και μελαχρινός· ένας ημίαιμος Γαλλοκαναδός.
Pour Buck, ces hommes étaient d'un genre qu'il n'avait jamais vu auparavant.
Για τον Μπακ, αυτοί οι άντρες ήταν ενός είδους που δεν είχε ξαναδεί ποτέ.
Il allait connaître beaucoup d'autres hommes de ce genre dans les jours qui suivirent.

Θα γνώριζε πολλούς τέτοιους άντρες τις επόμενες μέρες.
Il ne s'est pas attaché à eux, mais il a appris à les respecter.
Δεν τους συμπάθησε, αλλά τους σεβάστηκε.
Ils étaient justes et sages, et ne se laissaient pas facilement tromper par un chien.
Ήταν δίκαιοι και σοφοί, και δεν ξεγελιόντουσαν εύκολα από κανένα σκυλί.
Ils jugeaient les chiens avec calme et ne les punissaient que lorsqu'ils le méritaient.
Έκριναν τα σκυλιά ήρεμα και τιμωρούσαν μόνο όταν το άξιζαν.
Sur le pont inférieur du Narwhal, Buck et Curly ont rencontré deux chiens.
Στο κάτω κατάστρωμα του Narwhal, ο Μπακ και ο Κέρλι συνάντησαν δύο σκυλιά.
L'un d'eux était un grand chien blanc venu du lointain et glacial Spitzberg.
Το ένα ήταν ένα μεγάλο λευκό σκυλί από το μακρινό, παγωμένο Σπιτζμπέργκεν.
Il avait autrefois navigué avec un baleinier et rejoint un groupe d'enquête.
Κάποτε είχε ταξιδέψει με ένα φαλαινοθηρικό και είχε ενταχθεί σε μια ομάδα έρευνας.
Il était amical d'une manière sournoise, sournoise et rusée.
Ήταν φιλικός με έναν ύπουλο, ύπουλο και πανούργο τρόπο.
Lors de leur premier repas, il a volé un morceau de viande dans la poêle de Buck.
Στο πρώτο τους γεύμα, έκλεψε ένα κομμάτι κρέας από το τηγάνι του Μπακ.
Buck sauta pour le punir, mais le fouet de François frappa en premier.
Ο Μπακ πήδηξε να τον τιμωρήσει, αλλά το μαστίγιο του Φρανσουά χτύπησε πρώτο.
Le voleur blanc hurla et Buck récupéra l'os volé.
Ο λευκός κλέφτης ούρλιαξε και ο Μπακ πήρε πίσω το κλεμμένο κόκαλο.

Cette équité impressionna Buck, et François gagna son respect.
Αυτή η δικαιοσύνη εντυπωσίασε τον Μπακ, και ο Φρανσουά κέρδισε τον σεβασμό του.

L'autre chien ne lui a pas adressé de salut et n'en a pas voulu en retour.
Ο άλλος σκύλος δεν έδωσε κανέναν χαιρετό και δεν ήθελε κανέναν σε αντάλλαγμα.

Il ne volait pas de nourriture et ne reniflait pas les nouveaux arrivants avec intérêt.
Δεν έκλεβε φαγητό, ούτε μύριζε με ενδιαφέρον τους νεοφερμένους.

Ce chien était sinistre et calme, sombre et lent.
Αυτό το σκυλί ήταν σκυθρωπό και ήσυχο, σκυθρωπό και αργόστροφο.

Il a averti Curly de rester à l'écart en la regardant simplement.
Προειδοποίησε την Κέρλι να μείνει μακριά κοιτάζοντάς την απλώς άγρια.

Son message était clair : laissez-moi tranquille ou il y aura des problèmes.
Το μήνυμά του ήταν σαφές: άσε με ήσυχο, αλλιώς θα υπάρξουν προβλήματα.

Il s'appelait Dave et il remarquait à peine son environnement.
Τον έλεγαν Ντέιβ και μόλις που πρόσεχε το περιβάλλον του.

Il dormait souvent, mangeait tranquillement et bâillait de temps en temps.
Κοιμόταν συχνά, έτρωγε ήσυχα και χασμουριόταν πού και πού.

Le navire ronronnait constamment avec le battement de l'hélice en dessous.
Το πλοίο βούιζε συνεχώς με την προπέλα να χτυπάει από κάτω.

Les jours passèrent sans grand changement, mais le temps devint plus froid.
Οι μέρες περνούσαν χωρίς πολλές αλλαγές, αλλά ο καιρός κρύωνε.
Buck pouvait le sentir dans ses os et remarqua que les autres le faisaient aussi.
Ο Μπακ το ένιωθε βαθιά μέσα του και παρατήρησε ότι το ίδιο έκαναν και οι άλλοι.
Puis un matin, l'hélice s'est arrêtée et tout est redevenu calme.
Έπειτα, ένα πρωί, η προπέλα σταμάτησε και όλα ακινητοποιήθηκαν.
Une énergie parcourut le vaisseau ; quelque chose avait changé.
Μια ενέργεια σάρωσε το πλοίο· κάτι είχε αλλάξει.
François est descendu, les a attachés en laisse et les a remontés.
Ο Φρανσουά κατέβηκε, τους έδεσε με λουριά και τους έφερε πάνω.
Buck sortit et trouva le sol doux, blanc et froid.
Ο Μπακ βγήκε έξω και βρήκε το έδαφος μαλακό, λευκό και κρύο.
Il sursauta en arrière, alarmé, et renifla, totalement confus.
Πήδηξε πίσω έντρομος και ρουθούνισε σε πλήρη σύγχυση.
Une étrange substance blanche tombait du ciel gris.
Παράξενα λευκά πράγματα έπεφταν από τον γκρίζο ουρανό.
Il se secoua, mais les flocons blancs continuaient à atterrir sur lui.
Τινάχτηκε, αλλά οι άσπρες νιφάδες συνέχιζαν να προσγειώνονται πάνω του.
Il renifla soigneusement la substance blanche et lécha quelques morceaux glacés.
Μύρισε προσεκτικά το λευκό υλικό και έγλειψε μερικά παγωμένα κομματάκια.
La poudre brûla comme du feu, puis disparut de sa langue.

Η μπαρούτη έκαιγε σαν φωτιά και μετά εξαφανίστηκε αμέσως από τη γλώσσα του.
Buck essaya à nouveau, intrigué par l'étrange froideur qui disparaissait.
Ο Μπακ προσπάθησε ξανά, μπερδεμένος από το παράξενο εξαφανιζόμενο κρύο.
Les hommes autour de lui rirent et Buck se sentit gêné.
Οι άντρες γύρω του γέλασαν και ο Μπακ ένιωσε αμηχανία.
Il ne savait pas pourquoi, mais il avait honte de sa réaction.
Δεν ήξερε γιατί, αλλά ντρεπόταν για την αντίδρασή του.
C'était sa première expérience avec la neige, et cela le dérouta.
Ήταν η πρώτη του εμπειρία με το χιόνι και τον μπέρδεψε.

La loi du club et des crocs
Ο Νόμος του Ρόπαλου και του Κυνόδοντα

Le premier jour de Buck sur la plage de Dyea ressemblait à un terrible cauchemar.
Η πρώτη μέρα του Μπακ στην παραλία Ντάια έμοιαζε με έναν τρομερό εφιάλτη.
Chaque heure apportait de nouveaux chocs et des changements inattendus pour Buck.
Κάθε ώρα έφερνε νέες κρίσεις και απροσδόκητες αλλαγές για τον Μπακ.
Il avait été arraché à la civilisation et jeté dans un chaos sauvage.
Είχε αποσυρθεί από τον πολιτισμό και είχε ριχτεί σε άγριο χάος.
Ce n'était pas une vie ensoleillée et paresseuse, faite d'ennui et de repos.
Αυτή δεν ήταν μια ηλιόλουστη, τεμπέλικη ζωή με πλήξη και ξεκούραση.
Il n'y avait pas de paix, pas de repos, et pas un instant sans danger.
Δεν υπήρχε γαλήνη, ούτε ανάπαυση, ούτε στιγμή χωρίς κίνδυνο.
La confusion régnait sur tout et le danger était toujours proche.
Η σύγχυση κυριαρχούσε στα πάντα και ο κίνδυνος ήταν πάντα κοντά.
Buck devait rester vigilant car ces hommes et ces chiens étaient différents.
Ο Μπακ έπρεπε να παραμένει σε εγρήγορση επειδή αυτοί οι άντρες και τα σκυλιά ήταν διαφορετικά.
Ils n'étaient pas originaires des villes ; ils étaient sauvages et sans pitié.
Δεν ήταν από πόλεις· ήταν άγριοι και ανελέητοι.
Ces hommes et ces chiens ne connaissaient que la loi du gourdin et des crocs.

Αυτοί οι άντρες και τα σκυλιά γνώριζαν μόνο τον νόμο του μπαστουνιού και του κυνόδοντα.

Buck n'avait jamais vu de chiens se battre comme ces huskies sauvages.

Ο Μπακ δεν είχε ξαναδεί σκυλιά να μαλώνουν όπως αυτά τα άγρια χάσκι.

Sa première expérience lui a appris une leçon qu'il n'oublierait jamais.

Η πρώτη του εμπειρία του έδωσε ένα μάθημα που δεν θα ξεχνούσε ποτέ.

Il a eu de la chance que ce ne soit pas lui, sinon il serait mort aussi.

Ήταν τυχερός που δεν ήταν αυτός, αλλιώς θα είχε πεθάνει κι αυτός.

Curly était celui qui souffrait tandis que Buck regardait et apprenait.

Ο Κέρλι ήταν αυτός που υπέφερε ενώ ο Μπακ παρακολουθούσε και μάθαινε.

Ils avaient installé leur campement près d'un magasin construit en rondins.

Είχαν στήσει στρατόπεδο κοντά σε ένα κατάστημα φτιαγμένο από κορμούς δέντρων.

Curly a essayé d'être amical avec un grand husky ressemblant à un loup.

Η Κέρλι προσπάθησε να φερθεί φιλικά σε ένα μεγάλο χάσκι που έμοιαζε με λύκο.

Le husky était plus petit que Curly, mais avait l'air sauvage et méchant.

Το χάσκι ήταν μικρότερο από το Κέρλι, αλλά φαινόταν άγριο και κακό.

Sans prévenir, il a sauté et lui a ouvert le visage.

Χωρίς προειδοποίηση, πετάχτηκε και της άνοιξε το πρόσωπο.

Ses dents lui coupèrent l'œil jusqu'à sa mâchoire en un seul mouvement.

Τα δόντια του έκοψαν από το μάτι της μέχρι το σαγόνι της με μια κίνηση.

C'est ainsi que les loups se battaient : ils frappaient vite et sautaient loin.
Έτσι πολεμούσαν οι λύκοι— χτυπούσαν γρήγορα και πηδούσαν μακριά.
Mais il y avait plus à apprendre que de cette seule attaque.
Αλλά υπήρχαν περισσότερα να μάθουμε από εκείνη τη μία επίθεση.
Des dizaines de huskies se sont précipités et ont formé un cercle silencieux.
Δεκάδες χάσκι όρμησαν μέσα και σχημάτισαν έναν σιωπηλό κύκλο.
Ils regardaient attentivement et se léchaient les lèvres avec faim.
Παρακολουθούσαν προσεκτικά και έγλειφαν τα χείλη τους από την πείνα.
Buck ne comprenait pas leur silence ni leurs regards avides.
Ο Μπακ δεν καταλάβαινε τη σιωπή τους ούτε τα ανυπόμονα μάτια τους.
Curly s'est précipité pour attaquer le husky une deuxième fois.
Ο Κέρλι έσπευσε να επιτεθεί στο χάσκι για δεύτερη φορά.
Il a utilisé sa poitrine pour la renverser avec un mouvement puissant.
Χρησιμοποίησε το στήθος του για να την ρίξει κάτω με μια δυνατή κίνηση.
Elle est tombée sur le côté et n'a pas pu se relever.
Έπεσε στο πλάι και δεν μπορούσε να ξανασηκωθεί.
C'est ce que les autres attendaient depuis le début.
Αυτό περίμεναν οι άλλοι όλο αυτό το διάστημα.
Les huskies ont sauté sur elle, hurlant et grognant avec frénésie.
Τα χάσκι όρμησαν πάνω της, ουρλιάζοντας και γρυλίζοντας μανιωδώς.
Elle a crié alors qu'ils l'enterraient sous un tas de chiens.
Ούρλιαξε καθώς την έθαψαν κάτω από ένα σωρό από σκυλιά.

L'attaque fut si rapide que Buck resta figé sur place sous le choc.
Η επίθεση ήταν τόσο γρήγορη που ο Μπακ πάγωσε στη θέση του από το σοκ.
Il vit Spitz tirer la langue d'une manière qui ressemblait à un rire.
Είδε τον Σπιτζ να βγάζει τη γλώσσα του με τρόπο που έμοιαζε με γέλιο.
François a attrapé une hache et a couru droit vers le groupe de chiens.
Ο Φρανσουά άρπαξε ένα τσεκούρι και έτρεξε κατευθείαν πάνω στην ομάδα των σκύλων.
Trois autres hommes ont utilisé des gourdins pour aider à repousser les huskies.
Τρεις άλλοι άντρες χρησιμοποίησαν ρόπαλα για να βοηθήσουν να διώξουν τα χάσκι.
En seulement deux minutes, le combat était terminé et les chiens avaient disparu.
Σε μόλις δύο λεπτά, η μάχη τελείωσε και τα σκυλιά εξαφανίστηκαν.
Curly gisait morte dans la neige rouge et piétinée, son corps déchiré.
Η Κέρλι κειτόταν νεκρή στο κόκκινο, ποδοπατημένο χιόνι, με το σώμα της διαμελισμένο.
Un homme à la peau sombre se tenait au-dessus d'elle, maudissant la scène brutale.
Ένας μελαχρινός άντρας στεκόταν από πάνω της, καταριόμενος την βάναυση σκηνή.
Le souvenir est resté avec Buck et a hanté ses rêves la nuit.
Η ανάμνηση έμεινε στον Μπακ και στοίχειωνε τα όνειρά του τη νύχτα.
C'était comme ça ici : pas d'équité, pas de seconde chance.
Έτσι ήταν εδώ: χωρίς δικαιοσύνη, χωρίς δεύτερη ευκαιρία.
Une fois qu'un chien tombait, les autres le tuaient sans pitié.
Μόλις έπεφτε ένα σκυλί, τα άλλα σκότωναν χωρίς έλεος.
Buck décida alors qu'il ne se permettrait jamais de tomber.

Ο Μπακ αποφάσισε τότε ότι δεν θα επέτρεπε ποτέ στον εαυτό του να πέσει.

Spitz tira à nouveau la langue et rit du sang.

Ο Σπιτζ έβγαλε ξανά τη γλώσσα του και γέλασε με το αίμα.

À partir de ce moment-là, Buck détesta Spitz de tout son cœur.

Από εκείνη τη στιγμή και μετά, ο Μπακ μισούσε τον Σπιτζ με όλη του την καρδιά.

Avant que Buck ne puisse se remettre de la mort de Curly, quelque chose de nouveau s'est produit.

Πριν προλάβει ο Μπακ να συνέλθει από τον θάνατο του Κέρλι, κάτι καινούργιο συνέβη.

François s'est approché et a attaché quelque chose autour du corps de Buck.

Ο Φρανσουά ήρθε και έδεσε κάτι γύρω από το σώμα του Μπακ.

C'était un harnais comme ceux utilisés sur les chevaux du ranch.

Ήταν μια ιπποσκευή σαν αυτές που χρησιμοποιούνταν στα άλογα στο ράντσο.

Comme Buck avait vu les chevaux travailler, il devait maintenant travailler aussi.

Όπως ο Μπακ είχε δει τα άλογα να δουλεύουν, τώρα ήταν αναγκασμένος να δουλεύει κι αυτός.

Il a dû tirer François sur un traîneau dans la forêt voisine.

Έπρεπε να τραβήξει τον Φρανσουά με ένα έλκηθρο στο κοντινό δάσος.

Il a ensuite dû ramener une lourde charge de bois de chauffage.

Έπειτα έπρεπε να τραβήξει πίσω ένα φορτίο βαριά καυσόξυλα.

Buck était fier, donc cela lui faisait mal d'être traité comme un animal de travail.

Ο Μπακ ήταν περήφανος, οπότε τον πλήγωνε να του φέρονται σαν να είναι ζώο εργασίας.

Mais il était sage et n'a pas essayé de lutter contre la nouvelle situation.

Αλλά ήταν σοφός και δεν προσπάθησε να αντιμετωπίσει τη νέα κατάσταση.

Il a accepté sa nouvelle vie et a donné le meilleur de lui-même dans chaque tâche.

Αποδέχτηκε τη νέα του ζωή και έδωσε τον καλύτερό του εαυτό σε κάθε του έργο.

Tout ce qui concernait ce travail lui était étrange et inconnu.

Όλα όσα αφορούσαν τη δουλειά του ήταν παράξενα και άγνωστα.

François était strict et exigeait l'obéissance sans délai.

Ο Φρανσουά ήταν αυστηρός και απαιτούσε υπακοή χωρίς καθυστέρηση.

Son fouet garantissait que chaque ordre soit exécuté immédiatement.

Το μαστίγιό του φρόντιζε να ακολουθείται κάθε εντολή ταυτόχρονα.

Dave était le conducteur du traîneau, le chien le plus proche du traîneau derrière Buck.

Ο Ντέιβ ήταν ο οδηγός του έλκηθρου, ο σκύλος που βρισκόταν πιο κοντά στο έλκηθρο πίσω από τον Μπακ.

Dave mordait Buck sur les pattes arrière s'il faisait une erreur.

Ο Ντέιβ δάγκωσε τον Μπακ στα πίσω πόδια αν έκανε λάθος.

Spitz était le chien de tête, compétent et expérimenté dans ce rôle.

Ο Σπιτζ ήταν ο επικεφαλής σκύλος, επιδέξιος και έμπειρος στον ρόλο.

Spitz ne pouvait pas atteindre Buck facilement, mais il le corrigea quand même.

Ο Σπιτζ δεν μπορούσε να φτάσει εύκολα στον Μπακ, αλλά παρόλα αυτά τον διόρθωσε.

Il grognait durement ou tirait le traîneau d'une manière qui enseignait à Buck.

Γρύλιζε σκληρά ή τραβούσε το έλκηθρο με τρόπους που δίδαξαν τον Μπακ.

Grâce à cette formation, Buck a appris plus vite que ce qu'ils avaient imaginé.
Υπό αυτή την εκπαίδευση, ο Μπακ έμαθε πιο γρήγορα από ό,τι περίμεναν οι πάντες.

Il a travaillé dur et a appris de François et des autres chiens.
Δούλεψε σκληρά και έμαθε τόσο από τον Φρανσουά όσο και από τα άλλα σκυλιά.

À leur retour, Buck connaissait déjà les commandes clés.
Όταν επέστρεψαν, ο Μπακ γνώριζε ήδη τις βασικές εντολές.

Il a appris à s'arrêter au son « ho » de François.
Έμαθε να σταματάει στο άκουσμα του «χο» από τον Φρανσουά.

Il a appris quand il a dû tirer le traîneau et courir.
Έμαθε πότε έπρεπε να τραβάει το έλκηθρο και να τρέχει.

Il a appris à tourner largement dans les virages du sentier sans difficulté.
Έμαθε να στρίβει φαρδιά στις στροφές του μονοπατιού χωρίς πρόβλημα.

Il a également appris à éviter Dave lorsque le traîneau descendait rapidement.
Έμαθε επίσης να αποφεύγει τον Ντέιβ όταν το έλκηθρο κατέβαινε γρήγορα προς τα κάτω.

« Ce sont de très bons chiens », dit fièrement François à Perrault.
«Είναι πολύ καλά σκυλιά», είπε με υπερηφάνεια ο Φρανσουά στον Περό.

« Ce Buck tire comme un dingue, je lui apprends vite fait. »
«Αυτός ο Μπακ τα σπάει όλα—τον μαθαίνω γρήγορα.»

Plus tard dans la journée, Perrault est revenu avec deux autres chiens husky.
Αργότερα την ίδια μέρα, ο Περό επέστρεψε με δύο ακόμη χάσκι.

Ils s'appelaient Billee et Joe, et ils étaient frères.

Τα ονόματά τους ήταν Μπίλι και Τζο και ήταν αδέρφια.
Ils venaient de la même mère, mais ne se ressemblaient pas du tout.
Προέρχονταν από την ίδια μητέρα, αλλά δεν ήταν καθόλου ίδιοι.
Billee était de nature douce et très amicale avec tout le monde.
Η Μπίλι ήταν γλυκιά και πολύ φιλική με όλους.
Joe était tout le contraire : calme, en colère et toujours en train de grogner.
Ο Τζο ήταν το αντίθετο — ήσυχος, θυμωμένος και πάντα γρυλίζοντας.
Buck les a accueillis de manière amicale et s'est montré calme avec eux deux.
Ο Μπακ τους χαιρέτησε φιλικά και ήταν ήρεμος και με τους δύο.
Dave ne leur prêta aucune attention et resta silencieux comme d'habitude.
Ο Ντέιβ δεν τους έδωσε σημασία και παρέμεινε σιωπηλός όπως συνήθως.
Spitz a attaqué d'abord Billee, puis Joe, pour montrer sa domination.
Ο Σπιτζ επιτέθηκε πρώτα στον Μπίλι και μετά στον Τζο, για να δείξει την κυριαρχία του.
Billee remua la queue et essaya d'être amical avec Spitz.
Ο Μπίλι κούνησε την ουρά του και προσπάθησε να φερθεί φιλικά στον Σπιτζ.
Lorsque cela n'a pas fonctionné, il a essayé de s'enfuir à la place.
Όταν αυτό δεν τα κατάφερε, προσπάθησε να φύγει τρέχοντας.
Il a pleuré tristement lorsque Spitz l'a mordu fort sur le côté.
Έκλαψε λυπημένος όταν ο Σπιτζ τον δάγκωσε δυνατά στο πλάι.
Mais Joe était très différent et refusait d'être intimidé.
Αλλά ο Τζο ήταν πολύ διαφορετικός και αρνήθηκε να δεχτεί εκφοβισμό.

Chaque fois que Spitz s'approchait, Joe se retournait pour lui faire face rapidement.
Κάθε φορά που ο Σπιτζ πλησίαζε, ο Τζο γύριζε γρήγορα για να τον αντιμετωπίσει.
Sa fourrure se hérissa, ses lèvres se retroussèrent et ses dents claquèrent sauvagement.
Η γούνα του τραχύνθηκε, τα χείλη του κυρτώθηκαν και τα δόντια του έσπασαν άγρια.
Les yeux de Joe brillaient de peur et de rage, défiant Spitz de frapper.
Τα μάτια του Τζο έλαμπαν από φόβο και οργή, προκαλώντας τον Σπιτζ να χτυπήσει.
Spitz abandonna le combat et se détourna, humilié et en colère.
Ο Σπιτζ εγκατέλειψε τη μάχη και γύρισε την πλάτη, ταπεινωμένος και θυμωμένος.
Il a déversé sa frustration sur le pauvre Billee et l'a chassé.
Ξέσπασε την απογοήτευσή του στον καημένο τον Μπίλι και τον έδιωξε.
Ce soir-là, Perrault ajouta un chien de plus à l'équipe.
Εκείνο το βράδυ, ο Perrault πρόσθεσε ένα ακόμη σκυλί στην ομάδα.
Ce chien était vieux, maigre et couvert de cicatrices de guerre.
Αυτό το σκυλί ήταν γέρο, αδύνατο και γεμάτο ουλές μάχης.
L'un de ses yeux manquait, mais l'autre brillait de puissance.
Το ένα του μάτι έλειπε, αλλά το άλλο έλαμπε από δύναμη.
Le nom du nouveau chien était Solleks, ce qui signifiait « celui qui est en colère ».
Το όνομα του νέου σκύλου ήταν Σόλεκς, που σήμαινε ο Θυμωμένος.
Comme Dave, Solleks ne demandait rien aux autres et ne donnait rien en retour.
Όπως ο Ντέιβ, ο Σόλεκς δεν ζήτησε τίποτα από τους άλλους και δεν έδωσε τίποτα πίσω.

Lorsque Solleks entra lentement dans le camp, même Spitz resta à l'écart.
Όταν ο Σόλεκς περπατούσε αργά μέσα στο στρατόπεδο, ακόμη και ο Σπιτς έμεινε μακριά.
Il avait une étrange habitude que Buck a eu la malchance de découvrir.
Είχε μια παράξενη συνήθεια που ο Μπακ άτυχος ανακάλυψε.
Solleks détestait qu'on l'approche du côté où il était aveugle.
Ο Σόλεκς μισούσε να τον πλησιάζουν από την πλευρά που ήταν τυφλός.
Buck ne le savait pas et a fait cette erreur par accident.
Ο Μπακ δεν το γνώριζε αυτό και έκανε αυτό το λάθος κατά λάθος.
Solleks se retourna et frappa l'épaule de Buck profondément et rapidement.
Ο Σόλεκς γύρισε και χτύπησε τον Μπακ στον ώμο βαθιά και γρήγορα.
À partir de ce moment, Buck ne s'est plus jamais approché du côté aveugle de Solleks.
Από εκείνη τη στιγμή και μετά, ο Μπακ δεν πλησίασε ποτέ την τυφλή πλευρά του Σόλεκς.
Ils n'ont plus jamais eu de problèmes pendant le reste de leur temps ensemble.
Δεν είχαν ποτέ ξανά πρόβλημα για το υπόλοιπο του χρόνου που ήταν μαζί.
Solleks voulait seulement être laissé seul, comme le calme Dave.
Ο Σόλεκς ήθελε μόνο να τον αφήσουν μόνο του, σαν τον ήσυχο Ντέιβ.
Mais Buck apprendra plus tard qu'ils avaient chacun un autre objectif secret.
Αλλά ο Μπακ αργότερα θα μάθαινε ότι ο καθένας τους είχε έναν άλλο μυστικό στόχο.
Cette nuit-là, Buck a dû faire face à un nouveau défi troublant : comment dormir.

Εκείνο το βράδυ ο Μπακ αντιμετώπισε μια νέα και ανησυχητική πρόκληση - πώς να κοιμηθεί.

La tente brillait chaleureusement à la lumière des bougies dans le champ enneigé.

Η σκηνή έλαμπε θερμά από το φως των κεριών στο χιονισμένο χωράφι.

Buck entra, pensant qu'il pourrait se reposer là comme avant.

Ο Μπακ μπήκε μέσα, νομίζοντας ότι θα μπορούσε να ξεκουραστεί εκεί όπως πριν.

Mais Perrault et François lui criaient dessus et lui jetaient des casseroles.

Αλλά ο Περώ και ο Φρανσουά του φώναξαν και του πέταξαν τηγάνια.

Choqué et confus, Buck s'est enfui dans le froid glacial.

Σοκαρισμένος και μπερδεμένος, ο Μπακ έτρεξε έξω στο παγωμένο κρύο.

Un vent glacial piquait son épaule blessée et lui gelait les pattes.

Ένας πικρός άνεμος τσίμπησε τον πληγωμένο ώμο του και πάγωσε τα πόδια του.

Il s'est allongé dans la neige et a essayé de dormir à la belle étoile.

Ξάπλωσε στο χιόνι και προσπάθησε να κοιμηθεί έξω στο ύπαιθρο.

Mais le froid l'obligea bientôt à se relever, tremblant terriblement.

Αλλά το κρύο σύντομα τον ανάγκασε να ξανασηκωθεί, τρέμοντας άσχημα.

Il erra dans le camp, essayant de trouver un endroit plus chaud.

Περιπλανήθηκε μέσα στο στρατόπεδο, προσπαθώντας να βρει ένα πιο ζεστό μέρος.

Mais chaque coin était aussi froid que le précédent.

Αλλά κάθε γωνιά ήταν εξίσου κρύα με την προηγούμενη.

Parfois, des chiens sauvages sautaient sur lui dans l'obscurité.

Μερικές φορές άγρια σκυλιά πηδούσαν καταπάνω του από το σκοτάδι.

Buck hérissa sa fourrure, montra ses dents et grogna en signe d'avertissement.

Ο Μπακ τράβηξε τις τρίχες του, έδειξε τα δόντια του και γρύλισε προειδοποιητικά.

Il apprenait vite et les autres chiens reculaient rapidement.

Μάθαινε γρήγορα και τα άλλα σκυλιά υποχώρησαν γρήγορα.

Il n'avait toujours pas d'endroit où dormir et ne savait pas quoi faire.

Παρόλα αυτά, δεν είχε πού να κοιμηθεί και δεν είχε ιδέα τι να κάνει.

Finalement, une pensée lui vint : aller voir ses coéquipiers.

Επιτέλους, του ήρθε μια σκέψη — να ελέγξει τους συμπαίκτες του.

Il est retourné dans leur région et a été surpris de les trouver partis.

Επέστρεψε στην περιοχή τους και εξεπλάγη που τους διαπίστωσε ότι είχαν εξαφανιστεί.

Il chercha à nouveau dans le camp, mais ne parvint toujours pas à les trouver.

Έψαξε ξανά το στρατόπεδο, αλλά δεν μπόρεσε να τους βρει.

Il savait qu'ils ne pouvaient pas être dans la tente, sinon il le serait aussi.

Ήξερε ότι δεν μπορούσαν να είναι στη σκηνή, αλλιώς θα ήταν κι αυτός.

Alors, où étaient passés tous les chiens dans ce camp gelé ?

Πού είχαν πάει, λοιπόν, όλα τα σκυλιά σε αυτόν τον παγωμένο καταυλισμό;

Buck, froid et misérable, tournait lentement autour de la tente.

Ο Μπακ, κρύος και άθλιος, έκανε αργά κύκλους γύρω από τη σκηνή.

Soudain, ses pattes avant s'enfoncèrent dans la neige molle et le surprit.

Ξαφνικά, τα μπροστινά του πόδια βυθίστηκαν στο μαλακό χιόνι και τον τρόμαξαν.
Quelque chose se tortilla sous ses pieds et il sursauta en arrière, effrayé.
Κάτι στριφογύρισε κάτω από τα πόδια του και πήδηξε πίσω φοβισμένος.
Il grogna et grogna, ne sachant pas ce qui se cachait sous la neige.
Γρύλισε και γρύλισε, μη ξέροντας τι βρισκόταν κάτω από το χιόνι.
Puis il entendit un petit aboiement amical qui apaisa sa peur.
Τότε άκουσε ένα φιλικό μικρό γάβγισμα που απαλύνει τον φόβο του.
Il renifla l'air et s'approcha pour voir ce qui était caché.
Μύρισε τον αέρα και πλησίασε για να δει τι ήταν κρυμμένο.
Sous la neige, recroquevillée en boule chaude, se trouvait la petite Billee.
Κάτω από το χιόνι, κουλουριασμένη σαν μια ζεστή μπάλα, ήταν η μικρή Μπίλι.
Billee remua la queue et lécha le visage de Buck pour le saluer.
Ο Μπίλι κούνησε την ουρά του και έγλειψε το πρόσωπο του Μπακ για να τον χαιρετήσει.
Buck a vu comment Billee avait fabriqué un endroit pour dormir dans la neige.
Ο Μπακ είδε πώς η Μπίλι είχε φτιάξει ένα μέρος για ύπνο στο χιόνι.
Il avait creusé et utilisé sa propre chaleur pour rester au chaud.
Είχε σκάψει κάτω και χρησιμοποιούσε τη δική του θέρμανση για να ζεσταθεί.
Buck avait appris une autre leçon : c'est ainsi que les chiens dormaient.
Ο Μπακ είχε πάρει άλλο ένα μάθημα—έτσι κοιμόντουσαν τα σκυλιά.

Il a choisi un endroit et a commencé à creuser son propre trou dans la neige.
Διάλεξε ένα σημείο και άρχισε να σκάβει τη δική του τρύπα στο χιόνι.
Au début, il bougeait trop et gaspillait de l'énergie.
Στην αρχή, κινούνταν πολύ και σπαταλούσε ενέργεια.
Mais bientôt son corps réchauffa l'espace et il se sentit en sécurité.
Αλλά σύντομα το σώμα του ζέστανε τον χώρο και ένιωσε ασφαλής.
Il se recroquevilla étroitement et, peu de temps après, il s'endormit profondément.
Κουλουριάστηκε σφιχτά και σε λίγο κοιμήθηκε βαθιά.
La journée avait été longue et dure, et Buck était épuisé.
Η μέρα ήταν μεγάλη και δύσκολη, και ο Μπακ ήταν εξαντλημένος.
Il dormait profondément et confortablement, même si ses rêves étaient fous.
Κοιμόταν βαθιά και άνετα, αν και τα όνειρά του ήταν τρελά.
Il grognait et aboyait dans son sommeil, se tordant pendant qu'il rêvait.
Γρύλιζε και γάβγιζε στον ύπνο του, στριφογυρίζοντας καθώς ονειρευόταν.

Buck ne s'est réveillé que lorsque le camp était déjà en train de prendre vie.
Ο Μπακ δεν ξύπνησε μέχρι που η κατασκήνωση άρχισε ήδη να ζωντανεύει.
Au début, il ne savait pas où il était ni ce qui s'était passé.
Στην αρχή δεν ήξερε πού βρισκόταν ή τι είχε συμβεί.
La neige était tombée pendant la nuit et avait complètement enseveli son corps.
Το χιόνι είχε πέσει όλη τη νύχτα και είχε θάψει εντελώς το σώμα του.
La neige se pressait autour de lui, serrée de tous côtés.
Το χιόνι σφίχτηκε γύρω του, σφιχτό από όλες τις πλευρές.

Soudain, une vague de peur traversa tout le corps de Buck.
Ξαφνικά, ένα κύμα φόβου διαπέρασε ολόκληρο το σώμα του Μπακ.
C'était la peur d'être piégé, une peur venue d'instincts profonds.
Ήταν ο φόβος της παγίδευσης, ένας φόβος που πηγάζει από βαθιά ένστικτα.
Bien qu'il n'ait jamais vu de piège, la peur vivait en lui.
Αν και δεν είχε ξαναδεί παγίδα, ο φόβος ζούσε μέσα του.
C'était un chien apprivoisé, mais maintenant ses vieux instincts sauvages se réveillaient.
Ήταν ένα ήμερο σκυλί, αλλά τώρα τα παλιά, άγρια ένστικτά του ξυπνούσαν.
Les muscles de Buck se tendirent et sa fourrure se dressa sur tout son dos.
Οι μύες του Μπακ τεντώθηκαν και η γούνα του σηκώθηκε όρθια σε όλη την πλάτη του.
Il grogna férocement et bondit droit dans la neige.
Γρύλισε άγρια και πήδηξε κατευθείαν πάνω μέσα στο χιόνι.
La neige volait dans toutes les directions alors qu'il faisait irruption dans la lumière du jour.
Το χιόνι πετούσε προς κάθε κατεύθυνση καθώς αυτός όρμησε στο φως της ημέρας.
Avant même d'atterrir, Buck vit le camp s'étendre devant lui.
Ακόμα και πριν από την προσγείωση, ο Μπακ είδε το στρατόπεδο να απλώνεται μπροστά του.
Il se souvenait de tout ce qui s'était passé la veille, d'un seul coup.
Θυμήθηκε τα πάντα από την προηγούμενη μέρα, μονομιάς.
Il se souvenait d'avoir flâné avec Manuel et d'avoir fini à cet endroit.
Θυμόταν ότι έκανε μια βόλτα με τον Μανουέλ και κατέληξε σε αυτό το μέρος.
Il se souvenait avoir creusé le trou et s'être endormi dans le froid.

Θυμόταν ότι έσκαψε την τρύπα και ότι αποκοιμήθηκε στο κρύο.

Maintenant, il était réveillé et le monde sauvage qui l'entourait était clair.

Τώρα ήταν ξύπνιος και ο άγριος κόσμος γύρω του ήταν καθαρός.

Un cri de François salua l'apparition soudaine de Buck.

Μια κραυγή από τον Φρανσουά χαιρέτισε την ξαφνική εμφάνιση του Μπακ.

« Qu'est-ce que j'ai dit ? » cria le conducteur du chien à Perrault.

«Τι είπα;» φώναξε δυνατά ο οδηγός του σκύλου στον Περώ.

« Ce Buck apprend vraiment très vite », a ajouté François.

«Αυτός ο Μπακ σίγουρα μαθαίνει πολύ γρήγορα», πρόσθεσε ο Φρανσουά.

Perrault hocha gravement la tête, visiblement satisfait du résultat.

Ο Περώ έγνεψε σοβαρά, φανερά ευχαριστημένος με το αποτέλεσμα.

En tant que courrier pour le gouvernement canadien, il transportait des dépêches.

Ως αγγελιαφόρος για την καναδική κυβέρνηση, μετέφερε αποστολές.

Il était impatient de trouver les meilleurs chiens pour son importante mission.

Ήταν πρόθυμος να βρει τα καλύτερα σκυλιά για τη σημαντική αποστολή του.

Il se sentait particulièrement heureux maintenant que Buck faisait partie de l'équipe.

Ένιωθε ιδιαίτερα ευχαριστημένος τώρα που ο Μπακ ήταν μέλος της ομάδας.

Trois autres huskies ont été ajoutés à l'équipe en une heure.

Τρία ακόμη χάσκι προστέθηκαν στην ομάδα μέσα σε μία ώρα.

Cela porte le nombre total de chiens dans l'équipe à neuf.

Αυτό ανέβασε τον συνολικό αριθμό σκύλων στην ομάδα σε εννέα.

En quinze minutes, tous les chiens étaient dans leurs harnais.
Μέσα σε δεκαπέντε λεπτά όλα τα σκυλιά ήταν στις ιμάντες τους.

L'équipe de traîneaux remontait le sentier en direction du canyon de Dyea.
Η ομάδα του έλκηθρου ανηφόριζε το μονοπάτι προς την Ντιέα Κάνιον.

Buck était heureux de partir, même si le travail à venir était difficile.
Ο Μπακ ένιωθε χαρούμενος που έφευγε, ακόμα κι αν η δουλειά που είχε μπροστά του ήταν δύσκολη.

Il s'est rendu compte qu'il ne détestait pas particulièrement le travail ou le froid.
Διαπίστωσε ότι δεν απεχθανόταν ιδιαίτερα την εργασία ή το κρύο.

Il a été surpris par l'empressement qui a rempli toute l'équipe.
Έμεινε έκπληκτος από την προθυμία που κατέκλυσε όλη την ομάδα.

Encore plus surprenant fut le changement qui s'était produit chez Dave et Solleks.
Ακόμα πιο εκπληκτική ήταν η αλλαγή που είχε συμβεί στον Ντέιβ και τον Σόλεκς.

Ces deux chiens étaient complètement différents lorsqu'ils étaient attelés.
Αυτά τα δύο σκυλιά ήταν εντελώς διαφορετικά όταν ήταν ζευγαρωμένα.

Leur passivité et leur manque d'intérêt avaient complètement disparu.
Η παθητικότητα και η έλλειψη ενδιαφέροντος τους είχαν εξαφανιστεί εντελώς.

Ils étaient alertes et actifs, et désireux de bien faire leur travail.
Ήταν σε εγρήγορση και δραστήριοι, και πρόθυμοι να κάνουν καλά τη δουλειά τους.

Ils s'irritaient violemment à tout ce qui pouvait provoquer un retard ou une confusion.
Ενοχλούνταν έντονα με οτιδήποτε προκαλούσε καθυστέρηση ή σύγχυση.

Le travail acharné sur les rênes était le centre de tout leur être.
Η σκληρή δουλειά στα ηνία ήταν το κέντρο ολόκληρης της ύπαρξής τους.

Tirer un traîneau semblait être la seule chose qu'ils appréciaient vraiment.
Το τράβηγμα έλκηθρου φαινόταν να είναι το μόνο πράγμα που απολάμβαναν πραγματικά.

Dave était à l'arrière du groupe, le plus proche du traîneau lui-même.
Ο Ντέιβ ήταν στο πίσω μέρος της ομάδας, πιο κοντά στο έλκηθρο.

Buck a été placé devant Dave, et Solleks a dépassé Buck.
Ο Μπακ τοποθετήθηκε μπροστά από τον Ντέιβ και ο Σόλεκς τον προηγήθηκε.

Le reste des chiens était aligné devant eux en file indienne.
Τα υπόλοιπα σκυλιά ήταν στριμωγμένα μπροστά σε μια σειρά.

La position de tête à l'avant était occupée par Spitz.
Η επικεφαλής θέση στο μπροστινό μέρος καλύφθηκε από τον Spitz.

Buck avait été placé entre Dave et Solleks pour l'instruction.
Ο Μπακ είχε τοποθετηθεί ανάμεσα στον Ντέιβ και τον Σόλεκς για εκπαίδευση.

Il apprenait vite et ils étaient des professeurs fermes et compétents.
Αυτός μάθαινε γρήγορα, και αυτοί ήταν σταθεροί και ικανοί δάσκαλοι.

Ils n'ont jamais permis à Buck de rester longtemps dans l'erreur.
Δεν επέτρεψαν ποτέ στον Μπακ να παραμείνει σε λάθος για πολύ.

Ils ont enseigné leurs leçons avec des dents acérées quand c'était nécessaire.
Δίδαξαν τα μαθήματά τους με κοφτερά δόντια όταν χρειάστηκε.
Dave était juste et faisait preuve d'une sagesse calme et sérieuse.
Ο Ντέιβ ήταν δίκαιος και έδειξε ένα ήρεμο, σοβαρό είδος σοφίας.
Il n'a jamais mordu Buck sans une bonne raison de le faire.
Ποτέ δεν δάγκωσε τον Μπακ χωρίς σοβαρό λόγο.
Mais il n'a jamais manqué de mordre lorsque Buck avait besoin d'être corrigé.
Αλλά ποτέ δεν παρέλειπε να δαγκώνει όταν ο Μπακ χρειαζόταν διόρθωση.
Le fouet de François était toujours prêt et soutenait leur autorité.
Το μαστίγιο του Φρανσουά ήταν πάντα έτοιμο και υποστήριζε την εξουσία τους.
Buck a vite compris qu'il valait mieux obéir que riposter.
Ο Μπακ σύντομα κατάλαβε ότι ήταν καλύτερο να υπακούσει παρά να αντεπιτεθεί.
Un jour, lors d'un court repos, Buck s'est emmêlé dans les rênes.
Κάποτε, κατά τη διάρκεια μιας σύντομης ανάπαυσης, ο Μπακ μπλέχτηκε στα ηνία.
Il a retardé le départ et a perturbé le mouvement de l'équipe.
Καθυστέρησε την έναρξη και μπέρδεψε την κίνηση της ομάδας.
Dave et Solleks se sont jetés sur lui et lui ont donné une raclée.
Ο Ντέιβ και ο Σόλεκς όρμησαν πάνω του και τον ξυλοκόπησαν άγρια.
L'enchevêtrement n'a fait qu'empirer, mais Buck a bien appris sa leçon.
Το μπέρδεμα μόνο χειροτέρευε, αλλά ο Μπακ έμαθε καλά το μάθημά του.
Dès lors, il garda les rênes tendues et travailla avec soin.

Από τότε και στο εξής, κρατούσε τα ηνία τεντωμένα και εργαζόταν προσεκτικά.

Avant la fin de la journée, Buck avait maîtrisé une grande partie de sa tâche.

Πριν τελειώσει η μέρα, ο Μπακ είχε τελειοποιήσει μεγάλο μέρος της εργασίας του.

Ses coéquipiers ont presque arrêté de le corriger ou de le mordre.

Οι συμπαίκτες του σχεδόν σταμάτησαν να τον διορθώνουν ή να τον δαγκώνουν.

Le fouet de François claquait de moins en moins souvent dans l'air.

Το μαστίγιο του Φρανσουά χτυπούσε στον αέρα όλο και πιο σπάνια.

Perrault a même soulevé les pieds de Buck et a soigneusement examiné chaque patte.

Ο Περό σήκωσε ακόμη και τα πόδια του Μπακ και εξέτασε προσεκτικά κάθε πόδι.

Cela avait été une journée de course difficile, longue et épuisante pour eux tous.

Ήταν μια δύσκολη μέρα τρεξίματος, μεγάλη και εξαντλητική για όλους τους.

Ils remontèrent le Cañon, traversèrent Sheep Camp et passèrent devant les Scales.

Ταξίδεψαν πάνω στον ποταμό Κανιόν, μέσα από το Sheep Camp και πέρασαν τις Σκέιλς.

Ils ont traversé la limite des forêts, puis des glaciers et des congères de plusieurs mètres de profondeur.

Διέσχισαν τα όρια της δασικής έκτασης, και μετά πέρασαν παγετώνες και χιονοστιβάδες βάθους πολλών μέτρων.

Ils ont escaladé la grande et froide chaîne de montagnes Chilkoot Divide.

Σκαρφάλωσαν το μεγάλο κρύο και απαγορευτικό χάσμα Τσίλκουτ.

Cette haute crête se dressait entre l'eau salée et l'intérieur gelé.

Αυτή η ψηλή κορυφογραμμή βρισκόταν ανάμεσα στο αλμυρό νερό και το παγωμένο εσωτερικό.

Les montagnes protégeaient le Nord triste et solitaire avec de la glace et des montées abruptes.

Τα βουνά φρουρούσαν τον θλιβερό και μοναχικό Βορρά με πάγο και απότομες ανηφόρες.

Ils ont parcouru à bon rythme une longue chaîne de lacs en aval de la ligne de partage des eaux.

Πέρασαν καλά σε μια μακριά αλυσίδα από λίμνες κάτω από το χώρισμα.

Ces lacs remplissaient les anciens cratères de volcans éteints.

Αυτές οι λίμνες γέμιζαν τους αρχαίους κρατήρες των σβησμένων ηφαιστείων.

Tard dans la nuit, ils atteignirent un grand camp au bord du lac Bennett.

Αργά το ίδιο βράδυ, έφτασαν σε ένα μεγάλο στρατόπεδο στη λίμνη Μπένετ.

Des milliers de chercheurs d'or étaient là, construisant des bateaux pour le printemps.

Χιλιάδες χρυσοθήρες ήταν εκεί, κατασκευάζοντας βάρκες για την άνοιξη.

La glace allait bientôt se briser et ils devaient être prêts.

Ο πάγος επρόκειτο να σπάσει σύντομα και έπρεπε να είναι έτοιμοι.

Buck creusa son trou dans la neige et tomba dans un profond sommeil.

Ο Μπακ έσκαψε την τρύπα του στο χιόνι και έπεσε σε βαθύ ύπνο.

Il dormait comme un ouvrier, épuisé par une dure journée de travail.

Κοιμόταν σαν εργάτης, εξαντλημένος από τη σκληρή μέρα της δουλειάς.

Mais trop tôt dans l'obscurité, il fut tiré de son sommeil.

Αλλά πολύ νωρίς στο σκοτάδι, τον ξύπνησαν.

Il fut à nouveau attelé avec ses compagnons et attaché au traîneau.

Δέθηκε ξανά με τους φίλους του και προσκολλήθηκε στο έλκηθρο.

Ce jour-là, ils ont parcouru quarante milles, car la neige était bien battue.

Εκείνη την ημέρα έκαναν σαράντα μίλια, επειδή το χιόνι ήταν καλά πατημένο.

Le lendemain, et pendant plusieurs jours après, la neige était molle.

Την επόμενη μέρα, και για πολλές μέρες μετά, το χιόνι ήταν μαλακό.

Ils ont dû faire le chemin eux-mêmes, en travaillant plus dur et en avançant plus lentement.

Έπρεπε να φτιάξουν το μονοπάτι μόνοι τους, δουλεύοντας σκληρότερα και κινούμενοι πιο αργά.

Habituellement, Perrault marchait devant l'équipe avec des raquettes palmées.

Συνήθως, ο Περό περπατούσε μπροστά από την ομάδα φορώντας χιονοπέδιλα με μεμβράνη.

Ses pas ont compacté la neige, facilitant ainsi le déplacement du traîneau.

Τα βήματά του γέμιζαν το χιόνι, διευκολύνοντας την κίνηση του έλκηθρου.

François, qui dirigeait depuis le mât, prenait parfois le relais.

Ο Φρανσουά, ο οποίος καθοδηγούσε από την αρχή, μερικές φορές αναλάμβανε τα ηνία.

Mais il était rare que François prenne les devants

Αλλά ήταν σπάνιο ο Φρανσουά να πάρει το προβάδισμα

parce que Perrault était pressé de livrer les lettres et les colis.

επειδή ο Περώ βιαζόταν να παραδώσει τα γράμματα και τα δέματα.

Perrault était fier de sa connaissance de la neige, et surtout de la glace.

Ο Περώ ήταν περήφανος για τις γνώσεις του για το χιόνι, και ιδιαίτερα για τον πάγο.

Cette connaissance était essentielle, car la glace d'automne était dangereusement mince.

Αυτή η γνώση ήταν απαραίτητη, επειδή ο πάγος του
φθινοπώρου ήταν επικίνδυνα λεπτός.
**Là où l'eau coulait rapidement sous la surface, il n'y avait
pas du tout de glace.**
Όπου το νερό έρεε γρήγορα κάτω από την επιφάνεια, δεν
υπήρχε καθόλου πάγος.

Jour après jour, la même routine se répétait sans fin.
Μέρα με τη μέρα, η ίδια ρουτίνα επαναλαμβανόταν
ασταμάτητα.
**Buck travaillait sans relâche sur les rênes, de l'aube jusqu'à
la nuit.**
Ο Μπακ μοχθούσε ασταμάτητα στα ηνία από την αυγή
μέχρι το βράδυ.
**Ils quittèrent le camp dans l'obscurité, bien avant le lever du
soleil.**
Έφυγαν από το στρατόπεδο στο σκοτάδι, πολύ πριν
ανατείλει ο ήλιος.
**Au moment où le jour se leva, ils avaient déjà parcouru de
nombreux kilomètres.**
Όταν ξημέρωσε, πολλά μίλια είχαν ήδη περάσει πίσω τους.
**Ils ont installé leur campement après la tombée de la nuit,
mangeant du poisson et creusant dans la neige.**
Έστησαν το στρατόπεδό τους αφού νύχτωσε, τρώγοντας
ψάρια και σκάβοντας στο χιόνι.
**Buck avait toujours faim et n'était jamais vraiment satisfait
de sa ration.**
Ο Μπακ πεινούσε πάντα και ποτέ δεν ήταν πραγματικά
ικανοποιημένος με τη μερίδα του.
Il recevait une livre et demie de saumon séché chaque jour.
Έπαιρνε ενάμιση κιλό αποξηραμένο σολομό κάθε μέρα.
**Mais la nourriture semblait disparaître en lui, laissant la
faim derrière elle.**
Αλλά το φαγητό φαινόταν να εξαφανίζεται μέσα του,
αφήνοντας πίσω του την πείνα.
**Il souffrait constamment de la faim et rêvait de plus de
nourriture.**

Υπέφερε από συνεχείς κρίσεις πείνας και ονειρευόταν περισσότερο φαγητό.
Les autres chiens n'ont pris qu'une livre, mais ils sont restés forts.
Τα άλλα σκυλιά πήραν μόνο μια λίβρα τροφής, αλλά παρέμειναν δυνατά.
Ils étaient plus petits et étaient nés dans le mode de vie du Nord.
Ήταν μικρότερα και είχαν γεννηθεί στη βόρεια ζωή.
Il perdit rapidement la méticulosité qui avait marqué son ancienne vie.
Γρήγορα έχασε την σχολαστικότητα που είχε σημαδέψει την παλιά του ζωή.
Il avait été un mangeur délicat, mais maintenant ce n'était plus possible.
Ήταν λιτός στο φαγητό, αλλά τώρα αυτό δεν ήταν πλέον δυνατό.
Ses camarades ont terminé premiers et lui ont volé sa ration inachevée.
Οι φίλοι του τερμάτισαν πρώτοι και του έκλεψαν την ημιτελή μερίδα του.
Une fois qu'ils ont commencé, il n'y avait aucun moyen de défendre sa nourriture contre eux.
Από τη στιγμή που άρχισαν, δεν υπήρχε τρόπος να υπερασπιστεί το φαγητό του από αυτούς.
Pendant qu'il combattait deux ou trois chiens, les autres volaient le reste.
Ενώ αυτός πολεμούσε με δύο ή τρία σκυλιά, τα άλλα έκλεψαν τα υπόλοιπα.
Pour résoudre ce problème, il a commencé à manger aussi vite que les autres.
Για να το διορθώσει αυτό, άρχισε να τρώει τόσο γρήγορα όσο έτρωγαν και οι άλλοι.
La faim le poussait tellement qu'il prenait même de la nourriture qui n'était pas la sienne.
Η πείνα τον πίεζε τόσο πολύ που έτρωγε ακόμη και φαγητό που δεν ήταν δικό του.

Il observait les autres et apprenait rapidement de leurs actions.
Παρακολουθούσε τους άλλους και μάθαινε γρήγορα από τις πράξεις τους.
Il a vu Pike, un nouveau chien, voler une tranche de bacon à Perrault.
Είδε τον Πάικ, ένα καινούργιο σκυλί, να κλέβει μια φέτα μπέικον από τον Περό.
Pike avait attendu que Perrault ait le dos tourné pour voler le bacon.
Ο Πάικ περίμενε μέχρι να γυρίσει την πλάτη του Περώ για να κλέψει το μπέικον.
Le lendemain, Buck a copié Pike et a volé tout le morceau.
Την επόμενη μέρα, ο Μπακ αντέγραψε τον Πάικ και έκλεψε ολόκληρο το κομμάτι.
Un grand tumulte s'ensuivit, mais Buck ne fut pas suspecté.
Ακολούθησε μεγάλη αναταραχή, αλλά ο Μπακ δεν ήταν ύποπτος.
Dub, un chien maladroit qui se faisait toujours prendre, a été puni à la place.
Ο Νταμπ, ένα αδέξιο σκυλί που πάντα πιανόταν, τιμωρήθηκε αντ' αυτού.
Ce premier vol a fait de Buck un chien apte à survivre dans le Nord.
Αυτή η πρώτη κλοπή χαρακτήρισε τον Μπακ ως σκύλο ικανό να επιβιώσει στον Βορρά.
Il a montré qu'il pouvait s'adapter à de nouvelles conditions et apprendre rapidement.
Έδειξε ότι μπορεί να προσαρμοστεί σε νέες συνθήκες και να μάθει γρήγορα.
Sans une telle adaptabilité, il serait mort rapidement et gravement.
Χωρίς τέτοια προσαρμοστικότητα, θα είχε πεθάνει γρήγορα και άσχημα.
Cela a également marqué l'effondrement de sa nature morale et de ses valeurs passées.

Σηματοδότησε επίσης την κατάρρευση της ηθικής του φύσης και των προηγούμενων αξιών του.
Dans le Southland, il avait vécu sous la loi de l'amour et de la bonté.
Στη Νότια Χώρα, είχε ζήσει σύμφωνα με τον νόμο της αγάπης και της καλοσύνης.
Là, il était logique de respecter la propriété et les sentiments des autres chiens.
Εκεί ήταν λογικό να σέβονται την ιδιοκτησία και τα συναισθήματα των άλλων σκύλων.
Mais le Northland suivait la loi du club et la loi du croc.
Αλλά η Βόρεια Χώρα ακολουθούσε τον νόμο του κλαμπ και τον νόμο του κυνόδοντα.
Quiconque respectait les anciennes valeurs ici était stupide et échouerait.
Όποιος σεβόταν τις παλιές αξίες εδώ ήταν ανόητος και θα αποτύγχανε.
Buck n'a pas réfléchi à tout cela dans son esprit.
Ο Μπακ δεν τα σκέφτηκε όλα αυτά.
Il était en forme et s'est donc adapté sans avoir besoin de réfléchir.
Ήταν σε φόρμα, κι έτσι προσαρμόστηκε χωρίς να χρειάζεται να σκεφτεί.
De toute sa vie, il n'avait jamais fui un combat.
Σε όλη του τη ζωή, ποτέ δεν είχε δραπετεύσει από μια μάχη.
Mais la massue en bois de l'homme au pull rouge a changé cette règle.
Αλλά το ξύλινο ρόπαλο του άντρα με το κόκκινο πουλόβερ άλλαξε αυτόν τον κανόνα.
Il suivait désormais un code plus profond et plus ancien, inscrit dans son être.
Τώρα ακολουθούσε έναν βαθύτερο, παλαιότερο κώδικα γραμμένο στην ύπαρξή του.
Il ne volait pas par plaisir, mais par faim.
Δεν έκλεβε από ευχαρίστηση, αλλά από τον πόνο της πείνας.

Il n'a jamais volé ouvertement, mais il a volé avec ruse et prudence.
Ποτέ δεν έκλεβε ανοιχτά, αλλά έκλεβε με πονηριά και προσοχή.
Il a agi par respect pour la massue en bois et par peur du croc.
Ενήργησε από σεβασμό για το ξύλινο ρόπαλο και φόβο για το δόντι.
En bref, il a fait ce qui était plus facile et plus sûr que de ne pas le faire.
Με λίγα λόγια, έκανε αυτό που ήταν ευκολότερο και ασφαλέστερο από το να μην το κάνει.
Son développement – ou peut-être son retour à ses anciens instincts – fut rapide.
Η ανάπτυξή του —ή ίσως η επιστροφή του στα παλιά ένστικτα— ήταν γρήγορη.
Ses muscles se durcirent jusqu'à devenir aussi forts que du fer.
Οι μύες του σκλήρυναν μέχρι που τους ένιωθες τόσο δυνατούς όσο σίδερο.
Il ne se souciait plus de la douleur, à moins qu'elle ne soit grave.
Δεν τον ένοιαζε πια ο πόνος, εκτός αν ήταν σοβαρός.
Il est devenu efficace à l'intérieur comme à l'extérieur, ne gaspillant rien du tout.
Έγινε αποτελεσματικός εσωτερικά και εξωτερικά, χωρίς να σπαταλάει τίποτα απολύτως.
Il pouvait manger des choses viles, pourries ou difficiles à digérer.
Μπορούσε να τρώει πράγματα που ήταν απαίσια, σάπια ή δύσπεπτα.
Quoi qu'il mange, son estomac utilisait jusqu'au dernier morceau de valeur.
Ό,τι κι αν έτρωγε, το στομάχι του χρησιμοποιούσε και την τελευταία σπιθαμή της αξίας του.
Son sang transportait les nutriments loin dans son corps puissant.

Το αίμα του μετέφερε τα θρεπτικά συστατικά μακριά μέσα από το δυνατό του σώμα.
Cela a créé des tissus solides qui lui ont donné une endurance incroyable.
Αυτό δημιούργησε ισχυρούς ιστούς που του έδωσαν απίστευτη αντοχή.
Sa vue et son odorat sont devenus beaucoup plus sensibles qu'avant.
Η όραση και η όσφρησή του έγιναν πολύ πιο ευαίσθητες από πριν.
Son ouïe est devenue si fine qu'il pouvait détecter des sons faibles pendant son sommeil.
Η ακοή του έγινε τόσο οξεία που μπορούσε να ανιχνεύσει αμυδρούς ήχους στον ύπνο.
Il savait dans ses rêves si les sons signifiaient sécurité ou danger.
Ήξερε στα όνειρά του αν οι ήχοι σήμαιναν ασφάλεια ή κίνδυνο.
Il a appris à mordre la glace entre ses orteils avec ses dents.
Έμαθε να δαγκώνει τον πάγο ανάμεσα στα δάχτυλα των ποδιών του με τα δόντια του.
Si un point d'eau gelait, il brisait la glace avec ses jambes.
Αν πάγωνε μια τρύπα με νερό, έσπαγε τον πάγο με τα πόδια του.
Il se cabra et frappa violemment la glace avec ses membres antérieurs raides.
Σηκώθηκε όρθιος και χτύπησε δυνατά τον πάγο με τα άκαμπτα μπροστινά του άκρα.
Sa capacité la plus frappante était de prédire les changements de vent pendant la nuit.
Η πιο εντυπωσιακή του ικανότητα ήταν η πρόβλεψη των αλλαγών του ανέμου κατά τη διάρκεια της νύχτας.
Même lorsque l'air était calme, il choisissait des endroits abrités du vent.
Ακόμα και όταν ο αέρας ήταν ακίνητος, επέλεγε σημεία προστατευμένα από τον άνεμο.

Partout où il creusait son nid, le vent du lendemain le passait à côté de lui.
Όπου κι αν έσκαβε τη φωλιά του, ο άνεμος της επόμενης μέρας τον προσπερνούσε.

Il finissait toujours par se blottir et se protéger, sous le vent.
Κατέληγε πάντα άνετος και προστατευμένος, πολύ μακριά από το αεράκι.

Buck n'a pas seulement appris par l'expérience : son instinct est également revenu.
Ο Μπακ όχι μόνο έμαθε από την εμπειρία — και τα ένστικτά του επέστρεψαν.

Les habitudes des générations domestiquées ont commencé à disparaître.
Οι συνήθειες των εξημερωμένων γενεών άρχισαν να εξαφανίζονται.

De manière vague, il se souvenait des temps anciens de sa race.
Με αόριστους τρόπους, θυμόταν την αρχαιότητα της ράτσας του.

Il repensa à l'époque où les chiens sauvages couraient en meute dans les forêts.
Σκέφτηκε πίσω στην εποχή που τα άγρια σκυλιά έτρεχαν σε αγέλες μέσα στα δάση.

Ils avaient poursuivi et tué leur proie en la poursuivant.
Είχαν κυνηγήσει και σκοτώσει το θήραμά τους ενώ το καταδιώκουν.

Il était facile pour Buck d'apprendre à se battre avec force et rapidité.
Ήταν εύκολο για τον Μπακ να μάθει πώς να πολεμά με δόντια και ταχύτητα.

Il utilisait des coupures, des entailles et des coups rapides, tout comme ses ancêtres.
Χρησιμοποιούσε κοψίματα, πλάγιες γραμμές και γρήγορα κουμπώματα όπως οι πρόγονοί του.

Ces ancêtres se sont réveillés en lui et ont réveillé sa nature sauvage.

Αυτοί οι πρόγονοι αναζωπύρωσαν μέσα του και ξύπνησαν την άγρια φύση του.

Leurs anciennes compétences lui avaient été transmises par le sang.

Οι παλιές τους δεξιότητες είχαν περάσει σε αυτόν μέσω της γραμμής αίματος.

Leurs tours étaient désormais à lui, sans besoin de pratique ni d'effort.

Τα κόλπα τους ήταν πλέον δικά του, χωρίς να χρειάζεται εξάσκηση ή προσπάθεια.

Lors des nuits calmes et froides, Buck levait le nez et hurlait.

Τις ήσυχες, κρύες νύχτες, ο Μπακ σήκωσε τη μύτη του και ούρλιαξε.

Il hurla longuement et profondément, comme le faisaient les loups autrefois.

Ούρλιαξε μακρόσυρτα και βαθιά, όπως έκαναν οι λύκοι πριν από πολύ καιρό.

À travers lui, ses ancêtres morts pointaient leur nez et hurlaient.

Μέσα από αυτόν, οι νεκροί πρόγονοί του έδειχναν τις μύτες τους και ούρλιαζαν.

Ils ont hurlé à travers les siècles avec sa voix et sa forme.

Ούρλιαζαν μέσα στους αιώνες με τη φωνή και τη μορφή του.

Ses cadences étaient les leurs, de vieux cris qui parlaient de chagrin et de froid.

Οι ρυθμοί του ήταν οι δικοί τους, παλιές κραυγές που μαρτυρούσαν θλίψη και κρύο.

Ils chantaient l'obscurité, la faim et le sens de l'hiver.

Τραγούδησαν για το σκοτάδι, για την πείνα και το νόημα του χειμώνα.

Buck a prouvé que la vie est façonnée par des forces qui nous dépassent.

Ο Μπακ απέδειξε πώς η ζωή διαμορφώνεται από δυνάμεις πέρα από τον εαυτό μας,

L'ancienne chanson s'éleva à travers Buck et s'empara de son âme.
Το αρχαίο τραγούδι αντηχούσε μέσα από τον Μπακ και κατέκτησε την ψυχή του.
Il s'est retrouvé parce que les hommes avaient trouvé de l'or dans le Nord.
Βρήκε τον εαυτό του επειδή οι άνθρωποι είχαν βρει χρυσό στον Βορρά.
Et il s'est retrouvé parce que Manuel, l'aide du jardinier, avait besoin d'argent.
Και βρήκε τον εαυτό του επειδή ο Μανουήλ, ο βοηθός του κηπουρού, χρειαζόταν χρήματα.

La Bête Primordiale Dominante
Το Κυρίαρχο Αρχέγονο Θηρίο

La bête primordiale dominante était aussi forte que jamais en Buck.
Το κυρίαρχο αρχέγονο θηρίο ήταν τόσο δυνατό όσο ποτέ, στον Μπακ.

Mais la bête primordiale dominante sommeillait en lui.
Αλλά το κυρίαρχο αρχέγονο θηρίο είχε αδρανήσει μέσα του.

La vie sur le sentier était dure, mais elle renforçait la bête qui sommeillait en Buck.
Η ζωή στα μονοπάτια ήταν σκληρή, αλλά ενίσχυσε το θηρίο μέσα στον Μπακ.

Secrètement, la bête devenait de plus en plus forte chaque jour.
Κρυφά το θηρίο γινόταν όλο και πιο δυνατό κάθε μέρα.

Mais cette croissance intérieure est restée cachée au monde extérieur.
Αλλά αυτή η εσωτερική ανάπτυξη παρέμεινε κρυμμένη στον έξω κόσμο.

Une force primordiale, calme et tranquille, se construisait à l'intérieur de Buck.
Μια ήσυχη και ήρεμη αρχέγονη δύναμη χτιζόταν μέσα στον Μπακ.

Une nouvelle ruse a donné à Buck l'équilibre, le calme, le contrôle et l'équilibre.
Η νέα πανουργία έδωσε στον Μπακ ισορροπία, ηρεμία και αυτοκυριαρχία.

Buck s'est concentré sur son adaptation, sans jamais se sentir complètement détendu.
Ο Μπακ επικεντρώθηκε έντονα στην προσαρμογή, χωρίς ποτέ να νιώσει πλήρως χαλαρός.

Il évitait les conflits, ne déclenchait jamais de bagarres et ne cherchait jamais les ennuis.
Απέφευγε τις συγκρούσεις, δεν ξεκινούσε ποτέ καβγάδες ούτε αναζητούσε προβλήματα.

Une réflexion lente et constante façonnait chaque mouvement de Buck.
Μια αργή, σταθερή σκέψη καθόριζε κάθε κίνηση του Μπακ.
Il évitait les choix irréfléchis et les décisions soudaines et imprudentes.
Απέφευγε τις βιαστικές επιλογές και τις ξαφνικές, απερίσκεπτες αποφάσεις.
Bien que Buck détestait profondément Spitz, il ne lui montrait aucune agressivité.
Αν και ο Μπακ μισούσε βαθιά τον Σπιτζ, δεν του έδειξε καμία επιθετικότητα.
Buck n'a jamais provoqué Spitz et a gardé ses actions contenues.
Ο Μπακ δεν προκάλεσε ποτέ τον Σπιτζ και κρατούσε τις πράξεις του συγκρατημένες.
Spitz, de son côté, sentait le danger grandissant chez Buck.
Ο Σπιτζ, από την άλλη πλευρά, διαισθάνθηκε τον αυξανόμενο κίνδυνο στον Μπακ.
Il considérait Buck comme une menace et un sérieux défi à son pouvoir.
Έβλεπε τον Μπακ ως απειλή και μια σοβαρή πρόκληση για την εξουσία του.
Il profitait de chaque occasion pour grogner et montrer ses dents acérées.
Εκμεταλλεύτηκε κάθε ευκαιρία για να γρυλίσει και να δείξει τα κοφτερά του δόντια.
Il essayait de déclencher le combat mortel qui devait avoir lieu.
Προσπαθούσε να ξεκινήσει την θανατηφόρα μάχη που έπρεπε να έρθει.
Au début du voyage, une bagarre a failli éclater entre eux.
Στην αρχή του ταξιδιού, παραλίγο να ξεσπάσει καβγάς μεταξύ τους.
Mais un accident inattendu a empêché le combat d'avoir lieu.
Αλλά ένα απροσδόκητο ατύχημα σταμάτησε τον αγώνα.

Ce soir-là, ils installèrent leur campement sur le lac Le Barge, extrêmement froid.
Εκείνο το βράδυ έστησαν στρατόπεδο στην παγωμένη λίμνη Λε Μπαρζ.
La neige tombait fort et le vent soufflait comme un couteau.
Το χιόνι έπεφτε δυνατά και ο άνεμος έκοβε σαν μαχαίρι.
La nuit était venue trop vite et l'obscurité les entourait.
Η νύχτα είχε έρθει πολύ γρήγορα και το σκοτάδι τους περικύκλωσε.
Ils n'auraient pas pu choisir un pire endroit pour se reposer.
Δύσκολα θα μπορούσαν να είχαν επιλέξει χειρότερο μέρος για ξεκούραση.
Les chiens cherchaient désespérément un endroit où se coucher.
Τα σκυλιά έψαχναν απεγνωσμένα ένα μέρος να ξαπλώσουν.
Un haut mur de roche s'élevait abruptement derrière le petit groupe.
Ένας ψηλός πέτρινος τοίχος υψωνόταν απότομα πίσω από τη μικρή ομάδα.
La tente avait été laissée à Dyea pour alléger la charge.
Η σκηνή είχε μείνει πίσω στη Ντιάεα για να ελαφρύνει το φορτίο.
Ils n'avaient pas d'autre choix que d'allumer le feu sur la glace elle-même.
Δεν είχαν άλλη επιλογή από το να ανάψουν τη φωτιά στον ίδιο τον πάγο.
Ils étendent leurs robes de nuit directement sur le lac gelé.
Άπλωσαν τις ρόμπες ύπνου τους κατευθείαν πάνω στην παγωμένη λίμνη.
Quelques bâtons de bois flotté leur ont donné un peu de feu.
Μερικά ξύλα που ξεβράστηκαν τους έδωσαν λίγη φωτιά.
Mais le feu s'est allumé sur la glace et a fondu à travers elle.
Αλλά η φωτιά άναψε πάνω στον πάγο και τον έλιωσε.
Finalement, ils mangeaient leur dîner dans l'obscurité.
Τελικά έτρωγαν το δείπνο τους στο σκοτάδι.
Buck s'est recroquevillé près du rocher, à l'abri du vent froid.

Ο Μπακ κουλουριάστηκε δίπλα στον βράχο, προστατευμένος από τον κρύο άνεμο.
L'endroit était si chaud et sûr que Buck détestait déménager.
Το μέρος ήταν τόσο ζεστό και ασφαλές που ο Μπακ μισούσε να μετακομίσει.
Mais François avait réchauffé le poisson et distribuait les rations.
Αλλά ο Φρανσουά είχε ζεστάνει τα ψάρια και μοίραζε μερίδες.
Buck finit de manger rapidement et retourna dans son lit.
Ο Μπακ τελείωσε γρήγορα το φαγητό και επέστρεψε στο κρεβάτι του.
Mais Spitz était maintenant allongé là où Buck avait fait son lit.
Αλλά ο Σπιτζ ήταν τώρα ξαπλωμένος εκεί που είχε στρώσει το κρεβάτι του ο Μπακ.
Un grognement sourd avertit Buck que Spitz refusait de bouger.
Ένα χαμηλό γρύλισμα προειδοποίησε τον Μπακ ότι ο Σπιτζ αρνούνταν να κουνηθεί.
Jusqu'à présent, Buck avait évité ce combat avec Spitz.
Μέχρι τώρα, ο Μπακ είχε αποφύγει αυτόν τον καβγά με τον Σπιτζ.
Mais au plus profond de Buck, la bête s'est finalement libérée.
Αλλά βαθιά μέσα στον Μπακ, το θηρίο επιτέλους απελευθερώθηκε.
Le vol de son lieu de couchage était trop difficile à tolérer.
Η κλοπή του χώρου που κοιμόταν ήταν αφόρητη.
Buck se lança sur Spitz, plein de colère et de rage.
Ο Μπακ όρμησε προς τον Σπιτζ, γεμάτος θυμό και οργή.
Jusqu'à présent, Spitz pensait que Buck n'était qu'un gros chien.
Μέχρι στιγμής, ο Σπιτζ πίστευε ότι ο Μπακ ήταν απλώς ένα μεγάλο σκυλί.
Il ne pensait pas que Buck avait survécu grâce à son esprit.

Δεν πίστευε ότι ο Μπακ είχε επιβιώσει χάρη στο πνεύμα του.

Il s'attendait à la peur et à la lâcheté, pas à la fureur et à la vengeance.

Περίμενε φόβο και δειλία, όχι οργή και εκδίκηση.

François regarda les deux chiens sortir du nid en ruine.

Ο Φρανσουά κοίταξε επίμονα καθώς και τα δύο σκυλιά ξεχύθηκαν από την ερειπωμένη φωλιά.

Il comprit immédiatement ce qui avait déclenché cette lutte sauvage.

Κατάλαβε αμέσως τι είχε ξεκινήσει την άγρια πάλη.

« Aa-ah ! » s'écria François en soutien au chien brun.

«Αα-α!» φώναξε ο Φρανσουά υποστηρίζοντας τον καφέ σκύλο.

« Frappez-le ! Par Dieu, punissez ce voleur sournois ! »

«Δώσε του ένα ξύλο! Μα τον Θεό, τιμώρησε αυτόν τον ύπουλο κλέφτη!»

Spitz a montré une volonté égale et une impatience folle de se battre.

Ο Σπιτζ έδειξε ίση ετοιμότητα και έντονη προθυμία για μάχη.

Il cria de rage tout en tournant rapidement en rond, cherchant une ouverture.

Φώναξε με οργή ενώ έκανε γρήγορους κύκλους, αναζητώντας ένα άνοιγμα.

Buck a montré la même soif de combat et la même prudence.

Ο Μπακ έδειξε την ίδια δίψα για μάχη και την ίδια προσοχή.

Il a également encerclé son adversaire, essayant de prendre le dessus dans la bataille.

Κυκλοποίησε και τον αντίπαλό του, προσπαθώντας να αποκτήσει το πάνω χέρι στη μάχη.

Puis quelque chose d'inattendu s'est produit et a tout changé.

Τότε συνέβη κάτι απροσδόκητο και τα άλλαξε όλα.

Ce moment a retardé l'éventuelle lutte pour le leadership.

Αυτή η στιγμή καθυστέρησε την τελική μάχη για την ηγεσία.

De nombreux kilomètres de piste et de lutte attendaient encore avant la fin.

Πολλά χιλιόμετρα μονοπατιού και αγώνα περίμεναν ακόμα πριν το τέλος.

Perrault cria un juron tandis qu'une massue frappait un os.

Ο Περώ έβρισε καθώς ένα ρόπαλο χτύπησε το κόκκαλο.

Un cri aigu de douleur suivit, puis le chaos explosa tout autour.

Ακολούθησε μια έντονη κραυγή πόνου και μετά χάος εξερράγη παντού.

Des formes sombres se déplaçaient dans le camp ; des huskies sauvages, affamés et féroces.

Σκούρα σχήματα κινούνταν μέσα στο στρατόπεδο· άγρια χάσκι, πεινασμένα και άγρια.

Quatre ou cinq douzaines de huskies avaient reniflé le camp de loin.

Τέσσερις ή πέντε δωδεκάδες χάσκι είχαν μυρίσει τον καταυλισμό από μακριά.

Ils s'étaient glissés discrètement pendant que les deux chiens se battaient à proximité.

Είχαν εισχωρήσει αθόρυβα ενώ τα δύο σκυλιά μάλωναν εκεί κοντά.

François et Perrault chargèrent en brandissant des massues sur les envahisseurs.

Ο Φρανσουά και ο Περώ όρμησαν εναντίον των εισβολέων, κουνώντας ρόπαλα.

Les huskies affamés ont montré les dents et ont riposté avec frénésie.

Τα πεινασμένα χάσκι έδειξαν δόντια και αντεπιτέθηκαν μανιωδώς.

L'odeur de la viande et du pain les avait chassés de toute peur.

Η μυρωδιά του κρέατος και του ψωμιού τους είχε διώξει από κάθε φόβο.

Perrault battait un chien qui avait enfoui sa tête dans la boîte à nourriture.
Ο Περώ χτύπησε ένα σκυλί που είχε θάψει το κεφάλι του στο κλουβί με τις προνύμφες.
Le coup a été violent et la boîte s'est retournée, la nourriture s'est répandue.
Το χτύπημα ήταν δυνατό και το κουτί ανατράπηκε, με το φαγητό να χύνεται έξω.
En quelques secondes, une vingtaine de bêtes sauvages déchirèrent le pain et la viande.
Σε δευτερόλεπτα, μια ντουζίνα άγρια θηρία όρμησαν πάνω στο ψωμί και το κρέας.
Les clubs masculins ont porté coup sur coup, mais aucun chien ne s'est détourné.
Τα ανδρικά κλαμπ προσγειώθηκαν χτυπήματα μετά χτυπήματα, αλλά κανένα σκυλί δεν γύρισε την πλάτη.
Ils hurlaient de douleur, mais se battaient jusqu'à ce qu'il ne reste plus de nourriture.
Ούρλιαζαν από τον πόνο, αλλά πάλευαν μέχρι που δεν είχε απομείνει καθόλου φαγητό.
Pendant ce temps, les chiens de traîneau avaient sauté de leurs lits enneigés.
Εν τω μεταξύ, τα σκυλιά-έλκηθρο είχαν πηδήξει από τα χιονισμένα κρεβάτια τους.
Ils ont été immédiatement attaqués par les huskies vicieux et affamés.
Δέχθηκαν αμέσως επίθεση από τα άγρια πεινασμένα χάσκι.
Buck n'avait jamais vu de créatures aussi sauvages et affamées auparavant.
Ο Μπακ δεν είχε ξαναδεί ποτέ τόσο άγρια και πεινασμένα πλάσματα.
Leur peau pendait librement, cachant à peine leur squelette.
Το δέρμα τους κρεμόταν χαλαρό, κρύβοντας μόλις τους σκελετούς τους.
Il y avait un feu dans leurs yeux, de faim et de folie

Υπήρχε μια φωτιά στα μάτια τους, από την πείνα και την τρέλα

Il n'y avait aucun moyen de les arrêter, aucune résistance à leur ruée sauvage.

Δεν υπήρχε τίποτα να τους σταματήσει· καμία αντίσταση στην άγρια ορμή τους.

Les chiens de traîneau furent repoussés, pressés contre la paroi de la falaise.

Τα σκυλιά έλκηθρου σπρώχτηκαν προς τα πίσω, πιεσμένα στον τοίχο του γκρεμού.

Trois huskies ont attaqué Buck en même temps, déchirant sa chair.

Τρία χάσκι επιτέθηκαν στον Μπακ ταυτόχρονα, ξεσκίζοντας τη σάρκα του.

Du sang coulait de sa tête et de ses épaules, là où il avait été coupé.

Αίμα έτρεχε από το κεφάλι και τους ώμους του, εκεί που είχε κοπεί.

Le bruit remplissait le camp : grognements, cris et cris de douleur.

Ο θόρυβος γέμισε το στρατόπεδο· γρυλίσματα, ουρλιαχτά και κραυγές πόνου.

Billee pleurait fort, comme d'habitude, prise dans la mêlée et la panique.

Η Μπίλι φώναξε δυνατά, όπως συνήθως, παγιδευμένη στη συμπλοκή και τον πανικό.

Dave et Solleks se tenaient côte à côte, saignant mais provocants.

Ο Ντέιβ και ο Σόλεκς στέκονταν δίπλα-δίπλα, αιμορραγώντας αλλά προκλητικά.

Joe s'est battu comme un démon, mordant tout ce qui s'approchait.

Ο Τζο πάλευε σαν δαίμονας, δαγκώνοντας οτιδήποτε πλησίαζε.

Il a écrasé la jambe d'un husky d'un claquement brutal de ses mâchoires.

Σύνθλιψε το πόδι ενός χάσκι με ένα βάναυσο χτύπημα των σαγονιών του.
Pike a sauté sur le husky blessé et lui a brisé le cou instantanément.
Ο Πάικ πήδηξε πάνω στο τραυματισμένο χάσκι και του έσπασε τον λαιμό ακαριαία.
Buck a attrapé un husky par la gorge et lui a déchiré la veine.
Ο Μπακ έπιασε ένα χάσκι από το λαιμό και του έσκισε τη φλέβα.
Le sang gicla et le goût chaud poussa Buck dans une frénésie.
Αίμα ψεκάστηκε και η ζεστή γεύση οδήγησε τον Μπακ σε φρενίτιδα.
Il s'est jeté sur un autre agresseur sans hésitation.
Ορμήθηκε σε έναν άλλο επιτιθέμενο χωρίς δισταγμό.
Au même moment, des dents acérées s'enfoncèrent dans la gorge de Buck.
Την ίδια στιγμή, αιχμηρά δόντια μπήκαν στο λαιμό του Μπακ.
Spitz avait frappé de côté, attaquant sans avertissement.
Ο Σπιτζ είχε χτυπήσει από το πλάι, επιτιθέμενος απροειδοποίητα.
Perrault et François avaient vaincu les chiens en volant la nourriture.
Ο Περώ και ο Φρανσουά είχαν νικήσει τα σκυλιά που έκλεβαν το φαγητό.
Ils se sont alors précipités pour aider leurs chiens à repousser les attaquants.
Τώρα έσπευσαν να βοηθήσουν τα σκυλιά τους να αντεπιτεθούν στους επιτιθέμενους.
Les chiens affamés se retirèrent tandis que les hommes brandissaient leurs gourdins.
Τα πεινασμένα σκυλιά υποχώρησαν καθώς οι άντρες κουνούσαν τα ρόπαλά τους.
Buck s'est libéré de l'attaque, mais l'évasion a été brève.
Ο Μπακ απαλλάχθηκε από την επίθεση, αλλά η διαφυγή ήταν σύντομη.

Les hommes ont couru pour sauver leurs chiens, et les huskies ont de nouveau afflué.
Οι άντρες έτρεξαν να σώσουν τα σκυλιά τους, και τα χάσκι έκαναν ξανά σμήνος.

Billee, effrayé et courageux, sauta dans la meute de chiens.
Η Μπίλι, τρομοκρατημένη από θάρρος, πήδηξε μέσα στην αγέλη των σκύλων.

Mais il s'est alors enfui sur la glace, saisi de terreur et de panique.
Αλλά μετά έφυγε τρέχοντας μέσα στον πάγο, μέσα σε απόλυτο τρόμο και πανικό.

Pike et Dub suivaient de près, courant pour sauver leur vie.
Ο Πάικ και ο Νταμπ ακολούθησαν από κοντά, τρέχοντας για να σωθούν.

Le reste de l'équipe s'est séparé et dispersé, les suivant.
Η υπόλοιπη ομάδα διαλύθηκε και σκορπίστηκε, ακολουθώντας τους.

Buck rassembla ses forces pour courir, mais vit alors un éclair.
Ο Μπακ μάζεψε τις δυνάμεις του για να τρέξει, αλλά τότε είδε μια λάμψη.

Spitz s'est jeté sur le côté de Buck, essayant de le faire tomber au sol.
Ο Σπιτζ όρμησε στο πλευρό του Μπακ, προσπαθώντας να τον ρίξει στο έδαφος.

Sous cette foule de huskies, Buck n'aurait eu aucune échappatoire.
Κάτω από αυτό το όχλο των χάσκι, ο Μπακ δεν θα είχε καμία διαφυγή.

Mais Buck est resté ferme et s'est préparé au coup de Spitz.
Αλλά ο Μπακ έμεινε σταθερός και προετοιμασμένος για το χτύπημα του Σπιτζ.

Puis il s'est retourné et a couru sur la glace avec l'équipe en fuite.
Έπειτα γύρισε και έτρεξε στον πάγο με την ομάδα που έφευγε.

Plus tard, les neuf chiens de traîneau se sont rassemblés à l'abri des bois.
Αργότερα, τα εννέα σκυλιά έλκηθρου συγκεντρώθηκαν στο καταφύγιο του δάσους.
Personne ne les poursuivait plus, mais ils étaient battus et blessés.
Κανείς δεν τους κυνηγούσε πια, αλλά ήταν ξυλοκοπημένοι και τραυματισμένοι.
Chaque chien avait des blessures ; quatre ou cinq coupures profondes sur chaque corps.
Κάθε σκύλος είχε τραύματα· τέσσερις ή πέντε βαθιές τομές σε κάθε σώμα.
Dub avait une patte arrière blessée et avait du mal à marcher maintenant.
Ο Νταμπ είχε τραυματισμένο πίσω πόδι και δυσκολευόταν να περπατήσει τώρα.
Dolly, le nouveau chien de Dyea, avait la gorge tranchée.
Η Ντόλι, η νεότερη σκυλίτσα από την Ντάια, είχε κομμένο λαιμό.
Joe avait perdu un œil et l'oreille de Billee était coupée en morceaux
Ο Τζο είχε χάσει το ένα του μάτι και το αυτί της Μπίλι είχε κοπεί σε κομμάτια
Tous les chiens ont crié de douleur et de défaite toute la nuit.
Όλα τα σκυλιά έκλαιγαν από πόνο και ήττα όλη τη νύχτα.
À l'aube, ils retournèrent au camp, endoloris et brisés.
Την αυγή γύρισαν κρυφά στο στρατόπεδο, πληγωμένοι και διαλυμένοι.
Les huskies avaient disparu, mais le mal était fait.
Τα χάσκι είχαν εξαφανιστεί, αλλά η ζημιά είχε γίνει.
Perrault et François étaient de mauvaise humeur à cause de la ruine.
Ο Περώ και ο Φρανσουά στέκονταν με άσχημες διαθέσεις πάνω από τα ερείπια.
La moitié de la nourriture avait disparu, volée par les voleurs affamés.

Τα μισά τρόφιμα είχαν εξαφανιστεί, τα άρπαξαν οι πεινασμένοι κλέφτες.
Les huskies avaient déchiré les fixations et la toile du traîneau.
Τα χάσκι είχαν σκίσει δέστρες έλκηθρου και καμβά.
Tout ce qui avait une odeur de nourriture avait été complètement dévoré.
Οτιδήποτε είχε μυρωδιά φαγητού είχε καταβροχθιστεί ολοσχερώς.
Ils ont mangé une paire de bottes de voyage en peau d'élan de Perrault.
Έφαγαν ένα ζευγάρι ταξιδιωτικές μπότες του Περό από δέρμα άλκης.
Ils ont mâché des reis en cuir et ruiné des sangles au point de les rendre inutilisables.
Μασούσαν δερμάτινα ρεϊ και κατέστρεφαν τα λουριά τους αχρησιμοποίητα.
François cessa de fixer le fouet déchiré pour vérifier les chiens.
Ο Φρανσουά σταμάτησε να κοιτάζει το σκισμένο βλέφαρο για να ελέγξει τα σκυλιά.
« Ah, mes amis », dit-il d'une voix basse et pleine d'inquiétude.
«Α, φίλοι μου», είπε με χαμηλή φωνή και γεμάτη ανησυχία.
« Peut-être que toutes ces morsures vous transformeront en bêtes folles. »
«Ίσως όλα αυτά τα δαγκώματα σας μετατρέψουν σε τρελά θηρία.»
« Peut-être que ce sont tous des chiens enragés, sacredam ! Qu'en penses-tu, Perrault ? »
«Ίσως όλα τα τρελά σκυλιά, ιερέα! Τι νομίζεις, Περώ;»
Perrault secoua la tête, les yeux sombres d'inquiétude et de peur.
Ο Περώ κούνησε το κεφάλι του, με τα μάτια του σκούρα από ανησυχία και φόβο.
Il y avait encore quatre cents milles entre eux et Dawson.

Τετρακόσια μίλια απείχαν ακόμα από αυτούς και τον Ντόσον.

La folie canine pourrait désormais détruire toute chance de survie.

Η τρέλα με τα σκυλιά τώρα θα μπορούσε να καταστρέψει κάθε πιθανότητα επιβίωσης.

Ils ont passé deux heures à jurer et à essayer de réparer le matériel.

Πέρασαν δύο ώρες βρίζοντας και προσπαθώντας να επισκευάσουν τον εξοπλισμό.

L'équipe blessée a finalement quitté le camp, brisée et vaincue.

Η τραυματισμένη ομάδα τελικά εγκατέλειψε το στρατόπεδο, συντετριμμένη και ηττημένη.

C'était le sentier le plus difficile jusqu'à présent, et chaque pas était douloureux.

Αυτή ήταν η πιο δύσκολη διαδρομή μέχρι τώρα, και κάθε βήμα ήταν επώδυνο.

La rivière Thirty Mile n'était pas gelée et coulait à flots.

Ο ποταμός Thirty Mile δεν είχε παγώσει και ορμούσε μανιωδώς.

Ce n'est que dans les endroits calmes et les tourbillons que la glace parvenait à tenir.

Μόνο σε ήρεμα σημεία και στροβιλιζόμενους δίνες κατάφερε να συγκρατηθεί ο πάγος.

Six jours de dur labeur se sont écoulés jusqu'à ce que les trente milles soient parcourus.

Πέρασαν έξι μέρες σκληρής δουλειάς μέχρι να ολοκληρωθούν τα τριάντα μίλια.

Chaque kilomètre parcouru sur le sentier apportait du danger et une menace de mort.

Κάθε μίλι του μονοπατιού έφερνε κίνδυνο και την απειλή του θανάτου.

Les hommes et les chiens risquaient leur vie à chaque pas douloureux.

Οι άντρες και τα σκυλιά διακινδύνευαν τη ζωή τους με κάθε επώδυνο βήμα.

Perrault a franchi des ponts de glace minces à une douzaine de reprises.
Ο Περό έσπασε λεπτές γέφυρες από πάγο δώδεκα διαφορετικές φορές.
Il portait une perche et la laissait tomber sur le trou que son corps avait fait.
Κρατούσε ένα κοντάρι και το άφησε να πέσει στην τρύπα που είχε κάνει το σώμα του.
Plus d'une fois, ce poteau a sauvé Perrault de la noyade.
Αυτός ο στύλος έσωσε τον Περώ από πνιγμό περισσότερες από μία φορές.
La vague de froid persistait, l'air était à cinquante degrés en dessous de zéro.
Το κύμα ψύχους παρέμεινε σταθερό, ο αέρας ήταν πενήντα βαθμοί υπό το μηδέν.
Chaque fois qu'il tombait, Perrault devait allumer un feu pour survivre.
Κάθε φορά που έπεφτε μέσα, ο Περό έπρεπε να ανάβει φωτιά για να επιβιώσει.
Les vêtements mouillés gelaient rapidement, alors il les séchait près d'une source de chaleur intense.
Τα βρεγμένα ρούχα πάγωσαν γρήγορα, οπότε τα στέγνωσε κοντά σε καυτή ζέστη.
Aucune peur n'a jamais touché Perrault, et cela a fait de lui un courrier.
Κανένας φόβος δεν άγγιξε ποτέ τον Περώ, και αυτό τον έκανε αγγελιαφόρο.
Il a été choisi pour le danger, et il l'a affronté avec une résolution tranquille.
Επιλέχθηκε για τον κίνδυνο και τον αντιμετώπισε με σιωπηλή αποφασιστικότητα.
Il s'avança face au vent, son visage ratatiné et gelé.
Προχώρησε μπροστά στον άνεμο, με το ζαρωμένο πρόσωπό του να έχει παγώσει.
De l'aube naissante à la tombée de la nuit, Perrault les mena en avant.

Από την αχνή αυγή μέχρι το σούρουπο, ο Περώ τους οδήγησε μπροστά.

Il marchait sur une étroite bordure de glace qui se fissurait à chaque pas.

Περπατούσε πάνω σε στενό χείλος πάγου που ράγιζε με κάθε βήμα.

Ils n'osaient pas s'arrêter : chaque pause risquait de provoquer un effondrement mortel.

Δεν τολμούσαν να σταματήσουν — κάθε παύση κινδύνευε με θανατηφόρα κατάρρευση.

Un jour, le traîneau s'est brisé, entraînant Dave et Buck à l'intérieur.

Μια φορά το έλκηθρο διέσχισε, τραβώντας μέσα τον Ντέιβ και τον Μπακ.

Au moment où ils ont été libérés, tous deux étaient presque gelés.

Μέχρι τη στιγμή που τους έβγαλαν ελεύθερους, και οι δύο είχαν σχεδόν παγώσει.

Les hommes ont rapidement allumé un feu pour garder Buck et Dave en vie.

Οι άντρες άναψαν γρήγορα φωτιά για να κρατήσουν ζωντανούς τον Μπακ και τον Ντέιβ.

Les chiens étaient recouverts de glace du nez à la queue, raides comme du bois sculpté.

Τα σκυλιά ήταν καλυμμένα με πάγο από τη μύτη μέχρι την ουρά, άκαμπτα σαν σκαλιστό ξύλο.

Les hommes les faisaient courir en rond près du feu pour décongeler leurs corps.

Οι άντρες τα έτρεξαν σε κύκλους κοντά στη φωτιά για να ξεπαγώσουν τα σώματά τους.

Ils se sont approchés si près des flammes que leur fourrure a été brûlée.

Πλησίασαν τόσο κοντά στις φλόγες που κάηκε η γούνα τους.

Spitz a ensuite brisé la glace, entraînant l'équipe derrière lui.

Ο Σπιτζ έσπασε στη συνέχεια τον πάγο, σέρνοντας την ομάδα πίσω του.

La cassure s'est étendue jusqu'à l'endroit où Buck tirait.
Το διάλειμμα έφτανε μέχρι εκεί που τραβούσε ο Μπακ.
Buck se pencha en arrière, ses pattes glissant et tremblant sur le bord.
Ο Μπακ έγειρε δυνατά προς τα πίσω, με τα πόδια του να γλιστρούν και να τρέμουν στην άκρη.
Dave a également tendu vers l'arrière, juste derrière Buck sur la ligne.
Ο Ντέιβ επίσης τεντώθηκε προς τα πίσω, ακριβώς πίσω από τον Μπακ στη γραμμή.
François tirait sur le traîneau, ses muscles craquant sous l'effort.
Ο Φρανσουά έσερνε το έλκηθρο, οι μύες του έσπασαν από την προσπάθεια.
Une autre fois, la glace du bord s'est fissurée devant et derrière le traîneau.
Μια άλλη φορά, ο πάγος στο χείλος του έλκηθρου έσπασε πριν και πίσω από το έλκηθρο.
Ils n'avaient d'autre issue que d'escalader une paroi rocheuse gelée.
Δεν είχαν άλλη διέξοδο παρά να σκαρφαλώσουν σε έναν παγωμένο γκρεμό.
Perrault a réussi à escalader le mur, mais un miracle l'a maintenu en vie.
Ο Περώ σκαρφάλωσε με κάποιο τρόπο στον τοίχο· ένα θαύμα τον κράτησε ζωντανό.
François resta en bas, priant pour avoir le même genre de chance.
Ο Φρανσουά έμεινε από κάτω, προσευχόμενος για την ίδια τύχη.
Ils ont attaché chaque sangle, chaque amarrage et chaque traçage en une seule longue corde.
Έδεσαν κάθε ιμάντα, κάθε ιμάντα και κάθε ίχνος σε ένα μακρύ σχοινί.
Les hommes ont hissé chaque chien, un par un, jusqu'au sommet.

Οι άντρες τράβηξαν κάθε σκύλο, έναν κάθε φορά, μέχρι την κορυφή.
François est monté en dernier, après le traîneau et toute la charge.
Ο Φρανσουά ανέβηκε τελευταίος, μετά το έλκηθρο και ολόκληρο το φορτίο.
Commença alors une longue recherche d'un chemin pour descendre des falaises.
Έπειτα ξεκίνησε μια μακρά αναζήτηση για ένα μονοπάτι προς τα κάτω από τους γκρεμούς.
Ils sont finalement descendus en utilisant la même corde qu'ils avaient fabriquée.
Τελικά κατέβηκαν χρησιμοποιώντας το ίδιο σχοινί που είχαν φτιάξει.
La nuit tombait alors qu'ils retournaient au lit de la rivière, épuisés et endoloris.
Η νύχτα έπεσε καθώς επέστρεψαν στην κοίτη του ποταμού, εξαντλημένοι και πληγωμένοι.
La journée entière ne leur avait permis de gagner qu'un quart de mile.
Είχαν χρειαστεί μια ολόκληρη μέρα για να καλύψουν μόνο ένα τέταρτο του μιλίου.
Au moment où ils atteignirent le Hootalinqua, Buck était épuisé.
Μέχρι να φτάσουν στο Χουταλίνκουα, ο Μπακ ήταν εξαντλημένος.
Les autres chiens ont tout autant souffert des conditions du sentier.
Τα άλλα σκυλιά υπέφεραν εξίσου άσχημα από τις συνθήκες του μονοπατιού.
Mais Perrault avait besoin de récupérer du temps et les poussait chaque jour.
Αλλά ο Περώ χρειαζόταν να ανακτήσει τον χρόνο του και τους πίεζε κάθε μέρα που περνούσε.
Le premier jour, ils ont parcouru trente miles jusqu'à Big Salmon.

Την πρώτη μέρα ταξίδεψαν τριάντα μίλια μέχρι το Μπιγκ Σάλμον.
Le lendemain, ils parcourrurent trente-cinq milles jusqu'à Little Salmon.
Την επόμενη μέρα ταξίδεψαν τριάντα πέντε μίλια μέχρι το Λιτλ Σάλμον.
Le troisième jour, ils ont parcouru quarante longs kilomètres gelés.
Την τρίτη μέρα διέσχισαν σαράντα μεγάλα παγωμένα μίλια.
À ce moment-là, ils approchaient de la colonie de Five Fingers.
Μέχρι τότε, πλησίαζαν τον οικισμό Five Fingers.

Les pieds de Buck étaient plus doux que les pieds durs des huskies indigènes.
Τα πόδια του Μπακ ήταν πιο μαλακά από τα σκληρά πόδια των ιθαγενών χάσκι.
Ses pattes étaient devenues plus fragiles au fil des générations civilisées.
Τα πόδια του είχαν γίνει τρυφερά με το πέρασμα πολλών πολιτισμένων γενεών.
Il y a longtemps, ses ancêtres avaient été apprivoisés par des hommes de la rivière ou des chasseurs.
Πριν από πολύ καιρό, οι πρόγονοί του είχαν εξημερωθεί από άντρες του ποταμού ή κυνηγούς.
Chaque jour, Buck boitait de douleur, marchant sur des pattes à vif et douloureuses.
Κάθε μέρα ο Μπακ κουτσαίνοντας από τον πόνο, περπατώντας σε πληγωμένα, πονεμένα πόδια.
Au camp, Buck tomba comme une forme sans vie sur la neige.
Στην κατασκήνωση, ο Μπακ έπεσε σαν άψυχη μορφή πάνω στο χιόνι.
Bien qu'affamé, Buck ne s'est pas levé pour manger son repas du soir.

Αν και πεινούσε, ο Μπακ δεν σηκώθηκε για να φάει το βραδινό του.

François apporta sa ration à Buck, en déposant du poisson près de son museau.

Ο Φρανσουά έφερε στον Μπακ τη μερίδα του, βάζοντας ψάρια δίπλα στο ρύγχος του.

Chaque nuit, le chauffeur frottait les pieds de Buck pendant une demi-heure.

Κάθε βράδυ ο οδηγός έτριβε τα πόδια του Μπακ για μισή ώρα.

François a même découpé ses propres mocassins pour en faire des chaussures pour chiens.

Ο Φρανσουά έκοψε ακόμη και τα δικά του μοκασίνια για να φτιάξει υποδήματα για σκύλους.

Quatre chaussures chaudes ont apporté à Buck un grand et bienvenu soulagement.

Τέσσερα ζεστά παπούτσια έδωσαν στον Μπακ μια μεγάλη και ευπρόσδεκτη ανακούφιση.

Un matin, François oublia ses chaussures et Buck refusa de se lever.

Ένα πρωί, ο Φρανσουά ξέχασε τα παπούτσια και ο Μπακ αρνήθηκε να σηκωθεί.

Buck était allongé sur le dos, les pieds en l'air, les agitant pitoyablement.

Ο Μπακ ήταν ξαπλωμένος ανάσκελα, με τα πόδια ψηλά, κουνώντας τα με αξιολύπητο τρόπο.

Même Perrault sourit à la vue de l'appel dramatique de Buck.

Ακόμα και ο Περό χαμογέλασε στη θέα της δραματικής έκκλησης του Μπακ.

Bientôt, les pieds de Buck devinrent durs et les chaussures purent être jetées.

Σύντομα τα πόδια του Μπακ σκληρύνθηκαν και τα παπούτσια μπορούσαν να πεταχτούν.

À Pelly, pendant le temps du harnais, Dolly laissait échapper un hurlement épouvantable.

Στο Πέλι, κατά τη διάρκεια της χρήσης της ιπποσκευής, η Ντόλι έβγαλε ένα τρομερό ουρλιαχτό.

Le cri était long et rempli de folie, secouant chaque chien.

Η κραυγή ήταν μακρά και γεμάτη τρέλα, τρέμοντας κάθε σκύλο.

Chaque chien se hérissait de peur sans en connaître la raison.

Κάθε σκύλος ανατρίχιασε από φόβο χωρίς να ξέρει τον λόγο.

Dolly était devenue folle et s'était jetée directement sur Buck.

Η Ντόλι είχε τρελλαθεί και όρμησε κατευθείαν στον Μπακ.

Buck n'avait jamais vu la folie, mais l'horreur remplissait son cœur.

Ο Μπακ δεν είχε ξαναδεί τρέλα, αλλά η καρδιά του γέμιζε με φρίκη.

Sans réfléchir, il se retourna et s'enfuit, complètement paniqué.

Χωρίς να το σκεφτεί, γύρισε και έφυγε τρέχοντας πανικόβλητος.

Dolly le poursuivit, les yeux fous, la salive s'échappant de ses mâchoires.

Η Ντόλι τον κυνήγησε, με τα μάτια της άγρια, και το σάλιο να τρέχει από τα σαγόνια της.

Elle est restée juste derrière Buck, sans jamais gagner ni reculer.

Παρέμεινε ακριβώς πίσω από τον Μπακ, χωρίς να κερδίζει ποτέ και χωρίς να υποχωρεί ποτέ.

Buck courut à travers les bois, le long de l'île, sur de la glace déchiquetée.

Ο Μπακ έτρεξε μέσα από δάση, κάτω από το νησί, πάνω σε τραχύ πάγο.

Il traversa vers une île, puis une autre, revenant vers la rivière.

Πέρασε σε ένα νησί, μετά σε ένα άλλο, κάνοντας κύκλους πίσω στο ποτάμι.

Dolly le poursuivait toujours, son grognement le suivant de près à chaque pas.
Η Ντόλι εξακολουθούσε να τον κυνηγάει, με το γρύλισμα της από πίσω σε κάθε βήμα.
Buck pouvait entendre son souffle et sa rage, même s'il n'osait pas regarder en arrière.
Ο Μπακ άκουγε την ανάσα και την οργή της, αν και δεν τολμούσε να κοιτάξει πίσω.
François cria de loin, et Buck se tourna vers la voix.
Ο Φρανσουά φώναξε από μακριά και ο Μπακ γύρισε προς τη φωνή.
Encore à bout de souffle, Buck courut, plaçant tout espoir en François.
Λαχανιάζοντας ακόμα για να αναπνεύσει, ο Μπακ έτρεξε, εναποθέτοντας όλες τις ελπίδες του στον Φρανσουά.
Le conducteur du chien leva une hache et attendit que Buck passe à toute vitesse.
Ο οδηγός του σκύλου σήκωσε ένα τσεκούρι και περίμενε καθώς ο Μπακ περνούσε πετώντας.
La hache s'abattit rapidement et frappa la tête de Dolly avec une force mortelle.
Το τσεκούρι έπεσε γρήγορα και χτύπησε το κεφάλι της Ντόλι με θανατηφόρα δύναμη.
Buck s'est effondré près du traîneau, essoufflé et incapable de bouger.
Ο Μπακ κατέρρευσε κοντά στο έλκηθρο, συριγμώντας και ανίκανος να κουνηθεί.
Ce moment a donné à Spitz l'occasion de frapper un ennemi épuisé.
Εκείνη η στιγμή έδωσε στον Σπιτζ την ευκαιρία να χτυπήσει έναν εξαντλημένο εχθρό.
Il a mordu Buck à deux reprises, déchirant la chair jusqu'à l'os blanc.
Δύο φορές δάγκωσε τον Μπακ, ξεσχίζοντας τη σάρκα μέχρι το άσπρο κόκκαλο.
Le fouet de François claqua, frappant Spitz avec toute sa force et sa fureur.

Το μαστίγιο του Φρανσουά έσπασε, χτυπώντας τον Σπιτζ με όλη του τη δύναμη.

Buck regarda avec joie Spitz recevoir sa raclée la plus dure jusqu'à présent.

Ο Μπακ παρακολουθούσε με χαρά τον Σπιτζ να δέχεται το πιο σκληρό ξυλοδαρμό που είχε υποστεί μέχρι τότε.

« C'est un diable, ce Spitz », murmura sombrement Perrault pour lui-même.

«Είναι διάβολος αυτός ο Σπιτζ», μουρμούρισε σκοτεινά στον εαυτό του ο Περό.

« Un jour prochain, ce maudit chien tuera Buck, je le jure. »

«Κάποια μέρα σύντομα, αυτός ο καταραμένος σκύλος θα σκοτώσει τον Μπακ—το ορκίζομαι.»

« Ce Buck a deux démons en lui », répondit François en hochant la tête.

«Αυτός ο Μπακ έχει δύο διαβόλους μέσα του», απάντησε ο Φρανσουά με ένα νεύμα.

« Quand je regarde Buck, je sais que quelque chose de féroce l'attend. »

«Όταν παρακολουθώ τον Μπακ, ξέρω ότι κάτι άγριο τον περιμένει μέσα του.»

« Un jour, il deviendra fou comme le feu et mettra Spitz en pièces. »

«Μια μέρα, θα θυμώσει σαν φωτιά και θα κάνει κομμάτια τον Σπιτζ.»

« Il va mâcher ce chien et le recracher sur la neige gelée. »

«Θα μασήσει αυτό το σκυλί και θα το φτύσει στο παγωμένο χιόνι.»

« Bien sûr que non, je le sais au plus profond de moi. »

«Σίγουρα, όπως οτιδήποτε άλλο, το ξέρω αυτό βαθιά μέσα μου.»

À partir de ce moment-là, les deux chiens étaient engagés dans une guerre.

Από εκείνη τη στιγμή και μετά, τα δύο σκυλιά ήταν μπλεγμένα σε πόλεμο.

Spitz a dirigé l'équipe et a conservé le pouvoir, mais Buck a contesté cela.

Ο Σπιτζ ηγήθηκε της ομάδας και κατείχε την εξουσία, αλλά ο Μπακ το αμφισβήτησε αυτό.

Spitz a vu son rang menacé par cet étrange étranger du Sud.

Ο Σπιτζ είδε την κατάταξή του να απειλείται από αυτόν τον περίεργο ξένο του Σάουθλαντ.

Buck ne ressemblait à aucun autre chien du sud que Spitz avait connu auparavant.

Ο Μπακ δεν έμοιαζε με κανέναν σκύλο του Νότου που είχε γνωρίσει πριν ο Σπιτζ.

La plupart d'entre eux ont échoué, trop faibles pour survivre au froid et à la faim.

Οι περισσότεροι από αυτούς απέτυχαν — πολύ αδύναμοι για να επιβιώσουν από το κρύο και την πείνα.

Ils sont morts rapidement à cause du travail, du gel et de la lenteur de la famine.

Πέθαιναν γρήγορα κάτω από την εργασία, τον παγετό και την αργή καύση του λιμού.

Buck se démarquait : plus fort, plus intelligent et plus sauvage chaque jour.

Ο Μπακ ξεχώριζε — όλο και πιο δυνατός, πιο έξυπνος και πιο άγριος κάθε μέρα.

Il a prospéré dans les difficultés, grandissant jusqu'à égaler les huskies du Nord.

Άνθισε στις κακουχίες, μεγαλώνοντας για να φτάσει τα βόρεια χάσκι.

Buck avait de la force, une habileté sauvage et un instinct patient et mortel.

Ο Μπακ είχε δύναμη, άγρια επιδεξιότητα και ένα υπομονετικό, θανατηφόρο ένστικτο.

L'homme avec la massue avait fait perdre à Buck toute témérité.

Ο άντρας με το ρόπαλο είχε διώξει την απερισκεψία του Μπακ.

La fureur aveugle avait disparu, remplacée par une ruse silencieuse et un contrôle.

Η τυφλή οργή είχε εξαφανιστεί, και τη θέση της είχε πάρει η ήσυχη πονηριά και ο έλεγχος.

Il attendait, calme et primitif, guettant le bon moment.
Περίμενε, ήρεμος και πρωτόγονος, αναζητώντας την
κατάλληλη στιγμή.
Leur lutte pour le commandement est devenue inévitable et claire.
Η μάχη τους για την κυριαρχία έγινε αναπόφευκτη και
ξεκάθαρη.
Buck désirait être un leader parce que son esprit l'exigeait.
Ο Μπακ επιθυμούσε ηγεσία επειδή το απαιτούσε το
πνεύμα του.
Il était poussé par l'étrange fierté née du sentier et du harnais.
Τον παρακινούσε η παράξενη υπερηφάνεια που γεννιέται
από το μονοπάτι και την ιπποσκευή.
Cette fierté a poussé les chiens à tirer jusqu'à ce qu'ils s'effondrent sur la neige.
Αυτή η υπερηφάνεια έκανε τα σκυλιά να σέρνονται μέχρι
που σωριάστηκαν στο χιόνι.
L'orgueil les a poussés à donner toute la force qu'ils avaient.
Η υπερηφάνεια τους παρέσυρε να δώσουν όλη τους τη
δύναμη.
L'orgueil peut attirer un chien de traîneau jusqu'à la mort.
Η υπερηφάνεια μπορεί να δελεάσει ένα σκυλί έλκηθρου
ακόμη και μέχρι θανάτου.
La perte du harnais a laissé les chiens brisés et sans but.
Η απώλεια της ζώνης άφησε τα σκυλιά λυγισμένα και
χωρίς σκοπό.
Le cœur d'un chien de traîneau peut être brisé par la honte lorsqu'il prend sa retraite.
Η καρδιά ενός σκύλου έλκηθρου μπορεί να συντριβεί από
ντροπή όταν αποσυρθεί.
Dave vivait avec cette fierté alors qu'il tirait le traîneau par derrière.
Ο Ντέιβ ζούσε με αυτή την υπερηφάνεια καθώς έσερνε το
έλκηθρο από πίσω.
Solleks, lui aussi, a tout donné avec une force et une loyauté redoutables.

Και ο Σόλεκς έδωσε τον καλύτερό του εαυτό με σκληρή δύναμη και αφοσίωση.

Chaque matin, l'orgueil les faisait passer de l'amertume à la détermination.

Κάθε πρωί, η υπερηφάνεια τους μετέτρεπε από πικρούς σε αποφασιστικούς.

Ils ont poussé toute la journée, puis sont restés silencieux à la fin du camp.

Σπρώχνονταν όλη μέρα και μετά σιωπούσαν στην άκρη του στρατοπέδου.

Cette fierté a donné à Spitz la force de battre les tire-au-flanc.

Αυτή η υπερηφάνεια έδωσε στον Σπιτζ τη δύναμη να νικήσει τους ατίθασους.

Spitz craignait Buck parce que Buck portait cette même fierté profonde.

Ο Σπιτζ φοβόταν τον Μπακ επειδή ο Μπακ έτρεφε την ίδια βαθιά υπερηφάνεια.

L'orgueil de Buck s'est alors retourné contre Spitz, et il ne s'est pas arrêté.

Η υπερηφάνεια του Μπακ τώρα σάλεψε με τον Σπιτζ και δεν σταμάτησε.

Buck a défié le pouvoir de Spitz et l'a empêché de punir les chiens.

Ο Μπακ αψήφησε τη δύναμη του Σπιτζ και τον εμπόδισε να τιμωρήσει σκυλιά.

Lorsque les autres échouaient, Buck s'interposait entre eux et leur chef.

Όταν άλλοι αποτύγχαναν, ο Μπακ έμπαινε ανάμεσα σε αυτούς και τον αρχηγό τους.

Il l'a fait intentionnellement, en rendant son défi ouvert et clair.

Το έκανε αυτό με πρόθεση, καθιστώντας την πρόκλησή του ανοιχτή και σαφή.

Une nuit, une forte neige a recouvert le monde d'un profond silence.

Μια νύχτα, πυκνό χιόνι σκέπασε τον κόσμο σε βαθιά σιωπή.
Le lendemain matin, Pike, paresseux comme toujours, ne se leva pas pour aller travailler.
Το επόμενο πρωί, ο Πάικ, τεμπέλης όπως πάντα, δεν σηκώθηκε για τη δουλειά.
Il est resté caché dans son nid sous une épaisse couche de neige.
Έμεινε κρυμμένος στη φωλιά του κάτω από ένα παχύ στρώμα χιονιού.
François a appelé et cherché, mais n'a pas pu trouver le chien.
Ο Φρανσουά φώναξε και έψαξε, αλλά δεν μπόρεσε να βρει τον σκύλο.
Spitz devint furieux et se précipita à travers le camp couvert de neige.
Ο Σπιτζ έγινε έξαλλος και εισέβαλε στο χιονισμένο στρατόπεδο.
Il grogna et renifla, creusant frénétiquement avec des yeux flamboyants.
Γρύλισε και ρουθούνισε, σκάβοντας σαν τρελό με φλεγόμενα μάτια.
Sa rage était si féroce que Pike tremblait sous la neige de peur.
Η οργή του ήταν τόσο έντονη που ο Πάικ έτρεμε κάτω από το χιόνι από φόβο.
Lorsque Pike fut finalement retrouvé, Spitz se précipita pour punir le chien qui se cachait.
Όταν ο Πάικ τελικά βρέθηκε, ο Σπιτζ όρμησε για να τιμωρήσει τον σκύλο που κρυβόταν.
Mais Buck s'est précipité entre eux avec une fureur égale à celle de Spitz.
Αλλά ο Μπακ όρμησε ανάμεσά τους με μια οργή ίση με τη δική του Σπιτζ.
L'attaque fut si soudaine et intelligente que Spitz tomba.
Η επίθεση ήταν τόσο ξαφνική και έξυπνη που ο Σπιτζ έπεσε από τα πόδια του.

Pike, qui tremblait, puisa du courage dans ce défi.
Ο Πάικ, που έτρεμε, πήρε θάρρος από αυτή την ανυπακοή.
Il sauta sur le Spitz tombé, suivant l'exemple audacieux de Buck.
Πήδηξε πάνω στον πεσμένο Σπιτζ, ακολουθώντας το τολμηρό παράδειγμα του Μπακ.
Buck, n'étant plus tenu par l'équité, a rejoint la grève contre Spitz.
Ο Μπακ, μη δεσμευμένος πλέον από δικαιοσύνη, συμμετείχε στην απεργία κατά του Σπιτζ.
François, amusé mais ferme dans sa discipline, balançait son lourd fouet.
Ο Φρανσουά, διασκεδασμένος αλλά σταθερός στην πειθαρχία, κούνησε το βαρύ μαστίγιό του.
Il frappa Buck de toutes ses forces pour mettre fin au combat.
Χτύπησε τον Μπακ με όλη του τη δύναμη για να διακόψει τη μάχη.
Buck a refusé de bouger et est resté au sommet du chef tombé.
Ο Μπακ αρνήθηκε να κινηθεί και έμεινε πάνω στον πεσμένο αρχηγό.
François a ensuite utilisé le manche du fouet, frappant Buck durement.
Ο Φρανσουά χρησιμοποίησε στη συνέχεια τη λαβή του μαστιγίου, χτυπώντας δυνατά τον Μπακ.
Titubant sous le coup, Buck recula sous l'assaut.
Τρεκλίζοντας από το χτύπημα, ο Μπακ υποχώρησε υπό την επίθεση.
François frappait encore et encore tandis que Spitz punissait Pike.
Ο Φρανσουά χτυπούσε ξανά και ξανά ενώ ο Σπιτς τιμωρούσε τον Πάικ.

Les jours passèrent et Dawson City se rapprocha de plus en plus.

Οι μέρες περνούσαν και η πόλη Ντόσον πλησίαζε όλο και περισσότερο.
Buck n'arrêtait pas d'intervenir, se glissant entre le Spitz et les autres chiens.
Ο Μπακ συνέχιζε να ανακατεύεται, γλιστρώντας ανάμεσα στον Σπιτζ και τα άλλα σκυλιά.
Il choisissait bien ses moments, attendant toujours que François parte.
Διάλεγε καλά τις στιγμές του, περιμένοντας πάντα τον Φρανσουά να φύγει.
La rébellion silencieuse de Buck s'est propagée et le désordre a pris racine dans l'équipe.
Η σιωπηλή εξέγερση του Μπακ εξαπλώθηκε και η αταξία ρίζωσε στην ομάδα.
Dave et Solleks sont restés fidèles, mais d'autres sont devenus indisciplinés.
Ο Ντέιβ και ο Σόλεκς παρέμειναν πιστοί, αλλά άλλοι έγιναν άτακτοι.
L'équipe est devenue de plus en plus agitée, querelleuse et hors de propos.
Η ομάδα χειροτέρευε — ήταν ανήσυχη, καβγατζής και εκτός ορίων.
Plus rien ne fonctionnait correctement et les bagarres devenaient courantes.
Τίποτα δεν λειτουργούσε πια ομαλά και οι καβγάδες έγιναν συνηθισμένοι.
Buck est resté au cœur des troubles, provoquant toujours des troubles.
Ο Μπακ παρέμεινε στην καρδιά του προβλήματος, προκαλώντας πάντα αναταραχή.
François restait vigilant, effrayé par le combat entre Buck et Spitz.
Ο Φρανσουά παρέμεινε σε εγρήγορση, φοβούμενος τη μάχη μεταξύ του Μπακ και του Σπιτζ.
Chaque nuit, des bagarres le réveillaient, craignant que le commencement n'arrive enfin.

Κάθε βράδυ, τον ξυπνούσαν συμπλοκές, φοβούμενος ότι επιτέλους θα είχε έρθει η αρχή.

Il sauta de sa robe, prêt à mettre fin au combat.

Πήδηξε από τη ρόμπα του, έτοιμος να διαλύσει τη μάχη.

Mais le moment n'arriva jamais et ils atteignirent finalement Dawson.

Αλλά η στιγμή δεν ήρθε ποτέ, και τελικά έφτασαν στο Ντόσον.

L'équipe est entrée dans la ville un après-midi sombre, tendu et calme.

Η ομάδα μπήκε στην πόλη ένα ζοφερό απόγευμα, τεταμένη και ήσυχη.

La grande bataille pour le leadership était encore en suspens dans l'air glacial.

Η μεγάλη μάχη για την ηγεσία εξακολουθούσε να αιωρείται στον παγωμένο αέρα.

Dawson était rempli d'hommes et de chiens de traîneau, tous occupés à travailler.

Το Ντόσον ήταν γεμάτο άντρες και σκυλιά για έλκηθρα, όλοι απασχολημένοι με τη δουλειά.

Buck regardait les chiens tirer des charges du matin au soir.

Ο Μπακ παρακολουθούσε τα σκυλιά να τραβούν φορτία από το πρωί μέχρι το βράδυ.

Ils transportaient des bûches et du bois de chauffage et acheminaient des fournitures vers les mines.

Μετέφεραν κορμούς και καυσόξυλα, μετέφεραν προμήθειες στα ορυχεία.

Là où les chevaux travaillaient autrefois dans le Southland, les chiens travaillent désormais.

Εκεί που κάποτε δούλευαν τα άλογα στο Σάουθλαντ, τώρα δούλευαν τα σκυλιά.

Buck a vu quelques chiens du Sud, mais la plupart étaient des huskies ressemblant à des loups.

Ο Μπακ είδε μερικά σκυλιά από τον Νότο, αλλά τα περισσότερα ήταν χάσκι που έμοιαζαν με λύκους.

La nuit, comme une horloge, les chiens élevaient la voix pour chanter.

Τη νύχτα, σαν ρολόι, τα σκυλιά ύψωσαν τις φωνές τους τραγουδώντας.
À neuf heures, à minuit et à nouveau à trois heures, les chants ont commencé.
Στις εννέα, τα μεσάνυχτα και ξανά στις τρεις, άρχισε το τραγούδι.
Buck aimait se joindre à leur chant étrange, au son sauvage et ancien.
Ο Μπακ λάτρευε να συμμετέχει στην απόκοσμη ψαλμωδία τους, με άγριο και αρχαίο ήχο.
Les aurores boréales flamboyaient, les étoiles dansaient et la neige recouvrait le pays.
Το σέλας φλόγιζε, τα αστέρια χόρευαν και το χιόνι σκέπαζε τη γη.
Le chant des chiens s'éleva comme un cri contre le silence et le froid glacial.
Το τραγούδι των σκύλων υψώθηκε σαν κραυγή ενάντια στη σιωπή και το τσουχτερό κρύο.
Mais leur hurlement contenait de la tristesse, et non du défi, dans chaque longue note.
Αλλά η κραυγή τους περιείχε θλίψη, όχι πρόκληση, σε κάθε μακρά νότα.
Chaque cri plaintif était plein de supplications, le fardeau de la vie elle-même.
Κάθε θρηνητική κραυγή ήταν γεμάτη ικεσίες· το βάρος της ίδιας της ζωής.
Cette chanson était vieille, plus vieille que les villes et plus vieille que les incendies.
Αυτό το τραγούδι ήταν παλιό — παλαιότερο από τις πόλεις, και παλαιότερο από τις φωτιές
Cette chanson était encore plus ancienne que les voix des hommes.
Αυτό το τραγούδι ήταν αρχαιότερο ακόμη και από τις φωνές των ανθρώπων.
C'était une chanson du monde des jeunes, quand toutes les chansons étaient tristes.

Ήταν ένα τραγούδι από τον νεανικό κόσμο, όταν όλα τα τραγούδια ήταν λυπηρά.

La chanson portait la tristesse d'innombrables générations de chiens.

Το τραγούδι κουβαλούσε θλίψη από αμέτρητες γενιές σκύλων.

Buck ressentait profondément la mélodie, gémissant de douleur enracinée dans les âges.

Ο Μπακ ένιωσε βαθιά τη μελωδία, βογκώντας από πόνο που είχε τις ρίζες του στους αιώνες.

Il sanglotait d'un chagrin aussi vieux que le sang sauvage dans ses veines.

Έκλαιγε με λυγμούς από μια θλίψη τόσο παλιά όσο το άγριο αίμα στις φλέβες του.

Le froid, l'obscurité et le mystère ont touché l'âme de Buck.

Το κρύο, το σκοτάδι και το μυστήριο άγγιξαν την ψυχή του Μπακ.

Cette chanson prouvait à quel point Buck était revenu à ses origines.

Αυτό το τραγούδι απέδειξε πόσο μακριά είχε επιστρέψει ο Μπακ στις ρίζες του.

À travers la neige et les hurlements, il avait trouvé le début de sa propre vie.

Μέσα στο χιόνι και τις ουρλιαχτές είχε βρει την αρχή της δικής του ζωής.

Sept jours après leur arrivée à Dawson, ils repartent.

Επτά ημέρες αφότου έφτασαν στο Ντόσον, ξεκίνησαν ξανά.

L'équipe est descendue de la caserne jusqu'au sentier du Yukon.

Η ομάδα κατέβηκε από τους Στρατώνες στο Μονοπάτι Γιούκον.

Ils ont commencé le voyage de retour vers Dyea et Salt Water.

Ξεκίνησαν το ταξίδι της επιστροφής προς τη Ντάια και το Αλμυρό Νερό.

Perrault portait des dépêches encore plus urgentes qu'auparavant.
Ο Περώ μετέφερε αποστολές ακόμη πιο επείγουσες από πριν.
Il était également saisi par la fierté du sentier et avait pour objectif d'établir un record.
Τον κατέλαβε επίσης η υπερηφάνεια για το μονοπάτι και στόχευε να καταρρίψει ένα ρεκόρ.
Cette fois, plusieurs avantages étaient du côté de Perrault.
Αυτή τη φορά, πολλά πλεονεκτήματα ήταν με το μέρος του Perrault.
Les chiens s'étaient reposés pendant une semaine entière et avaient repris des forces.
Τα σκυλιά είχαν ξεκουραστεί για μια ολόκληρη εβδομάδα και είχαν ανακτήσει τις δυνάμεις τους.
Le sentier qu'ils avaient ouvert était maintenant damé par d'autres.
Το μονοπάτι που είχαν χαράξει ήταν τώρα σκληρό από άλλους.
À certains endroits, la police avait stocké de la nourriture pour les chiens et les hommes.
Σε ορισμένα μέρη, η αστυνομία είχε αποθηκεύσει τρόφιμα τόσο για σκύλους όσο και για άνδρες.
Perrault voyageait léger, se déplaçait rapidement et n'avait pas grand-chose pour l'alourdir.
Ο Περώ ταξίδευε ελαφρύς, κινούμενος γρήγορα, χωρίς πολλά να τον βαραίνουν.
Ils ont atteint Sixty-Mile, une course de cinquante milles, dès la première nuit.
Έφτασαν στο Sixty-Mile, μια διαδρομή πενήντα μιλίων, την πρώτη νύχτα.
Le deuxième jour, ils se sont précipités sur le Yukon en direction de Pelly.
Τη δεύτερη μέρα, έσπευσαν στον Γιούκον προς το Πέλι.
Mais ces beaux progrès ont été accompagnés de beaucoup de difficultés pour François.

Αλλά μια τέτοια εξαιρετική πρόοδος ήρθε με μεγάλη πίεση για τον Φρανσουά.
La rébellion silencieuse de Buck avait brisé la discipline de l'équipe.
Η σιωπηλή εξέγερση του Μπακ είχε διαλύσει την πειθαρχία της ομάδας.
Ils ne se rassemblaient plus comme une seule bête dans les rênes.
Δεν τραβούσαν πια μαζί σαν ένα θηρίο στα ηνία.
Buck avait conduit d'autres personnes à la défiance par son exemple audacieux.
Ο Μπακ είχε οδηγήσει άλλους σε ανυπακοή με το τολμηρό του παράδειγμα.
L'ordre de Spitz n'a plus été accueilli avec crainte ou respect.
Η διοίκηση του Σπιτζ δεν αντιμετωπίστηκε πλέον με φόβο ή σεβασμό.
Les autres ont perdu leur respect pour lui et ont osé résister à son règne.
Οι άλλοι έχασαν το δέος τους γι' αυτόν και τόλμησαν να αντισταθούν στην κυριαρχία του.
Une nuit, Pike a volé la moitié d'un poisson et l'a mangé sous les yeux de Buck.
Ένα βράδυ, ο Πάικ έκλεψε μισό ψάρι και το έφαγε μπροστά στα μάτια του Μπακ.
Une autre nuit, Dub et Joe se sont battus contre Spitz et sont restés impunis.
Ένα άλλο βράδυ, ο Νταμπ και ο Τζο πάλεψαν με τον Σπιτζ και έμειναν ατιμώρητοι.
Même Billee gémissait moins doucement et montrait une nouvelle vivacité.
Ακόμα και η Μπίλι γκρίνιαξε λιγότερο γλυκά και έδειξε νέα οξύτητα.
Buck grognait sur Spitz à chaque fois qu'ils se croisaient.
Ο Μπακ γρύλιζε στον Σπιτζ κάθε φορά που διασταυρώνονταν.
L'attitude de Buck devint audacieuse et menaçante, presque comme celle d'un tyran.

Η στάση του Μπακ έγινε τολμηρή και απειλητική, σχεδόν σαν νταή.
Il marchait devant Spitz avec une démarche assurée, pleine de menace moqueuse.
Περπάτησε μπροστά από τον Σπιτζ με αλαζονεία, γεμάτος χλευαστική απειλή.
Cet effondrement de l'ordre s'est également propagé parmi les chiens de traîneau.
Αυτή η κατάρρευση της τάξης εξαπλώθηκε και ανάμεσα στα σκυλιά που έσερναν έλκηθρο.
Ils se battaient et se disputaient plus que jamais, remplissant le camp de bruit.
Τσακώθηκαν και λογομάχησαν περισσότερο από ποτέ, γεμίζοντας το στρατόπεδο με θόρυβο.
La vie au camp se transformait chaque nuit en un chaos sauvage et hurlant.
Η ζωή στην κατασκήνωση μετατρεπόταν σε ένα άγριο, ουρλιαχτό χάος κάθε βράδυ.
Seuls Dave et Solleks sont restés stables et concentrés.
Μόνο ο Ντέιβ και ο Σόλεκς παρέμειναν σταθεροί και συγκεντρωμένοι.
Mais même eux sont devenus colériques à cause des bagarres incessantes.
Αλλά ακόμη και αυτοί οξύθυμοι έγιναν από τους συνεχείς καβγάδες.
François jurait dans des langues étranges et piétinait de frustration.
Ο Φρανσουά έβριζε σε παράξενες γλώσσες και ποδοπατούσε από απογοήτευση.
Il s'arrachait les cheveux et criait tandis que la neige volait sous ses pieds.
Έσκισε τα μαλλιά του και φώναξε ενώ το χιόνι έπεφτε κάτω από τα πόδια του.
Son fouet claqua sur le groupe, mais parvint à peine à les maintenir en ligne.
Το μαστίγιό του χτύπησε απότομα την αγέλη, αλλά μετά βίας τους κράτησε στην ευθεία.

Chaque fois qu'il tournait le dos, les combats reprenaient.
Κάθε φορά που του γύριζε την πλάτη, οι μάχες ξαναξηνόντουσαν.
François a utilisé le fouet pour Spitz, tandis que Buck a dirigé les rebelles.
Ο Φρανσουά χρησιμοποίησε το μαστίγιο για τον Σπιτζ, ενώ ο Μπακ ηγήθηκε των επαναστατών.
Chacun connaissait le rôle de l'autre, mais Buck évitait tout blâme.
Ο καθένας γνώριζε τον ρόλο του άλλου, αλλά ο Μπακ απέφευγε οποιαδήποτε ευθύνη.
François n'a jamais surpris Buck en train de provoquer une bagarre ou de se dérober à son travail.
Ο Φρανσουά δεν έπιασε ποτέ τον Μπακ να ξεκινά καβγά ή να αποφεύγει τη δουλειά του.
Buck travaillait dur sous le harnais – le travail lui faisait désormais vibrer l'esprit.
Ο Μπακ δούλευε σκληρά φορώντας ιμάντες—ο μόχθος τώρα τον συγκινούσε.
Mais il trouvait encore plus de joie à provoquer des bagarres et du chaos dans le camp.
Αλλά έβρισκε ακόμη μεγαλύτερη χαρά στο να προκαλεί μάχες και χάος στο στρατόπεδο.

Un soir, à l'embouchure du Tahkeena, Dub fit sursauter un lapin.
Ένα βράδυ, στις εκβολές της Ταχκίνα, ο Νταμπ τρόμαξε ένα κουνέλι.
Il a raté la prise et le lièvre d'Amérique s'est enfui.
Έχασε την ψαριά και το κουνέλι με τα χιονοπέδιλα πετάχτηκε μακριά.
En quelques secondes, toute l'équipe de traîneau s'est lancée à sa poursuite en poussant des cris sauvages.
Σε δευτερόλεπτα, ολόκληρη η ομάδα του έλκηθρου όρμησε στο κυνήγι με άγριες κραυγές.
À proximité, un camp de la police du Nord-Ouest abritait une cinquantaine de chiens huskys.

Σε κοντινή απόσταση, ένα στρατόπεδο της Βορειοδυτικής Αστυνομίας φιλοξενούσε πενήντα χάσκι σκυλιά.

Ils se sont joints à la chasse, descendant ensemble la rivière gelée.

Μπήκαν στο κυνήγι, κατεβαίνοντας ορμητικά μαζί το παγωμένο ποτάμι.

Le lapin a quitté la rivière et s'est enfui dans le lit d'un ruisseau gelé.

Το κουνέλι έστριψε την όχθη του ποταμού, τρέχοντας προς την παγωμένη κοίτη ενός ρυακιού.

Le lapin sautait légèrement sur la neige tandis que les chiens peinaient à se frayer un chemin.

Το κουνέλι χοροπηδούσε ελαφρά πάνω στο χιόνι ενώ τα σκυλιά πάλευαν να το διαπεράσουν.

Buck menait l'énorme meute de soixante chiens dans chaque virage sinueux.

Ο Μπακ οδήγησε την τεράστια αγέλη των εξήντα σκύλων γύρω από κάθε στροφή.

Il avança, bas et impatient, mais ne put gagner du terrain.

Προχώρησε, χαμηλόφωνα και πρόθυμα, αλλά δεν μπορούσε να κερδίσει έδαφος.

Son corps brillait sous la lune pâle à chaque saut puissant.

Το σώμα του άστραφτε κάτω από το χλωμό φεγγάρι με κάθε δυνατό άλμα.

Devant, le lapin se déplaçait comme un fantôme, silencieux et trop rapide pour être attrapé.

Μπροστά, το κουνέλι κινούνταν σαν φάντασμα, σιωπηλό και πολύ γρήγορα για να το πιάσει.

Tous ces vieux instincts – la faim, le frisson – envahirent Buck.

Όλα αυτά τα παλιά ένστικτα —η πείνα, η συγκίνηση— διαπέρασαν τον Μπακ.

Les humains ressentent parfois cet instinct et sont poussés à chasser avec une arme à feu et des balles.

Οι άνθρωποι νιώθουν αυτό το ένστικτο κατά καιρούς, ωθούμενοι να κυνηγούν με όπλο και σφαίρα.

Mais Buck ressentait ce sentiment à un niveau plus profond et plus personnel.
Αλλά ο Μπακ ένιωσε αυτό το συναίσθημα σε ένα βαθύτερο και πιο προσωπικό επίπεδο.
Ils ne pouvaient pas ressentir la nature sauvage dans leur sang comme Buck pouvait la ressentir.
Δεν μπορούσαν να νιώσουν την άγρια φύση στο αίμα τους με τον τρόπο που την ένιωθε ο Μπακ.
Il chassait la viande vivante, prêt à tuer avec ses dents et à goûter le sang.
Κυνηγούσε ζωντανό κρέας, έτοιμο να σκοτώσει με τα δόντια του και να γευτεί αίμα.
Son corps se tendait de joie, voulant se baigner dans la vie rouge et chaude.
Το σώμα του τεντώθηκε από χαρά, θέλοντας να λουστεί στη ζεστή κόκκινη ζωή.
Une joie étrange marque le point le plus élevé que la vie puisse atteindre.
Μια παράξενη χαρά σηματοδοτεί το υψηλότερο σημείο που μπορεί ποτέ να φτάσει η ζωή.
La sensation d'un pic où les vivants oublient même qu'ils sont en vie.
Η αίσθηση μιας κορυφής όπου οι ζωντανοί ξεχνούν καν ότι είναι ζωντανοί.
Cette joie profonde touche l'artiste perdu dans une inspiration fulgurante.
Αυτή η βαθιά χαρά αγγίζει τον καλλιτέχνη που είναι χαμένος σε μια φλεγόμενη έμπνευση.
Cette joie saisit le soldat qui se bat avec acharnement et n'épargne aucun ennemi.
Αυτή η χαρά κυριεύει τον στρατιώτη που μάχεται άγρια και δεν λυπάται κανέναν εχθρό.
Cette joie s'empara alors de Buck alors qu'il menait la meute dans une faim primitive.
Αυτή η χαρά κατέλαβε τώρα τον Μπακ καθώς ηγούνταν της αγέλης στην αρχέγονη πείνα.
Il hurla avec le cri ancien du loup, ravi par la chasse vivante.

Ούρλιαξε με την αρχαία κραυγή του λύκου,
ενθουσιασμένος από το ζωντανό κυνήγι.

Buck a puisé dans la partie la plus ancienne de lui-même, perdue dans la nature.

Ο Μπακ άκουσε το πιο γερασμένο κομμάτι του εαυτού του, χαμένο στην άγρια φύση.

Il a puisé au plus profond de lui-même, au-delà de la mémoire, dans le temps brut et ancien.

Έφτασε βαθιά μέσα στην περασμένη μνήμη, στον ακατέργαστο, αρχαίο χρόνο.

Une vague de vie pure a traversé chaque muscle et chaque tendon.

Ένα κύμα αγνής ζωής ξεχύθηκε μέσα από κάθε μυ και τένοντα.

Chaque saut criait qu'il vivait, qu'il traversait la mort.

Κάθε πήδημα φώναζε ότι ζούσε, ότι κινούνταν μέσα στον θάνατο.

Son corps s'élevait joyeusement au-dessus d'une terre calme et froide qui ne bougeait jamais.

Το σώμα του πετούσε χαρούμενα πάνω σε ακίνητη, κρύα γη που δεν σαλεύτηκε ποτέ.

Spitz est resté froid et rusé, même dans ses moments les plus fous.

Ο Σπιτζ παρέμεινε ψυχρός και πονηρός, ακόμα και στις πιο άγριες στιγμές του.

Il quitta le sentier et traversa un terrain où le ruisseau formait une large courbe.

Άφησε το μονοπάτι και διέσχισε τη γη όπου το ρυάκι έστριβε πλατιά.

Buck, inconscient de cela, resta sur le chemin sinueux du lapin.

Ο Μπακ, αγνοώντας αυτό, έμεινε στο ελικοειδές μονοπάτι του κουνελιού.

Puis, alors que Buck tournait un virage, le lapin fantomatique était devant lui.

Έπειτα, καθώς ο Μπακ έστριβε σε μια στροφή, το κουνέλι που έμοιαζε με φάντασμα εμφανίστηκε μπροστά του.

Il vit une deuxième silhouette sauter de la berge devant la proie.
Είδε μια δεύτερη φιγούρα να πηδάει από την όχθη μπροστά από το θήραμα.
La silhouette était celle d'un Spitz, atterrissant juste sur le chemin du lapin en fuite.
Η φιγούρα ήταν ο Σπιτζ, που προσγειωνόταν ακριβώς στο μονοπάτι του κουνελιού που έφευγε.
Le lapin ne pouvait pas se retourner et a rencontré les mâchoires de Spitz en plein vol.
Το κουνέλι δεν μπορούσε να γυρίσει και συνάντησε τα σαγόνια του Σπιτζ στον αέρα.
La colonne vertébrale du lapin se brisa avec un cri aussi aigu que le cri d'un humain mourant.
Η σπονδυλική στήλη του κουνελιού έσπασε από μια κραυγή τόσο αιχμηρή όσο το κλάμα ενός ετοιμοθάνατου ανθρώπου.
À ce bruit – la chute de la vie à la mort – la meute hurla fort.
Σε αυτόν τον ήχο – την πτώση από τη ζωή στον θάνατο – η αγέλη ούρλιαξε δυνατά.
Un chœur sauvage s'éleva derrière Buck, plein de joie sombre.
Μια άγρια χορωδία ακούστηκε πίσω από τον Μπακ, γεμάτη σκοτεινή απόλαυση.
Buck n'a émis aucun cri, aucun son, et a chargé directement Spitz.
Ο Μπακ δεν έβγαλε ούτε κραυγή, ούτε ήχο, και όρμησε κατευθείαν στον Σπιτζ.
Il a visé la gorge, mais a touché l'épaule à la place.
Στόχευσε στον λαιμό, αλλά αντ' αυτού χτύπησε τον ώμο.
Ils dégringolèrent dans la neige molle, leurs corps bloqués dans le combat.
Σέρνονταν μέσα στο μαλακό χιόνι· τα σώματά τους ήταν παγιδευμένα στη μάχη.
Spitz se releva rapidement, comme s'il n'avait jamais été renversé.

Ο Σπιτζ πετάχτηκε γρήγορα, σαν να μην είχε χτυπηθεί ποτέ κάτω.

Il a entaillé l'épaule de Buck, puis s'est éloigné du combat.

Χτύπησε τον Μπακ στον ώμο και μετά πήδηξε μακριά από τη μάχη.

À deux reprises, ses dents claquèrent comme des pièges en acier, ses lèvres se retroussèrent et devinrent féroces.

Δύο φορές τα δόντια του έσπασαν σαν ατσάλινες παγίδες, με τα χείλη του κυρτωμένα και άγρια.

Il recula lentement, cherchant un sol ferme sous ses pieds.

Υποχώρησε αργά, αναζητώντας στέρεο έδαφος κάτω από τα πόδια του.

Buck a compris le moment instantanément et pleinement.

Ο Μπακ κατάλαβε τη στιγμή αμέσως και πλήρως.

Le moment était venu ; le combat allait être un combat à mort.

Είχε έρθει η ώρα· η μάχη θα ήταν μάχη μέχρι θανάτου.

Les deux chiens tournaient en rond, grognant, les oreilles plates, les yeux plissés.

Τα δύο σκυλιά έκαναν κύκλους, γρυλίζοντας, με τα αυτιά τους σκεπασμένα και τα μάτια τους στένεψαν.

Chaque chien attendait que l'autre montre une faiblesse ou fasse un faux pas.

Κάθε σκύλος περίμενε τον άλλον να δείξει αδυναμία ή να κάνει λάθος βήμα.

Pour Buck, la scène semblait étrangement connue et profondément ancrée dans ses souvenirs.

Για τον Μπακ, η σκηνή ήταν απόκοσμα γνωστή και βαθιά στη μνήμη του.

Les bois blancs, la terre froide, la bataille au clair de lune.

Τα λευκά δάση, η κρύα γη, η μάχη κάτω από το φως του φεγγαριού.

Un silence pesant emplissait le pays, profond et contre nature.

Μια βαριά σιωπή πλημμύρισε τη γη, βαθιά και αφύσικη.

Aucun vent ne soufflait, aucune feuille ne bougeait, aucun bruit ne brisait le silence.

Κανένας άνεμος δεν κουνήθηκε, κανένα φύλλο δεν κουνήθηκε, κανένας ήχος δεν διέκοψε την ησυχία.
Le souffle des chiens s'élevait comme de la fumée dans l'air glacial et calme.
Οι ανάσες των σκύλων ανέβαιναν σαν καπνός στον παγωμένο, ήσυχο αέρα.
Le lapin a été depuis longtemps oublié par la meute de bêtes sauvages.
Το κουνέλι είχε ξεχαστεί εδώ και καιρό από την αγέλη των άγριων θηρίων.
Ces loups à moitié apprivoisés se tenaient maintenant immobiles dans un large cercle.
Αυτοί οι ημι-εξημερωμένοι λύκοι στέκονταν τώρα ακίνητοι σε έναν πλατύ κύκλο.
Ils étaient silencieux, seuls leurs yeux brillants révélaient leur faim.
Ήταν σιωπηλοί, μόνο τα λαμπερά τους μάτια αποκάλυπταν την πείνα τους.
Leur souffle s'éleva, regardant le combat final commencer.
Η ανάσα τους ανέβαινε προς τα πάνω, παρακολουθώντας την έναρξη της τελικής μάχης.
Pour Buck, cette bataille était ancienne et attendue, pas du tout étrange.
Για τον Μπακ, αυτή η μάχη ήταν παλιά και αναμενόμενη, καθόλου παράξενη.
C'était comme un souvenir de quelque chose qui devait arriver depuis toujours.
Ένιωθα σαν μια ανάμνηση από κάτι που πάντα έμελλε να συμβεί.
Le Spitz était un chien de combat entraîné, affiné par d'innombrables bagarres sauvages.
Ο Σπιτζ ήταν ένα εκπαιδευμένο σκυλί μάχης, ακονισμένο σε αμέτρητες άγριες συμπλοκές.
Du Spitzberg au Canada, il a vaincu de nombreux ennemis.
Από το Σπιτζμπέργκεν μέχρι τον Καναδά, είχε νικήσει πολλούς εχθρούς.

Il était rempli de fureur, mais n'a jamais cédé au contrôle de la rage.
Ήταν γεμάτος οργή, αλλά ποτέ δεν έλεγχε την οργή του.
Sa passion était vive, mais toujours tempérée par un instinct dur.
Το πάθος του ήταν οξύ, αλλά πάντα μετριαζόταν από σκληρό ένστικτο.
Il n'a jamais attaqué jusqu'à ce que sa propre défense soit en place.
Δεν επιτέθηκε ποτέ μέχρι να τεθεί σε εφαρμογή η δική του άμυνα.
Buck a essayé encore et encore d'atteindre le cou vulnérable de Spitz.
Ο Μπακ προσπάθησε ξανά και ξανά να φτάσει τον ευάλωτο λαιμό του Σπιτζ.
Mais chaque coup était accueilli par un coup des dents acérées de Spitz.
Αλλά κάθε χτύπημα αντιμετώπιζε ένα ξύσιμο από τα κοφτερά δόντια του Σπιτζ.
Leurs crocs se sont heurtés et les deux chiens ont saigné de leurs lèvres déchirées.
Οι κυνόδοντές τους συγκρούστηκαν και και τα δύο σκυλιά αιμορραγούσαν από σκισμένα χείλη.
Peu importe comment Buck s'est lancé, il n'a pas pu briser la défense.
Όσο κι αν όρμησε ο Μπακ, δεν μπορούσε να διασπάσει την άμυνα.
Il devint de plus en plus furieux, se précipitant avec des explosions de puissance sauvages.
Έγινε πιο έξαλλος, ορμώντας μέσα με άγριες εκρήξεις δύναμης.
À maintes reprises, Buck frappait la gorge blanche du Spitz.
Ξανά και ξανά, ο Μπακ χτυπούσε για τον άσπρο λαιμό του Σπιτζ.
À chaque fois, Spitz esquivait et riposta avec une morsure tranchante.

Κάθε φορά ο Σπιτζ απέφευγε και ανταπέδιδε ένα δάγκωμα σε φέτες.

Buck changea alors de tactique, se précipitant à nouveau comme pour atteindre la gorge.

Τότε ο Μπακ άλλαξε τακτική, ορμώντας ξανά σαν να ήθελε τον λαιμό.

Mais il s'est retiré au milieu de l'attaque, se tournant pour frapper sur le côté.

Αλλά υποχώρησε κατά τη διάρκεια της επίθεσης, στρεφόμενος για να χτυπήσει από το πλάι.

Il a lancé son épaule sur Spitz, dans le but de le faire tomber.

Έριξε τον ώμο του στον Σπιτζ, με στόχο να τον ρίξει κάτω.

À chaque fois qu'il essayait, Spitz esquivait et ripostait avec une frappe.

Κάθε φορά που προσπαθούσε, ο Σπιτζ απέφευγε και αντεπιτίθετο με ένα χτύπημα.

L'épaule de Buck était à vif alors que Spitz s'écartait après chaque coup.

Ο ώμος του Μπακ τράβηξε την προσοχή καθώς ο Σπιτζ πηδούσε μακριά μετά από κάθε χτύπημα.

Spitz n'avait pas été touché, tandis que Buck saignait de nombreuses blessures.

Ο Σπιτζ δεν είχε αγγιχτεί, ενώ ο Μπακ αιμορραγούσε από πολλές πληγές.

La respiration de Buck était rapide et lourde, son corps était couvert de sang.

Η ανάσα του Μπακ ήταν γρήγορη και βαριά, το σώμα του γλιστρούσε από το αίμα.

Le combat devenait plus brutal à chaque morsure et à chaque charge.

Η μάχη γινόταν πιο άγρια με κάθε δάγκωμα και έφοδο.

Autour d'eux, soixante chiens silencieux attendaient le premier à tomber.

Γύρω τους, εξήντα σιωπηλά σκυλιά περίμεναν να πέσουν τα πρώτα.

Si un chien tombait, la meute allait mettre fin au combat.

Αν έπεφτε ένα σκυλί, η αγέλη θα τελείωνε τον αγώνα.

Spitz vit Buck faiblir et commença à attaquer.
Ο Σπιτζ είδε τον Μπακ να εξασθενεί και άρχισε να επιτίθεται.
Il a maintenu Buck en déséquilibre, le forçant à lutter pour garder pied.
Κράτησε τον Μπακ εκτός ισορροπίας, αναγκάζοντάς τον να παλέψει για να σταθεί στα πόδια του.
Un jour, Buck trébucha et tomba, et tous les chiens se relevèrent.
Κάποτε ο Μπακ σκόνταψε και έπεσε, και όλα τα σκυλιά σηκώθηκαν όρθια.
Mais Buck s'est redressé au milieu de sa chute, et tout le monde s'est affalé.
Αλλά ο Μπακ ισιώθηκε στη μέση της πτώσης και όλοι βυθίστηκαν ξανά κάτω.
Buck avait quelque chose de rare : une imagination née d'un instinct profond.
Ο Μπακ είχε κάτι σπάνιο — φαντασία που γεννιόταν από βαθύ ένστικτο.
Il combattait par instinct naturel, mais aussi par ruse.
Πολέμησε από φυσική ορμή, αλλά πολεμούσε και με πονηριά.
Il chargea à nouveau comme s'il répétait son tour d'attaque à l'épaule.
Όρμησε ξανά σαν να επαναλάμβανε το κόλπο του με την επίθεση στον ώμο.
Mais à la dernière seconde, il s'est laissé tomber et a balayé Spitz.
Αλλά την τελευταία στιγμή, έπεσε χαμηλά και σάρωσε κάτω από τον Σπιτζ.
Ses dents se sont bloquées sur la patte avant gauche de Spitz avec un claquement.
Τα δόντια του χτύπησαν το μπροστινό αριστερό πόδι του Σπιτζ με ένα κλικ.
Spitz était maintenant instable, son poids reposant sur seulement trois pattes.

Ο Σπιτζ στεκόταν τώρα ασταθής, με το βάρος του να στηρίζεται μόνο σε τρία πόδια.
Buck frappa à nouveau, essaya trois fois de le faire tomber.
Ο Μπακ χτύπησε ξανά, προσπάθησε τρεις φορές να τον ρίξει κάτω.
À la quatrième tentative, il a utilisé le même mouvement avec succès.
Στην τέταρτη προσπάθεια χρησιμοποίησε την ίδια κίνηση με επιτυχία
Cette fois, Buck a réussi à mordre la jambe droite du Spitz.
Αυτή τη φορά ο Μπακ κατάφερε να δαγκώσει το δεξί πόδι του Σπιτζ.
Spitz, bien que paralysé et souffrant, continuait à lutter pour survivre.
Ο Σπιτζ, αν και ανάπηρος και σε αγωνία, συνέχισε να αγωνίζεται να επιβιώσει.
Il vit le cercle de huskies se resserrer, la langue tirée, les yeux brillants.
Είδε τον κύκλο των χάσκι να σφίγγεται, με τις γλώσσες έξω, τα μάτια να λάμπουν.
Ils attendaient de le dévorer, comme ils l'avaient fait pour les autres.
Περίμεναν να τον καταβροχθίσουν, όπως ακριβώς είχαν κάνει και με άλλους.
Cette fois, il se tenait au centre, vaincu et condamné.
Αυτή τη φορά, στεκόταν στο κέντρο· ηττημένος και καταδικασμένος.
Le chien blanc n'avait désormais plus aucune possibilité de s'échapper.
Δεν υπήρχε πλέον επιλογή διαφυγής για το λευκό σκυλί.
Buck n'a montré aucune pitié, car la pitié n'avait pas sa place dans la nature.
Ο Μπακ δεν έδειξε έλεος, γιατί το έλεος δεν ανήκε στην άγρια φύση.
Buck se déplaçait prudemment, se préparant à la charge finale.

Ο Μπακ κινήθηκε προσεκτικά, ετοιμάζοντας την τελική έφοδο.
Le cercle des huskies se referma ; il sentit leur souffle chaud.
Ο κύκλος των χάσκι πλησίασε· ένιωσε τις ζεστές ανάσες τους.
Ils s'accroupirent, prêts à bondir lorsque le moment viendrait.
Σκύβουν χαμηλά, έτοιμοι να πηδήξουν όταν έρθει η ώρα.
Spitz tremblait dans la neige, grognant et changeant de position.
Ο Σπιτζ έτρεμε στο χιόνι, γρυλίζοντας και αλλάζοντας στάση.
Ses yeux brillaient, ses lèvres se courbaient, ses dents brillaient dans une menace désespérée.
Τα μάτια του έλαμπαν, τα χείλη του έσφιγγαν, τα δόντια του έλαμπαν απειλητικά.
Il tituba, essayant toujours de résister à la morsure froide de la mort.
Παραπάτησε, προσπαθώντας ακόμα να συγκρατήσει το ψυχρό δάγκωμα του θανάτου.
Il avait déjà vu cela auparavant, mais toujours du côté des gagnants.
Το είχε ξαναδεί αυτό, αλλά πάντα από την πλευρά του νικητή.
Il était désormais du côté des perdants, des vaincus, de la proie, de la mort.
Τώρα ήταν στην πλευρά των ηττημένων· των ηττημένων· του θύματος· του θανάτου.
Buck tourna en rond pour porter le coup final, le cercle de chiens se rapprochant.
Ο Μπακ έκανε κύκλους για το τελικό χτύπημα, με τον κύκλο των σκύλων να σφίγγεται πιο κοντά.
Il pouvait sentir leur souffle chaud, prêt à tuer.
Μπορούσε να νιώσει τις καυτές ανάσες τους· έτοιμοι για τη σφαγή.
Un silence s'installa ; tout était à sa place ; le temps s'était arrêté.

Μια σιωπή έπεσε, όλα ήταν στη θέση τους, ο χρόνος είχε σταματήσει.

Même l'air froid entre eux se figea un dernier instant.

Ακόμα και ο κρύος αέρας ανάμεσά τους πάγωσε για μια τελευταία στιγμή.

Seul Spitz bougea, essayant de retenir sa fin amère.

Μόνο ο Σπιτζ κινήθηκε, προσπαθώντας να συγκρατήσει το πικρό του τέλος.

Le cercle des chiens se refermait autour de lui, comme l'était son destin.

Ο κύκλος των σκύλων έκλεινε γύρω του, όπως και η μοίρα του.

Il était désespéré maintenant, sachant ce qui allait se passer.

Ήταν πλέον απελπισμένος, ξέροντας τι επρόκειτο να συμβεί.

Buck bondit, épaule contre épaule une dernière fois.

Ο Μπακ πήδηξε μέσα, ο ώμος συνάντησε τον ώμο για τελευταία φορά.

Les chiens se sont précipités en avant, couvrant Spitz dans l'obscurité neigeuse.

Τα σκυλιά όρμησαν μπροστά, καλύπτοντας τον Σπιτζ στο χιονισμένο σκοτάδι.

Buck regardait, debout, le vainqueur dans un monde sauvage.

Ο Μπακ παρακολουθούσε, όρθιος· ο νικητής σε έναν άγριο κόσμο.

La bête primordiale dominante avait fait sa proie, et c'était bien.

Το κυρίαρχο αρχέγονο θηρίο είχε κάνει το θήραμά του, και ήταν καλό.

Celui qui a gagné la maîtrise
Αυτός, που έχει κερδίσει την κυριαρχία

« Hein ? Qu'est-ce que j'ai dit ? Je dis vrai quand je dis que Buck est un démon. »
«Ε; Τι είπα; Λέω αλήθεια όταν λέω ότι ο Μπακ είναι διάβολος.»
François a dit cela le lendemain matin après avoir constaté la disparition de Spitz.
Ο Φρανσουά το είπε αυτό το επόμενο πρωί, αφού βρήκε τον Σπιτζ αγνοούμενο.
Buck se tenait là, couvert de blessures dues au combat acharné.
Ο Μπακ στεκόταν εκεί, καλυμμένος με πληγές από την άγρια μάχη.
François tira Buck près du feu et lui montra les blessures.
Ο Φρανσουά τράβηξε τον Μπακ κοντά στη φωτιά και έδειξε τα τραύματα.
« Ce Spitz s'est battu comme le Devik », dit Perrault en observant les profondes entailles.
«Αυτός ο Σπιτζ πολέμησε σαν τον Ντέβικ», είπε ο Περό, κοιτάζοντας τις βαθιές πληγές.
« Et ce Buck s'est battu comme deux diables », répondit aussitôt François.
«Και αυτός ο Μπακ πάλεψε σαν δύο διάβολοι», απάντησε αμέσως ο Φρανσουά.
« Maintenant, nous allons faire du bon temps ; plus de Spitz, plus de problèmes. »
«Τώρα θα κάνουμε καλή δουλειά. Τέλος ο Σπιτζ, τέλος η ταλαιπωρία.»
Perrault préparait le matériel et chargeait le traîneau avec soin.
Ο Περό μάζευε τον εξοπλισμό και φόρτωνε το έλκηθρο με προσοχή.
François a attelé les chiens en prévision de la course du jour.
Ο Φρανσουά έδεσε τα σκυλιά προετοιμάζοντας το τρέξιμο της ημέρας.

Buck a trotté directement vers la position de tête autrefois détenue par Spitz.
Ο Μπακ έτρεξε κατευθείαν στην πρωτοποριακή θέση που κάποτε κατείχε ο Σπιτζ.
Mais François, sans s'en apercevoir, conduisit Solleks vers l'avant.
Αλλά ο Φρανσουά, αγνοώντας το, οδήγησε τον Σολέκς μπροστά.
Aux yeux de François, Solleks était désormais le meilleur chien de tête.
Κατά την κρίση του Φρανσουά, ο Σόλεκς ήταν πλέον ο καλύτερος αρχηγός.
Buck se jeta sur Solleks avec fureur et le repoussa en signe de protestation.
Ο Μπακ όρμησε εναντίον του Σόλεκς με οργή και τον έδιωξε σε ένδειξη διαμαρτυρίας.
Il se tenait là où Spitz s'était autrefois tenu, revendiquant la position de leader.
Στάθηκε εκεί που κάποτε βρισκόταν ο Σπιτζ, διεκδικώντας την ηγετική θέση.
« Hein ? Hein ? » s'écria François en se frappant les cuisses d'un air amusé.
«Ε; Ε;» φώναξε ο Φρανσουά, χτυπώντας τους μηρούς του από ευθυμία.
« Regardez Buck, il a tué Spitz, et maintenant il veut prendre le poste ! »
«Κοίτα τον Μπακ—σκότωσε τον Σπιτζ, τώρα θέλει να πάρει τη δουλειά!»
« Va-t'en, Chook ! » cria-t-il, essayant de chasser Buck.
«Φύγε, Τσουκ!» φώναξε, προσπαθώντας να διώξει τον Μπακ.
Mais Buck refusa de bouger et resta ferme dans la neige.
Αλλά ο Μπακ αρνήθηκε να κουνηθεί και στάθηκε σταθερός στο χιόνι.
François attrapa Buck par la peau du cou et le tira sur le côté.
Ο Φρανσουά άρπαξε τον Μπακ από το σβέρκο και τον τράβηξε στην άκρη.

Buck grogna bas et menaçant mais n'attaqua pas.
Ο Μπακ γρύλισε χαμηλόφωνα και απειλητικά, αλλά δεν επιτέθηκε.

François a remis Solleks en tête, tentant de régler le différend
Ο Φρανσουά έδωσε ξανά προβάδισμα στον Σόλεκς, προσπαθώντας να διευθετήσει τη διαμάχη.

Le vieux chien avait peur de Buck et ne voulait pas rester.
Το γέρικο σκυλί έδειξε φόβο για τον Μπακ και δεν ήθελε να μείνει.

Quand François lui tourna le dos, Buck chassa à nouveau Solleks.
Όταν ο Φρανσουά του γύρισε την πλάτη, ο Μπακ έδιωξε ξανά τον Σόλεκς.

Solleks n'a pas résisté et s'est discrètement écarté une fois de plus.
Ο Σόλεκς δεν αντιστάθηκε και έκανε ξανά αθόρυβα στην άκρη.

François s'est mis en colère et a crié : « Par Dieu, je te répare ! »
Ο Φρανσουά θύμωσε και φώναξε: «Μα τον Θεό, σε φτιάχνω!»

Il s'approcha de Buck en tenant une lourde massue à la main.
Ήρθε προς τον Μπακ κρατώντας ένα βαρύ ρόπαλο στο χέρι του.

Buck se souvenait bien de l'homme au pull rouge.
Ο Μπακ θυμόταν καλά τον άντρα με το κόκκινο πουλόβερ.

Il recula lentement, observant François, mais grognant profondément.
Υποχώρησε αργά, παρακολουθώντας τον Φρανσουά, αλλά γρυλίζοντας βαθιά.

Il ne s'est pas précipité en arrière, même lorsque Solleks s'est levé à sa place.
Δεν έσπευσε να επιστρέψει, ακόμα και όταν ο Σόλεκς στάθηκε στη θέση του.

Buck tourna en rond juste hors de portée, grognant de fureur et de protestation.
Ο Μπακ έκανε κύκλους που ήταν λίγο έξω από τον εαυτό του, γρυλίζοντας από οργή και διαμαρτυρία.
Il gardait les yeux fixés sur le club, prêt à esquiver si François lançait.
Κρατούσε τα μάτια του στο ρόπαλο, έτοιμος να αποφύγει αν ο Φρανσουά έριχνε.
Il était devenu sage et prudent quant aux manières des hommes armés.
Είχε γίνει σοφός και επιφυλακτικός στους τρόπους των ανθρώπων με όπλα.
François abandonna et rappela Buck à son ancienne place.
Ο Φρανσουά τα παράτησε και κάλεσε ξανά τον Μπακ στο προηγούμενο σπίτι του.
Mais Buck recula prudemment, refusant d'obéir à l'ordre.
Αλλά ο Μπακ έκανε ένα βήμα πίσω προσεκτικά, αρνούμενος να υπακούσει στην εντολή.
François le suivit, mais Buck ne recula que de quelques pas supplémentaires.
Ο Φρανσουά τον ακολούθησε, αλλά ο Μπακ υποχώρησε μόνο λίγα βήματα ακόμα.
Après un certain temps, François jeta l'arme par frustration.
Μετά από λίγο, ο Φρανσουά πέταξε κάτω το όπλο απογοητευμένος.
Il pensait que Buck craignait d'être battu et qu'il allait venir tranquillement.
Νόμιζε ότι ο Μπακ φοβόταν τον ξυλοδαρμό και θα ερχόταν αθόρυβα.
Mais Buck n'évitait pas la punition : il se battait pour son rang.
Αλλά ο Μπακ δεν απέφευγε την τιμωρία — πάλευε για τον βαθμό.
Il avait gagné la place de chien de tête grâce à un combat à mort.
Είχε κερδίσει τη θέση του αρχηγού μέσα από μια μάχη μέχρι θανάτου

il n'allait pas se contenter de moins que d'être le leader.
δεν επρόκειτο να συμβιβαστεί με τίποτα λιγότερο από το να είναι ο ηγέτης.

Perrault a participé à la poursuite pour aider à attraper le Buck rebelle.
Ο Περό συμμετείχε στην καταδίωξη για να βοηθήσει να πιάσει τον επαναστάτη Μπακ.

Ensemble, ils l'ont fait courir dans le camp pendant près d'une heure.
Μαζί, τον περιέφεραν σε όλο το στρατόπεδο για σχεδόν μία ώρα.

Ils lui lancèrent des coups de massue, mais Buck les esquiva habilement.
Του πέταξαν ρόπαλα, αλλά ο Μπακ τα απέφυγε όλα επιδέξια.

Ils l'ont maudit, lui, ses ancêtres, ses descendants et chaque cheveu de sa personne.
Τον καταράστηκαν, τους προγόνους του, τους απογόνους του και κάθε τρίχα του.

Mais Buck se contenta de gronder en retour et resta hors de leur portée.
Αλλά ο Μπακ απλώς γρύλισε και έμεινε λίγο μακριά από την εμβέλειά τους.

Il n'a jamais essayé de s'enfuir mais a délibérément tourné autour du camp.
Δεν προσπάθησε ποτέ να δραπετεύσει, αλλά έκανε κύκλους γύρω από το στρατόπεδο επίτηδες.

Il a clairement fait savoir qu'il obéirait une fois qu'ils lui auraient donné ce qu'il voulait.
Ξεκαθάρισε ότι θα υπάκουε μόλις του έδιναν αυτό που ήθελε.

François s'est finalement assis et s'est gratté la tête avec frustration.
Ο Φρανσουά κάθισε τελικά και έξυσε το κεφάλι του από απογοήτευση.

Perrault consulta sa montre, jura et marmonna à propos du temps perdu.
Ο Περώ κοίταξε το ρολόι του, έβρισε και μουρμούρισε για τον χαμένο χρόνο.
Une heure s'était déjà écoulée alors qu'ils auraient dû être sur la piste.
Είχε ήδη περάσει μια ώρα ενώ θα έπρεπε να είχαν ξεκινήσει το μονοπάτι.
François haussa les épaules d'un air penaud en direction du coursier, qui soupira de défaite.
Ο Φρανσουά σήκωσε τους ώμους του ντροπαλά προς τον αγγελιαφόρο, ο οποίος αναστέναξε ηττημένος.
François se dirigea alors vers Solleks et appela Buck une fois de plus.
Έπειτα ο Φρανσουά περπάτησε προς τον Σολέκς και φώναξε ξανά τον Μπακ.
Buck rit comme rit un chien, mais garda une distance prudente.
Ο Μπακ γέλασε σαν γελάει ο σκύλος, αλλά κράτησε την προσεκτική του απόσταση.
François retira le harnais de Solleks et le remit à sa place.
Ο Φρανσουά αφαίρεσε την ζώνη του Σολέκς και τον επέστρεψε στη θέση του.
L'équipe de traîneau était entièrement harnachée, avec seulement une place libre.
Η ομάδα έλκηθρου ήταν πλήρως εξοπλισμένη, με μόνο μία θέση κενή.
La position de tête est restée vide, clairement destinée à Buck seul.
Η θέση του επικεφαλής παρέμεινε κενή, σαφώς προοριζόμενη μόνο για τον Μπακ.
François appela à nouveau, et à nouveau Buck rit et tint bon.
Ο Φρανσουά φώναξε ξανά, και ο Μπακ γέλασε ξανά και κράτησε τη θέση του.
« Jetez le club », ordonna Perrault sans hésitation.
«Πετάξτε κάτω το ρόπαλο», διέταξε ο Περώ χωρίς δισταγμό.

François obéit et Buck trotta immédiatement en avant, fièrement.
Ο Φρανσουά υπάκουσε και ο Μπακ αμέσως έτρεξε μπροστά περήφανα.
Il rit triomphalement et prit la tête.
Γέλασε θριαμβευτικά και πήρε την πρώτη θέση.
François a sécurisé ses traces et le traîneau a été détaché.
Ο Φρανσουά εξασφάλισε τα ίχνη του και το έλκηθρο λύθηκε.
Les deux hommes couraient côte à côte tandis que l'équipe s'engageait sur le sentier de la rivière.
Και οι δύο άντρες έτρεχαν παράλληλα καθώς η ομάδα έτρεχε στο μονοπάτι του ποταμού.
François avait une haute opinion des « deux diables » de Buck,
Ο Φρανσουά είχε μεγάλη εκτίμηση για τους «δύο διαβόλους» του Μπακ,
mais il s'est vite rendu compte qu'il avait en fait sous-estimé le chien.
αλλά σύντομα συνειδητοποίησε ότι στην πραγματικότητα είχε υποτιμήσει τον σκύλο.
Buck a rapidement pris le leadership et a fait preuve d'excellence.
Ο Μπακ ανέλαβε γρήγορα την ηγεσία και τα πήγε άψογα.
En termes de jugement, de réflexion rapide et d'action, Buck a surpassé Spitz.
Σε κρίση, γρήγορη σκέψη και γρήγορη δράση, ο Μπακ ξεπέρασε τον Σπιτζ.
François n'avait jamais vu un chien égal à celui que Buck présentait maintenant.
Ο Φρανσουά δεν είχε ξαναδεί σκύλο ισάξιο αυτού που επέδειξε τώρα ο Μπακ.
Mais Buck excellait vraiment dans l'art de faire respecter l'ordre et d'imposer le respect.
Αλλά ο Μπακ πραγματικά διέπρεψε στην επιβολή της τάξης και στην επιβολή σεβασμού.

Dave et Solleks ont accepté le changement sans inquiétude ni protestation.
Ο Ντέιβ και ο Σόλεκς δέχτηκαν την αλλαγή χωρίς ανησυχία ή διαμαρτυρία.
Ils se concentraient uniquement sur le travail et tiraient fort sur les rênes.
Επικεντρώνονταν μόνο στη δουλειά και στο να τραβούν δυνατά τα ηνία.
Peu leur importait de savoir qui menait, tant que le traîneau continuait d'avancer.
Λίγο τους ένοιαζε ποιος οδηγούσε, αρκεί το έλκηθρο να συνέχιζε να κινείται.
Billee, la joyeuse, aurait pu diriger pour autant qu'ils s'en soucient.
Η Μπίλι, η χαρούμενη, θα μπορούσε να είχε ηγηθεί όσο κι αν τους ένοιαζε.
Ce qui comptait pour eux, c'était la paix et l'ordre dans les rangs.
Αυτό που είχε σημασία για αυτούς ήταν η ειρήνη και η τάξη στις τάξεις.

Le reste de l'équipe était devenu indiscipliné pendant le déclin de Spitz.
Η υπόλοιπη ομάδα είχε γίνει άτακτη κατά τη διάρκεια της παρακμής του Σπιτζ.
Ils furent choqués lorsque Buck les ramena immédiatement à l'ordre.
Έμειναν σοκαρισμένοι όταν ο Μπακ τους έβαλε αμέσως σε τάξη.
Pike avait toujours été paresseux et traînait les pieds derrière Buck.
Ο Πάικ ήταν πάντα τεμπέλης και σέρνονταν πίσω από τον Μπακ.
Mais maintenant, il a été sévèrement discipliné par la nouvelle direction.
Αλλά τώρα τιμωρήθηκε αυστηρά από τη νέα ηγεσία.
Et il a rapidement appris à faire sa part dans l'équipe.

Και γρήγορα έμαθε να έχει το βάρος του στην ομάδα.
À la fin de la journée, Pike avait travaillé plus dur que jamais.
Μέχρι το τέλος της ημέρας, ο Πάικ δούλεψε πιο σκληρά από ποτέ.
Cette nuit-là, au camp, Joe, le chien aigri, fut finalement maîtrisé.
Εκείνο το βράδυ στην κατασκήνωση, ο Τζο, το ξινό σκυλί, τελικά ησύχασε.
Spitz n'avait pas réussi à le discipliner, mais Buck n'avait pas échoué.
Ο Σπιτζ δεν είχε καταφέρει να τον πειθαρχήσει, αλλά ο Μπακ δεν απέτυχε.
Grâce à son poids plus important, Buck a vaincu Joe en quelques secondes.
Χρησιμοποιώντας το μεγαλύτερο βάρος του, ο Μπακ ξεπέρασε τον Τζο σε δευτερόλεπτα.
Il a mordu et battu Joe jusqu'à ce qu'il gémisse et cesse de résister.
Δάγκωσε και ξυλοκόπησε τον Τζο μέχρι που κλαψούρισε και σταμάτησε να αντιστέκεται.
Toute l'équipe s'est améliorée à partir de ce moment-là.
Όλη η ομάδα βελτιώθηκε από εκείνη τη στιγμή και μετά.
Les chiens ont retrouvé leur ancienne unité et leur discipline.
Τα σκυλιά ανέκτησαν την παλιά τους ενότητα και πειθαρχία.
À Rink Rapids, deux nouveaux huskies indigènes, Teek et Koona, nous ont rejoint.
Στο Ρινκ Ράπιντς, ενώθηκαν δύο νέα ιθαγενή χάσκι, ο Τικ και η Κούνα.
La rapidité avec laquelle Buck les dressa étonna même François.
Η γρήγορη εκπαίδευσή τους από τον Μπακ εξέπληξε ακόμη και τον Φρανσουά.
« Il n'y a jamais eu de chien comme ce Buck ! » s'écria-t-il avec stupéfaction.

«Ποτέ δεν υπήρξε τέτοιο σκυλί σαν αυτόν τον Μπακ!» φώναξε με έκπληξη.

« Non, jamais ! Il vaut mille dollars, bon sang ! »

«Όχι, ποτέ! Αξίζει χίλια δολάρια, μα τον Θεό!»

« Hein ? Qu'en dis-tu, Perrault ? » demanda-t-il avec fierté.

«Ε; Τι λες, Περό;» ρώτησε με υπερηφάνεια.

Perrault hocha la tête en signe d'accord et vérifia ses notes.

Ο Περό έγνεψε καταφατικά και έλεγξε τις σημειώσεις του.

Nous sommes déjà en avance sur le calendrier et gagnons chaque jour davantage.

Είμαστε ήδη μπροστά από το χρονοδιάγραμμα και κερδίζουμε περισσότερα κάθε μέρα.

Le sentier était dur et lisse, sans neige fraîche.

Το μονοπάτι ήταν σκληρό και ομαλό, χωρίς φρέσκο χιόνι.

Le froid était constant, oscillant autour de cinquante degrés en dessous de zéro.

Το κρύο ήταν σταθερό, κυμαινόμενο στους πενήντα βαθμούς υπό το μηδέν καθ' όλη τη διάρκεια.

Les hommes montaient et couraient à tour de rôle pour se réchauffer et gagner du temps.

Οι άντρες ίππευαν και έτρεχαν με τη σειρά για να ζεσταθούν και να κερδίσουν χρόνο.

Les chiens couraient vite avec peu d'arrêts, poussant toujours vers l'avant.

Τα σκυλιά έτρεχαν γρήγορα με λίγες στάσεις, σπρώχνοντας πάντα μπροστά.

La rivière Thirty Mile était en grande partie gelée et facile à traverser.

Ο ποταμός Thirty Mile ήταν ως επί το πλείστον παγωμένος και εύκολος στη διέλευσή του.

Ils sont sortis en un jour, ce qui leur avait pris dix jours pour venir.

Έφυγαν σε μία μέρα, ενώ είχαν πάρει δέκα μέρες για να έρθουν.

Ils ont parcouru une distance de soixante milles du lac Le Barge jusqu'à White Horse.

Έκαναν μια διαδρομή εξήντα μιλίων από τη λίμνη Λε
Μπαρζ μέχρι το Γουάιτ Χορς.
À travers les lacs Marsh, Tagish et Bennett, ils se déplaçaient incroyablement vite.
Στις λίμνες Μαρς, Ταγκίς και Μπένετ κινήθηκαν
απίστευτα γρήγορα.
L'homme qui courait était tiré derrière le traîneau par une corde.
Ο τρέχων άντρας σύρθηκε πίσω από το έλκηθρο με σχοινί.
La dernière nuit de la deuxième semaine, ils sont arrivés à destination.
Την τελευταία νύχτα της δεύτερης εβδομάδας έφτασαν
στον προορισμό τους.
Ils avaient atteint ensemble le sommet du col White.
Είχαν φτάσει μαζί στην κορυφή του Λευκού Περάσματος.
Ils sont descendus au niveau de la mer avec les lumières de Skaguay en dessous d'eux.
Κατέβηκαν στο επίπεδο της θάλασσας με τα φώτα του
Σκάγκουεϊ από κάτω τους.
Il s'agissait d'une course record à travers des kilomètres de nature froide et sauvage.
Ήταν μια διαδρομή ρεκόρ σε χιλιόμετρα κρύας ερημιάς.
Pendant quatorze jours d'affilée, ils ont parcouru en moyenne quarante miles.
Για δεκατέσσερις συνεχόμενες ημέρες, έτρεχαν κατά μέσο
όρο σαράντα μίλια.
À Skaguay, Perrault et François transportaient des marchandises à travers la ville.
Στο Σκαγκέι, ο Περό και ο Φρανσουά μετέφεραν
εμπορεύματα μέσα στην πόλη.
Ils ont été acclamés et ont reçu de nombreuses boissons de la part d'une foule admirative.
Τους επευφημούσαν και τους πρόσφεραν πολλά ποτά το
θαυμαστικό πλήθος.
Les chasseurs de chiens et les ouvriers se sont rassemblés autour du célèbre attelage de chiens.

Κυνηγητικοί σκύλων και εργάτες συγκεντρώθηκαν γύρω από την περίφημη ομάδα σκύλων.

Puis les hors-la-loi de l'Ouest arrivèrent en ville et subirent une violente défaite.

Στη συνέχεια, οι δυτικοί παράνομοι ήρθαν στην πόλη και υπέστησαν βίαιη ήττα.

Les gens ont vite oublié l'équipe et se sont concentrés sur un nouveau drame.

Οι άνθρωποι σύντομα ξέχασαν την ομάδα και επικεντρώθηκαν σε νέο δράμα.

Puis sont arrivées les nouvelles commandes qui ont tout changé d'un coup.

Έπειτα ήρθαν οι νέες εντολές που άλλαξαν τα πάντα μονομιάς.

François appela Buck à lui et le serra dans ses bras avec une fierté larmoyante.

Ο Φρανσουά φώναξε τον Μπακ κοντά του και τον αγκάλιασε με δακρυσμένη υπερηφάνεια.

Ce moment fut la dernière fois que Buck revit François.

Εκείνη η στιγμή ήταν η τελευταία φορά που ο Μπακ είδε ξανά τον Φρανσουά.

Comme beaucoup d'hommes avant eux, François et Perrault étaient tous deux partis.

Όπως πολλοί άντρες στο παρελθόν, τόσο ο Φρανσουά όσο και ο Περώ είχαν φύγει.

Un métis écossais a pris en charge Buck et ses coéquipiers de chiens de traîneau.

Ένα Σκωτσέζικο ημίαιμο ανέλαβε τον Μπακ και τους συναθλητές του, τους σκύλους έλκηθρου.

Avec une douzaine d'autres équipes de chiens, ils sont retournés par le sentier jusqu'à Dawson.

Με δώδεκα άλλες ομάδες σκύλων, επέστρεψαν κατά μήκος του μονοπατιού προς το Ντόσον.

Ce n'était plus une course rapide, juste un travail pénible avec une lourde charge chaque jour.

Δεν ήταν πια γρήγορο τρέξιμο — μόνο βαριά δουλειά με βαρύ φορτίο κάθε μέρα.

C'était le train postal qui apportait des nouvelles aux chercheurs d'or près du pôle.
Αυτό ήταν το ταχυδρομικό τρένο, που έφερνε τα νέα στους κυνηγούς χρυσού κοντά στον Πόλο.
Buck n'aimait pas le travail mais le supportait bien, étant fier de ses efforts.
Ο Μπακ δεν άρεσε η δουλειά, αλλά την άντεχε καλά, περήφανος για την προσπάθειά του.
Comme Dave et Solleks, Buck a fait preuve de dévouement dans chaque tâche quotidienne.
Όπως ο Ντέιβ και ο Σόλεκς, ο Μπακ έδειχνε αφοσίωση σε κάθε καθημερινή εργασία.
Il s'est assuré que chacun de ses coéquipiers fasse sa part du travail.
Φρόντισε όλοι οι συμπαίκτες του να βάλουν το βάρος που τους αναλογούσε.
La vie sur les sentiers est devenue ennuyeuse, répétée avec la précision d'une machine.
Η ζωή στα μονοπάτια έγινε βαρετή, επαναλαμβανόμενη με την ακρίβεια μιας μηχανής.
Chaque jour était le même, un matin se fondant dans le suivant.
Κάθε μέρα έμοιαζε ίδια, το ένα πρωί έσμιγε με το επόμενο.
À la même heure, les cuisiniers se levèrent pour allumer des feux et préparer la nourriture.
Την ίδια ώρα, οι μάγειρες σηκώθηκαν για να ανάψουν φωτιές και να ετοιμάσουν φαγητό.
Après le petit-déjeuner, certains quittèrent le camp tandis que d'autres attelèrent les chiens.
Μετά το πρωινό, κάποιοι έφυγαν από το στρατόπεδο, ενώ άλλοι έδεσαν τα σκυλιά.
Ils ont pris la route avant que le faible avertissement de l'aube ne touche le ciel.
Βρέθηκαν στο μονοπάτι πριν η αμυδρή προειδοποίηση της αυγής αγγίξει τον ουρανό.
La nuit, ils s'arrêtaient pour camper, chaque homme ayant une tâche précise.

Τη νύχτα, σταματούσαν για να στρατοπεδεύσουν, ο καθένας με ένα καθορισμένο καθήκον.
Certains ont monté les tentes, d'autres ont coupé du bois de chauffage et ramassé des branches de pin.
Κάποιοι έστησαν τις σκηνές, άλλοι έκοψαν καυσόξυλα και μάζεψαν κλαδιά πεύκου.
De l'eau ou de la glace étaient ramenées aux cuisiniers pour le repas du soir.
Νερό ή πάγος μεταφέρονταν πίσω στους μάγειρες για το βραδινό γεύμα.
Les chiens ont été nourris et c'était le meilleur moment de la journée pour eux.
Τα σκυλιά ταΐστηκαν, και αυτή ήταν η καλύτερη στιγμή της ημέρας για αυτά.
Après avoir mangé du poisson, les chiens se sont détendus et se sont allongés près du feu.
Αφού έφαγαν ψάρι, τα σκυλιά χαλάρωσαν και ξάπλωσαν κοντά στη φωτιά.
Il y avait une centaine d'autres chiens dans le convoi avec lesquels se mêler.
Υπήρχαν εκατό άλλα σκυλιά στην συνοδεία για να συναναστραφούμε.
Beaucoup de ces chiens étaient féroces et prompts à se battre sans prévenir.
Πολλά από αυτά τα σκυλιά ήταν άγρια και έσπευσαν να πολεμήσουν χωρίς προειδοποίηση.
Mais après trois victoires, Buck a maîtrisé même les combattants les plus féroces.
Αλλά μετά από τρεις νίκες, ο Μπακ κυριάρχησε ακόμη και στους πιο σκληροτράχηλους μαχητές.
Maintenant, quand Buck grogna et montra ses dents, ils s'écartèrent.
Τώρα, όταν ο Μπακ γρύλισε και έδειξε τα δόντια του, έκαναν στην άκρη.
Mais le plus beau dans tout ça, c'est que Buck aimait s'allonger près du feu de camp vacillant.

Ίσως το καλύτερο από όλα ήταν ότι ο Μπακ λάτρευε να ξαπλώνει κοντά στην αναμμένη φωτιά.
Il s'accroupit, les pattes arrière repliées et les pattes avant tendues vers l'avant.
Σκυμμένος με τα πίσω πόδια μαζεμένα και τα μπροστινά πόδια τεντωμένα μπροστά.
Sa tête était levée tandis qu'il cligna doucement des yeux devant les flammes rougeoyantes.
Το κεφάλι του ήταν σηκωμένο καθώς ανοιγόκλεινε απαλά τα μάτια του κοιτάζοντας τις λαμπερές φλόγες.
Parfois, il se souvenait de la grande maison du juge Miller à Santa Clara.
Μερικές φορές θυμόταν το μεγάλο σπίτι του Δικαστή Μίλερ στη Σάντα Κλάρα.
Il pensait à la piscine en ciment, à Ysabel et au carlin appelé Toots.
Σκέφτηκε την τσιμεντένια πισίνα, την Ύζαμπελ και το πανκ που το έλεγαν Τουτς.
Mais le plus souvent, il se souvenait du club de l'homme au pull rouge.
Αλλά πιο συχνά θυμόταν τον άντρα με το μπαστούνι του κόκκινου πουλόβερ.
Il se souvenait de la mort de Curly et de sa bataille acharnée contre Spitz.
Θυμόταν τον θάνατο του Κέρλι και τη σκληρή μάχη του με τον Σπιτζ.
Il se souvenait aussi des bons plats qu'il avait mangés ou dont il rêvait encore.
Θυμήθηκε επίσης το καλό φαγητό που είχε φάει ή που ακόμα ονειρευόταν.
Buck n'avait pas le mal du pays : la vallée chaude était lointaine et irréelle.
Ο Μπακ δεν νοσταλγούσε το σπίτι του — η ζεστή κοιλάδα ήταν μακρινή και εξωπραγματική.
Les souvenirs de Californie n'avaient plus vraiment d'influence sur lui.

Οι αναμνήσεις της Καλιφόρνια δεν τον βασάνιζαν πλέον ιδιαίτερα.
Plus forts que la mémoire étaient les instincts profondément ancrés dans sa lignée.
Πιο δυνατά από τη μνήμη ήταν τα ένστικτα βαθιά ριζωμένα στην γενεαλογία του.
Les habitudes autrefois perdues étaient revenues, ravivées par le sentier et la nature sauvage.
Συνήθειες που κάποτε είχαν χαθεί είχαν επιστρέψει, αναβιωμένες από τα ίχνη και την άγρια φύση.
Tandis que Buck regardait la lumière du feu, cela devenait parfois autre chose.
Καθώς ο Μπακ παρακολουθούσε το φως της φωτιάς, μερικές φορές αυτό μετατρεπόταν σε κάτι άλλο.
Il vit à la lueur du feu un autre feu, plus vieux et plus profond que celui-ci.
Είδε στο φως της φωτιάς μια άλλη φωτιά, παλαιότερη και βαθύτερη από την τωρινή.
À côté de cet autre feu se tenait accroupi un homme qui ne ressemblait pas au cuisinier métis.
Δίπλα σε εκείνη την άλλη φωτιά καθόταν κουλουριασμένος ένας άντρας διαφορετικός από τον ημίαιμο μάγειρα.
Cette figurine avait des jambes courtes, de longs bras et des muscles durs et noués.
Αυτή η φιγούρα είχε κοντά πόδια, μακριά χέρια και σκληρούς, δεμένους μύες.
Ses cheveux étaient longs et emmêlés, tombant en arrière à partir des yeux.
Τα μαλλιά του ήταν μακριά και μπερδεμένα, γέρνοντας προς τα πίσω από τα μάτια.
Il émit des sons étranges et regarda l'obscurité avec peur.
Έβγαζε παράξενους ήχους και κοίταζε έξω με φόβο το σκοτάδι.
Il tenait une massue en pierre basse, fermement serrée dans sa longue main rugueuse.

Κρατούσε χαμηλά ένα πέτρινο ρόπαλο, σφιγμένο σφιχτά στο μακρύ, τραχύ χέρι του.
L'homme portait peu de vêtements ; juste une peau carbonisée qui pendait dans son dos.
Ο άντρας φορούσε ελάχιστα· μόνο ένα καμένο δέρμα που κρεμόταν στην πλάτη του.
Son corps était couvert de poils épais sur les bras, la poitrine et les cuisses.
Το σώμα του ήταν καλυμμένο με πυκνές τρίχες σε όλα τα χέρια, το στήθος και τους μηρούς.
Certaines parties des cheveux étaient emmêlées en plaques de fourrure rugueuse.
Μερικά μέρη των μαλλιών ήταν μπερδεμένα σε κομμάτια τραχιάς γούνας.
Il ne se tenait pas droit mais penché en avant des hanches jusqu'aux genoux.
Δεν στεκόταν ίσιος, αλλά έσκυψε μπροστά από τους γοφούς μέχρι τα γόνατα.
Ses pas étaient élastiques et félins, comme s'il était toujours prêt à bondir.
Τα βήματά του ήταν ελαστικά και γατίσια, σαν να ήταν πάντα έτοιμος να πηδήξει.
Il y avait une vive vigilance, comme s'il vivait dans une peur constante.
Υπήρχε μια έντονη εγρήγορση, σαν να ζούσε μέσα σε διαρκή φόβο.
Cet homme ancien semblait s'attendre au danger, que le danger soit perçu ou non.
Αυτός ο αρχαίος άνθρωπος φαινόταν να περίμενε κίνδυνο, είτε ο κίνδυνος ήταν ορατός είτε όχι.
Parfois, l'homme poilu dormait près du feu, la tête entre les jambes.
Κατά καιρούς ο τριχωτός άντρας κοιμόταν δίπλα στη φωτιά, με το κεφάλι χωμένο ανάμεσα στα πόδια.
Ses coudes reposaient sur ses genoux, ses mains jointes au-dessus de sa tête.

Οι αγκώνες του ακουμπούσαν στα γόνατά του, με τα χέρια ενωμένα πάνω από το κεφάλι του.

Comme un chien, il utilisait ses bras velus pour se débarrasser de la pluie qui tombait.

Σαν σκύλος χρησιμοποιούσε τα τριχωτά του χέρια για να διώχνει τη βροχή που έπεφτε.

Au-delà de la lumière du feu, Buck vit deux charbons jumeaux briller dans l'obscurité.

Πέρα από το φως της φωτιάς, ο Μπακ είδε δίδυμα κάρβουνα να λάμπουν στο σκοτάδι.

Toujours deux par deux, ils étaient les yeux des bêtes de proie traquantes.

Πάντα δύο δύο, ήταν τα μάτια των αρπακτικών θηρίων που παραμόνευαν.

Il entendit des corps s'écraser à travers les broussailles et des bruits se faire entendre dans la nuit.

Άκουσε σώματα να πέφτουν μέσα στις θάμνους και ήχους να κάνουν οι άνθρωποι τη νύχτα.

Allongé sur la rive du Yukon, clignant des yeux, Buck rêvait près du feu.

Ξαπλωμένος στην όχθη του Γιούκον, ανοιγοκλείνοντας τα μάτια του, ο Μπακ ονειρεύτηκε δίπλα στη φωτιά.

Les images et les sons de ce monde sauvage lui faisaient dresser les cheveux sur la tête.

Τα αξιοθέατα και οι ήχοι εκείνου του άγριου κόσμου έκαναν τα μαλλιά του να σηκωθούν.

La fourrure s'élevait le long de son dos, de ses épaules et de son cou.

Η γούνα ανέβηκε κατά μήκος της πλάτης του, στους ώμους του και στον λαιμό του.

Il gémissait doucement ou émettait un grognement sourd au plus profond de sa poitrine.

Κλαίγε απαλά ή έβγαλε ένα χαμηλό γρύλισμα βαθιά στο στήθος του.

Alors le cuisinier métis cria : « Hé, toi Buck, réveille-toi ! »

Τότε ο ημίαιμος μάγειρας φώναξε: «Έι, εσύ Μπακ, ξύπνα!»

Le monde des rêves a disparu et la vraie vie est revenue aux yeux de Buck.
Ο κόσμος των ονείρων εξαφανίστηκε και η πραγματική ζωή επέστρεψε στα μάτια του Μπακ.
Il allait se lever, s'étirer et bâiller, comme s'il venait de se réveiller d'une sieste.
Ετοιμαζόταν να σηκωθεί, να τεντωθεί και να χασμουρηθεί, σαν να τον είχαν ξυπνήσει από έναν υπνάκο.
Le voyage était difficile, avec le traîneau postal qui traînait derrière eux.
Το ταξίδι ήταν δύσκολο, με το έλκηθρο με το ταχυδρομείο να σέρνεται πίσω τους.
Les lourdes charges et le travail pénible épuisaient les chiens à chaque longue journée.
Τα βαριά φορτία και η σκληρή δουλειά εξαντλούσαν τα σκυλιά κάθε κουραστική μέρα.
Ils arrivèrent à Dawson maigres, fatigués et ayant besoin de plus d'une semaine de repos.
Έφτασαν στο Ντόσον αδύναμοι, κουρασμένοι και χρειάζονταν πάνω από μια εβδομάδα ξεκούρασης.
Mais seulement deux jours plus tard, ils repartaient sur le Yukon.
Αλλά μόνο δύο μέρες αργότερα, ξεκίνησαν ξανά κατά μήκος του Γιούκον.
Ils étaient chargés de lettres supplémentaires destinées au monde extérieur.
Ήταν φορτωμένοι με περισσότερα γράμματα με προορισμό τον έξω κόσμο.
Les chiens étaient épuisés et les hommes se plaignaient constamment.
Τα σκυλιά ήταν εξαντλημένα και οι άντρες παραπονιόντουσαν συνεχώς.
La neige tombait tous les jours, ramollissant le sentier et ralentissant les traîneaux.
Το χιόνι έπεφτε κάθε μέρα, μαλακώνοντας το μονοπάτι και επιβραδύνοντας τα έλκηθρα.

Cela a rendu la traction plus difficile et a entraîné plus de traînée sur les patins.
Αυτό έκανε τους δρομείς πιο σκληρούς και πιο ανθεκτικούς.
Malgré cela, les pilotes étaient justes et se souciaient de leurs équipes.
Παρόλα αυτά, οι οδηγοί ήταν δίκαιοι και φρόντιζαν τις ομάδες τους.
Chaque nuit, les chiens étaient nourris avant que les hommes ne puissent manger.
Κάθε βράδυ, τα σκυλιά ταΐζονταν πριν προλάβουν να φάνε οι άντρες.
Aucun homme ne dormait avant de vérifier les pattes de son propre chien.
Κανένας άνθρωπος δεν κοιμόταν πριν ελέγξει τα πόδια του σκύλου του.
Cependant, les chiens s'affaiblissaient à mesure que les kilomètres s'écoulaient sur leur corps.
Παρόλα αυτά, τα σκυλιά γίνονταν πιο αδύναμα καθώς τα χιλιόμετρα φθείρονταν στο σώμα τους.
Ils avaient parcouru mille huit cents kilomètres pendant l'hiver.
Είχαν ταξιδέψει οκτακόσια μίλια κατά τη διάρκεια του χειμώνα.
Ils ont tiré des traîneaux sur chaque kilomètre de cette distance brutale.
Έσυραν έλκηθρα σε κάθε μίλι αυτής της βάναυσης απόστασης.
Même les chiens de traîneau les plus robustes ressentent de la tension après tant de kilomètres.
Ακόμα και τα πιο ανθεκτικά σκυλιά για έλκηθρο νιώθουν καταπόνηση μετά από τόσα χιλιόμετρα.
Buck a tenu bon, a permis à son équipe de travailler et a maintenu la discipline.
Ο Μπακ άντεξε, κράτησε την ομάδα του σε φόρμα και διατήρησε την πειθαρχία.

Mais Buck était fatigué, tout comme les autres pendant le long voyage.
Αλλά ο Μπακ ήταν κουρασμένος, όπως ακριβώς και οι άλλοι στο μακρύ ταξίδι.
Billee gémissait et pleurait dans son sommeil chaque nuit sans faute.
Ο Μπίλι κλαψούριζε και έκλαιγε στον ύπνο του κάθε βράδυ αδιάκοπα.
Joe devint encore plus amer et Solleks resta froid et distant.
Ο Τζο πικράθηκε ακόμα περισσότερο, και ο Σόλεκς παρέμεινε ψυχρός και απόμακρος.
Mais c'est Dave qui a le plus souffert de toute l'équipe.
Αλλά ο Ντέιβ ήταν αυτός που υπέστη το χειρότερο από όλη την ομάδα.
Quelque chose n'allait pas en lui, même si personne ne savait quoi.
Κάτι είχε πάει στραβά μέσα του, αν και κανείς δεν ήξερε τι.
Il est devenu de plus en plus maussade et s'en est pris aux autres avec une colère croissante.
Έγινε πιο μελαγχολικός και ξέσπασε σε άλλους με αυξανόμενο θυμό.
Chaque nuit, il se rendait directement à son nid, attendant d'être nourri.
Κάθε βράδυ πήγαινε κατευθείαν στη φωλιά του, περιμένοντας να τον ταΐσουν.
Une fois tombé, Dave ne s'est pas relevé avant le matin.
Μόλις έπεσε κάτω, ο Ντέιβ δεν ξανασηκώθηκε μέχρι το πρωί.
Sur les rênes, des secousses ou des sursauts brusques le faisaient crier de douleur.
Πάνω στα ηνία, ξαφνικά τινάγματα ή τραντάγματα τον έκαναν να κλαίει από τον πόνο.
Son chauffeur a recherché la cause du sinistre, mais n'a constaté aucune blessure.
Ο οδηγός του έψαξε για την αιτία, αλλά δεν βρήκε κανέναν τραυματισμό πάνω του.

Tous les conducteurs ont commencé à regarder Dave et ont discuté de son cas.
Όλοι οι οδηγοί άρχισαν να παρακολουθούν τον Ντέιβ και να συζητούν την περίπτωσή του.
Ils ont discuté pendant les repas et pendant leur dernière cigarette de la journée.
Συζητούσαν στα γεύματά και κατά τη διάρκεια του τελευταίου καπνίσματος της ημέρας.
Une nuit, ils ont tenu une réunion et ont amené Dave au feu.
Ένα βράδυ έκαναν μια συνάντηση και έφεραν τον Ντέιβ στη φωτιά.
Ils pressèrent et sondèrent son corps, et il cria souvent.
Πίεσαν και εξέτασαν το σώμα του, και έκλαιγε συχνά.
De toute évidence, quelque chose n'allait pas, même si aucun os ne semblait cassé.
Προφανώς, κάτι δεν πήγαινε καλά, αν και κανένα κόκκαλο δεν φαινόταν σπασμένο.
Au moment où ils atteignirent Cassiar Bar, Dave était en train de tomber.
Μέχρι να φτάσουν στο Cassiar Bar, ο Dave έπεφτε κάτω.
Le métis écossais a appelé à la fin et a retiré Dave de l'équipe.
Η ημίαιμη Σκωτσέζικη ομάδα σταμάτησε και απέλυσε τον Ντέιβ από την ομάδα.
Il a attaché Solleks à la place de Dave, le plus près de l'avant du traîneau.
Έδεσε τον Σόλεκς στη θέση του Ντέιβ, πιο κοντά στο μπροστινό μέρος του έλκηθρου.
Il avait l'intention de laisser Dave se reposer et courir librement derrière le traîneau en mouvement.
Σκόπευε να αφήσει τον Ντέιβ να ξεκουραστεί και να τρέξει ελεύθερος πίσω από το κινούμενο έλκηθρο.
Mais même malade, Dave détestait être privé du travail qu'il avait occupé.
Αλλά ακόμα και άρρωστος, ο Ντέιβ μισούσε που τον έδιωξαν από τη δουλειά που είχε.

Il grogna et gémit tandis que les rênes étaient retirées de son corps.
Γρύλισε και κλαψούρισε καθώς τα ηνία τραβήχτηκαν από το σώμα του.

Quand il vit Solleks à sa place, il pleura de douleur.
Όταν είδε τον Σόλεκς στη θέση του, έκλαψε από πόνο συντετριμμένης καρδιάς.

La fierté du travail sur les sentiers était profonde chez Dave, même à l'approche de la mort.
Η υπερηφάνεια για την εργασία στα μονοπάτια ήταν βαθιά μέσα στον Ντέιβ, ακόμα και καθώς πλησίαζε ο θάνατος.

Alors que le traîneau se déplaçait, Dave pataugeait dans la neige molle près du sentier.
Καθώς το έλκηθρο κινούνταν, ο Ντέιβ παραπατούσε μέσα στο μαλακό χιόνι κοντά στο μονοπάτι.

Il a attaqué Solleks, le mordant et le poussant du côté du traîneau.
Επιτέθηκε στον Σόλεκς, δαγκώνοντάς τον και σπρώχνοντάς τον από την πλευρά του έλκηθρου.

Dave a essayé de sauter dans le harnais et de récupérer sa place de travail.
Ο Ντέιβ προσπάθησε να πηδήξει στην εξάρτυση και να ανακτήσει τη θέση εργασίας του.

Il hurlait, gémissait et pleurait, déchiré entre la douleur et la fierté du travail.
Ούρλιαξε, γκρίνιαξε και έκλαιγε, διχασμένος ανάμεσα στον πόνο και την υπερηφάνεια της γέννας.

Le métis a utilisé son fouet pour essayer de chasser Dave de l'équipe.
Ο ημίαιμος χρησιμοποίησε το μαστίγιό του για να προσπαθήσει να διώξει τον Ντέιβ από την ομάδα.

Mais Dave ignora le coup de fouet, et l'homme ne put pas le frapper plus fort.
Αλλά ο Ντέιβ αγνόησε το μαστίγιο, και ο άντρας δεν μπορούσε να τον χτυπήσει πιο δυνατά.

Dave a refusé le chemin le plus facile derrière le traîneau, où la neige était tassée.
Ο Ντέιβ αρνήθηκε το ευκολότερο μονοπάτι πίσω από το έλκηθρο, όπου ήταν γεμάτο χιόνι.
Au lieu de cela, il se débattait dans la neige profonde à côté du sentier, dans la misère.
Αντ' αυτού, πάλευε στο βαθύ χιόνι δίπλα στο μονοπάτι, μέσα στη δυστυχία.
Finalement, Dave s'est effondré, allongé dans la neige et hurlant de douleur.
Τελικά, ο Ντέιβ κατέρρευσε, ξαπλωμένος στο χιόνι και ουρλιάζοντας από τον πόνο.
Il cria tandis que le long train de traîneaux le dépassait un par un.
Φώναξε καθώς η μακριά ακολουθία από έλκηθρα τον προσπέρασε ένα προς ένα.
Pourtant, avec ce qu'il lui restait de force, il se leva et trébucha après eux.
Παρόλα αυτά, με όση δύναμη του είχε απομείνει, σηκώθηκε και τους ακολούθησε σκοντάφτοντας.
Il l'a rattrapé lorsque le train s'est arrêté à nouveau et a retrouvé son vieux traîneau.
Πρόλαβε όταν το τρένο σταμάτησε ξανά και βρήκε το παλιό του έλκηθρο.
Il a dépassé les autres équipes et s'est retrouvé à nouveau aux côtés de Solleks.
Προσπέρασε με δυσκολία τις άλλες ομάδες και στάθηκε ξανά δίπλα στον Σόλεκς.
Alors que le conducteur s'arrêtait pour allumer sa pipe, Dave saisit sa dernière chance.
Καθώς ο οδηγός σταμάτησε για να ανάψει την πίπα του, ο Ντέιβ άρπαξε την τελευταία του ευκαιρία.
Lorsque le chauffeur est revenu et a crié, l'équipe n'a pas avancé.
Όταν ο οδηγός επέστρεψε και φώναξε, η ομάδα δεν προχώρησε.

Les chiens avaient tourné la tête, déconcertés par l'arrêt soudain.
Τα σκυλιά είχαν γυρίσει τα κεφάλια τους, μπερδεμένα από την ξαφνική στάση.
Le conducteur était également choqué : le traîneau n'avait pas avancé d'un pouce.
Ο οδηγός σοκαρίστηκε κι αυτός — το έλκηθρο δεν είχε κινηθεί ούτε εκατοστό μπροστά.
Il a appelé les autres pour qu'ils viennent voir ce qui s'était passé.
Φώναξε τους άλλους να έρθουν να δουν τι είχε συμβεί.
Dave avait mâché les rênes de Solleks, les brisant toutes les deux.
Ο Ντέιβ είχε δαγκώσει τα ηνία του Σόλεκς, σπάζοντας και τα δύο.
Il se tenait maintenant devant le traîneau, de retour à sa position légitime.
Τώρα στεκόταν μπροστά από το έλκηθρο, πίσω στη σωστή του θέση.
Dave leva les yeux vers le conducteur, le suppliant silencieusement de rester dans les traces.
Ο Ντέιβ κοίταξε τον οδηγό, παρακαλώντας σιωπηλά να μην τον χάσει.
Le conducteur était perplexe, ne sachant pas quoi faire pour le chien en difficulté.
Ο οδηγός ήταν προβληματισμένος, δεν ήξερε τι να κάνει για το σκυλί που αγωνιζόταν.
Les autres hommes parlaient de chiens qui étaient morts après avoir été emmenés dehors.
Οι άλλοι άντρες μίλησαν για σκυλιά που είχαν πεθάνει επειδή τα είχαν βγάλει έξω.
Ils ont parlé de chiens âgés ou blessés dont le cœur se brisait lorsqu'ils étaient abandonnés.
Έλεγαν για γέρικα ή τραυματισμένα σκυλιά των οποίων οι καρδιές ράγιζαν όταν τα άφηναν πίσω.
Ils ont convenu que c'était une preuve de miséricorde de laisser Dave mourir alors qu'il était encore dans son harnais.

Συμφώνησαν ότι ήταν έλεος να αφήσουν τον Ντέιβ να πεθάνει ενώ ήταν ακόμα στη ζώνη του.
Il était attaché au traîneau et Dave tirait avec fierté.
Ήταν δεμένος πίσω στο έλκηθρο, και ο Ντέιβ το έσερνε με υπερηφάνεια.
Même s'il criait parfois, il travaillait comme si la douleur pouvait être ignorée.
Αν και έκλαιγε κατά καιρούς, λειτουργούσε σαν να μπορούσε να αγνοηθεί ο πόνος.
Plus d'une fois, il est tombé et a été traîné avant de se relever.
Πάνω από μία φορά έπεσε και τον σύραν πριν σηκωθεί ξανά.
Un jour, le traîneau l'a écrasé et il a boité à partir de ce moment-là.
Κάποτε, το έλκηθρο κύλησε από πάνω του και από εκείνη τη στιγμή άρχισε να κουτσαίνει.
Il travailla néanmoins jusqu'à ce qu'il atteigne le camp, puis s'allongea près du feu.
Παρόλα αυτά, δούλευε μέχρι που έφτασαν στο στρατόπεδο και μετά ξάπλωσε δίπλα στη φωτιά.
Le matin, Dave était trop faible pour voyager ou même se tenir debout.
Το πρωί, ο Ντέιβ ήταν πολύ αδύναμος για να ταξιδέψει ή έστω να σταθεί όρθιος.
Au moment de l'attelage, il essaya d'atteindre son conducteur avec un effort tremblant.
Την ώρα που δέσατε την πρόσδεση, προσπάθησε να φτάσει τον οδηγό του με τρεμάμενη προσπάθεια.
Il se força à se relever, tituba et s'effondra sur le sol enneigé.
Σηκώθηκε με το ζόρι, παραπάτησε και κατέρρευσε στο χιονισμένο έδαφος.
À l'aide de ses pattes avant, il a traîné son corps vers la zone de harnais.
Χρησιμοποιώντας τα μπροστινά του πόδια, έσυρε το σώμα του προς την περιοχή της ζώνης.
Il s'avança, pouce par pouce, vers les chiens de travail.

Έστρεψε μπροστά, σπιθαμή προς σπιθαμή, προς τα σκυλιά εργασίας.
Ses forces l'abandonnèrent, mais il continua d'avancer dans sa dernière poussée désespérée.
Οι δυνάμεις του εξαντλήθηκαν, αλλά συνέχισε να κινείται στην τελευταία του απεγνωσμένη ώθηση.
Ses coéquipiers l'ont vu haleter dans la neige, impatients de les rejoindre.
Οι συμπαίκτες του τον είδαν να λαχανιάζει στο χιόνι, λαχταρώντας ακόμα να τους συναντήσει.
Ils l'entendirent hurler de tristesse alors qu'ils quittaient le camp.
Τον άκουσαν να ουρλιάζει από θλίψη καθώς έφευγαν από το στρατόπεδο.
Alors que l'équipe disparaissait dans les arbres, le cri de Dave résonna derrière eux.
Καθώς η ομάδα εξαφανίστηκε μέσα στα δέντρα, η κραυγή του Ντέιβ αντήχησε πίσω τους.
Le train de traîneaux s'est brièvement arrêté après avoir traversé un tronçon de forêt fluviale.
Το τρένο με έλκηθρο σταμάτησε για λίγο αφού διέσχισε μια έκταση δασικής έκτασης ποταμού.
Le métis écossais retourna lentement vers le camp situé derrière lui.
Το Σκωτσέζικο ημίαιμο περπάτησε αργά πίσω προς το στρατόπεδο από πίσω.
Les hommes ont arrêté de parler quand ils l'ont vu quitter le train de traîneaux.
Οι άντρες σταμάτησαν να μιλάνε όταν τον είδαν να βγαίνει από το τρένο του έλκηθρου.
Puis un coup de feu retentit clairement et distinctement de l'autre côté du sentier.
Τότε ένας μόνο πυροβολισμός αντήχησε καθαρά και κοφτά κατά μήκος του μονοπατιού.
L'homme revint rapidement et reprit sa place sans un mot.
Ο άντρας επέστρεψε γρήγορα και πήρε τη θέση του χωρίς να πει λέξη.

Les fouets claquaient, les cloches tintaient et les traîneaux roulaient dans la neige.
Μαστίγια έτριξαν, κουδούνια κουδούνισαν και τα έλκηθρα κυλούσαν μέσα στο χιόνι.
Mais Buck savait ce qui s'était passé, et tous les autres chiens aussi.
Αλλά ο Μπακ ήξερε τι είχε συμβεί — και το ίδιο ήξεραν και όλα τα άλλα σκυλιά.

Le travail des rênes et du sentier
Ο Μόχθος των Ηνίων και του Μονοπατιού

Trente jours après avoir quitté Dawson, le Salt Water Mail atteignit Skaguay.
Τριάντα μέρες αφότου αναχώρησε από το Ντόσον, η Ταχυδρομική Υπηρεσία του Αλμυρού Νερού έφτασε στο Σκάγκουεϊ.
Buck et ses coéquipiers ont pris la tête, arrivant dans un état pitoyable.
Ο Μπακ και οι συμπαίκτες του πήραν το προβάδισμα, φτάνοντας σε άθλια κατάσταση.
Buck était passé de cent quarante à cent quinze livres.
Ο Μπακ είχε χάσει το βάρος του από εκατόν σαράντα σε εκατόν δεκαπέντε λίβρες.
Les autres chiens, bien que plus petits, avaient perdu encore plus de poids.
Τα άλλα σκυλιά, αν και μικρότερα, είχαν χάσει ακόμη περισσότερο σωματικό βάρος.
Pike, autrefois un faux boiteux, traînait désormais derrière lui une jambe véritablement blessée.
Ο Πάικ, που κάποτε ήταν ψεύτικος κουτσός, τώρα έσερνε πίσω του ένα πραγματικά τραυματισμένο πόδι.
Solleks boitait beaucoup et Dub avait une omoplate déchirée.
Ο Σόλεκς κουτσαίνει άσχημα, και ο Νταμπ είχε σπασμένη ωμοπλάτη.
Tous les chiens de l'équipe avaient mal aux pieds après des semaines passées sur le sentier gelé.
Κάθε σκύλος στην ομάδα είχε πονάκια στα πόδια του από εβδομάδες στο παγωμένο μονοπάτι.
Ils n'avaient plus aucun ressort dans leurs pas, seulement un mouvement lent et traînant.
Δεν τους είχε απομείνει καμία ελαστικότητα στα βήματά τους, μόνο αργή, συρόμενη κίνηση.
Leurs pieds heurtent durement le sentier, chaque pas ajoutant plus de tension à leur corps.

Τα πόδια τους χτυπούσαν δυνατά το μονοπάτι, με κάθε βήμα να επιβαρύνει περισσότερο το σώμα τους.

Ils n'étaient pas malades, seulement épuisés au-delà de toute guérison naturelle.

Δεν ήταν άρρωστοι, απλώς εξαντλημένοι πέρα από κάθε φυσική ανάρρωση.

Ce n'était pas la fatigue d'une dure journée, guérie par une nuit de repos.

Δεν ήταν κούραση από μια δύσκολη μέρα, που γιατρεύτηκε με έναν νυχτερινό ύπνο.

C'était un épuisement qui s'était construit lentement au fil de mois d'efforts épuisants.

Ήταν εξάντληση που συσσωρευόταν σιγά σιγά μέσα από μήνες εξαντλητικής προσπάθειας.

Il ne leur restait plus aucune force de réserve : ils avaient épuisé toutes leurs forces.

Δεν είχαν απομείνει εφεδρικές δυνάμεις — είχαν εξαντλήσει κάθε ίχνος τους.

Chaque muscle, chaque fibre et chaque cellule de leur corps étaient épuisés et usés.

Κάθε μυς, ίνα και κύτταρο στο σώμα τους είχε εξαντληθεί και φθαρεί.

Et il y avait une raison : ils avaient parcouru deux mille cinq cents kilomètres.

Και υπήρχε λόγος — είχαν διανύσει διακόσια πεντακόσια μίλια.

Ils ne s'étaient reposés que cinq jours au cours des mille huit cents derniers kilomètres.

Είχαν ξεκουραστεί μόνο πέντε μέρες στα τελευταία χίλια οκτακόσια μίλια.

Lorsqu'ils arrivèrent à Skaguay, ils semblaient à peine capables de se tenir debout.

Όταν έφτασαν στο Σκάγκουεϊ, φαινόταν ότι μετά βίας μπορούσαν να σταθούν όρθιοι.

Ils ont lutté pour garder les rênes serrées et rester devant le traîneau.

Δυσκολεύτηκαν να κρατήσουν τα ηνία σφιχτά και να παραμείνουν μπροστά από το έλκηθρο.

Dans les descentes, ils ont tout juste réussi à éviter d'être écrasés.

Σε κατηφορικές πλαγιές, κατάφεραν μόνο να αποφύγουν το πάτημα.

« Continuez, pauvres pieds endoloris », dit le chauffeur tandis qu'ils boitaient.

«Προχωρήστε, καημένα τα πονεμένα πόδια», είπε ο οδηγός καθώς κουτσαίνανε.

« C'est la dernière ligne droite, après quoi nous aurons tous droit à un long repos, c'est sûr. »

«Αυτό είναι το τελευταίο κομμάτι, μετά σίγουρα θα έχουμε όλοι μια μεγάλη ξεκούραση.»

« Un très long repos », promit-il en les regardant avancer en titubant.

«Μια πραγματικά μεγάλη ανάπαυση», υποσχέθηκε, παρακολουθώντας τους να παραπατούν προς τα εμπρός.

Les pilotes s'attendaient à bénéficier d'une longue pause bien méritée.

Οι οδηγοί περίμεναν ότι τώρα θα έκαναν ένα μακρύ, απαραίτητο διάλειμμα.

Ils avaient parcouru douze cents milles avec seulement deux jours de repos.

Είχαν ταξιδέψει διακόσια μίλια με μόνο δύο μέρες ανάπαυσης.

Par souci d'équité et de raison, ils estimaient avoir mérité un temps de détente.

Με δικαιοσύνη και λογική, ένιωθαν ότι είχαν κερδίσει χρόνο για να χαλαρώσουν.

Mais trop de gens étaient venus au Klondike et trop peu étaient restés chez eux.

Αλλά πάρα πολλοί είχαν έρθει στο Κλοντάικ και πολύ λίγοι είχαν μείνει σπίτι.

Les lettres des familles ont afflué, créant des piles de courrier en retard.

Οι επιστολές από οικογένειες κατέκλυσαν την περιοχή, δημιουργώντας σωρούς από καθυστερημένη αλληλογραφία.

Les ordres officiels sont arrivés : de nouveaux chiens de la Baie d'Hudson allaient prendre le relais.

Έφτασαν επίσημες διαταγές — νέα σκυλιά από τον Κόλπο Χάντσον επρόκειτο να αναλάβουν τη δράση.

Les chiens épuisés, désormais considérés comme sans valeur, devaient être éliminés.

Τα εξαντλημένα σκυλιά, που τώρα ονομάζονταν άχρηστα, έπρεπε να απορριφθούν.

Comme l'argent comptait plus que les chiens, ils allaient être vendus à bas prix.

Εφόσον τα χρήματα είχαν μεγαλύτερη σημασία από τα σκυλιά, επρόκειτο να πουληθούν φθηνά.

Trois jours supplémentaires passèrent avant que les chiens ne ressentent à quel point ils étaient faibles.

Πέρασαν άλλες τρεις μέρες πριν τα σκυλιά νιώσουν πόσο αδύναμα ήταν.

Le quatrième matin, deux hommes venus des États-Unis ont acheté toute l'équipe.

Το τέταρτο πρωί, δύο άντρες από τις ΗΠΑ αγόρασαν ολόκληρη την ομάδα.

La vente comprenait tous les chiens, ainsi que leur harnais usagé.

Η πώληση περιελάμβανε όλα τα σκυλιά, καθώς και τον φθαρμένο εξοπλισμό τους.

Les hommes s'appelaient mutuellement « Hal » et « Charles » lorsqu'ils concluaient l'affaire.

Οι άντρες αποκαλούσαν ο ένας τον άλλον «Χαλ» και «Τσαρλς» καθώς ολοκλήρωναν τη συμφωνία.

Charles était d'âge moyen, pâle, avec des lèvres molles et des pointes de moustache féroces.

Ο Κάρολος ήταν μεσήλικας, χλωμός, με άτονα χείλη και άγριες άκρες μουστακιού.

Hal était un jeune homme, peut-être âgé de dix-neuf ans, portant une ceinture bourrée de cartouches.

Ο Χαλ ήταν ένας νεαρός άντρας, περίπου δεκαεννέα χρονών, που φορούσε μια ζώνη γεμισμένη με φυσίγγια.
La ceinture contenait un gros revolver et un couteau de chasse, tous deux inutilisés.
Η ζώνη περιείχε ένα μεγάλο περίστροφο και ένα κυνηγετικό μαχαίρι, και τα δύο αχρησιμοποίητα.
Cela a montré à quel point il était inexpérimenté et inapte à la vie dans le Nord.
Έδειχνε πόσο άπειρος και ακατάλληλος ήταν για τη ζωή στον βορρά.
Aucun des deux hommes n'appartenait à la nature sauvage ; leur présence défiait toute raison.
Κανένας από τους δύο δεν ανήκε στην άγρια φύση· η παρουσία τους αψηφούσε κάθε λογική.
Buck a regardé l'argent échanger des mains entre l'acheteur et l'agent.
Ο Μπακ παρακολουθούσε καθώς τα χρήματα αντάλλασσαν ο αγοραστής και ο μεσίτης.
Il savait que les conducteurs du train postal allaient le quitter comme les autres.
Ήξερε ότι οι μηχανοδηγοί του ταχυδρομικού τρένου έφευγαν από τη ζωή του όπως οι υπόλοιποι.
Ils suivirent Perrault et François, désormais irrévocables.
Ακολούθησαν τον Περώ και τον Φρανσουά, οι οποίοι πλέον δεν θυμούνται τίποτα.
Buck et l'équipe ont été conduits dans le camp négligé de leurs nouveaux propriétaires.
Ο Μπακ και η ομάδα οδηγήθηκαν στον ατημέλητο καταυλισμό των νέων ιδιοκτητών τους.
La tente s'affaissait, la vaisselle était sale et tout était en désordre.
Η σκηνή είχε κρεμαστεί, τα πιάτα ήταν βρώμικα και όλα ήταν σε αταξία.
Buck remarqua également une femme : Mercedes, la femme de Charles et la sœur de Hal.
Ο Μπακ πρόσεξε εκεί και μια γυναίκα—τη Μερσέντες, τη σύζυγο του Τσαρλς και αδερφή του Χαλ.

Ils formaient une famille complète, bien que loin d'être adaptée au sentier.
Έκαναν μια ολοκληρωμένη οικογένεια, αν και κάθε άλλο παρά προσαρμοσμένοι στο μονοπάτι.
Buck regarda nerveusement le trio commencer à emballer les fournitures.
Ο Μπακ παρακολουθούσε νευρικά καθώς η τριάδα άρχισε να συσκευάζει τις προμήθειες.
Ils ont travaillé dur mais sans ordre, juste du grabuge et des efforts gaspillés.
Δούλεψαν σκληρά αλλά χωρίς τάξη—μόνο φασαρία και χαμένος κόπος.
La tente a été roulée dans une forme volumineuse, beaucoup trop grande pour le traîneau.
Η σκηνή ήταν τυλιγμένη σε ένα ογκώδες σχήμα, πολύ μεγάλο για το έλκηθρο.
La vaisselle sale a été emballée sans avoir été nettoyée ni séchée du tout.
Τα βρώμικα πιάτα ήταν συσκευασμένα χωρίς να έχουν καθαριστεί ή στεγνώσει καθόλου.
Mercedes voltigeait, parlant constamment, corrigeant et intervenant.
Η Μερσέντες φτερουγίζει τριγύρω, μιλώντας, διορθώνοντας και ανακατεύοντας συνεχώς.
Lorsqu'un sac était placé à l'avant, elle insistait pour qu'il soit placé à l'arrière.
Όταν τοποθετήθηκε ένας σάκος μπροστά, εκείνη επέμεινε να μπει πίσω.
Elle a mis le sac au fond, et l'instant d'après, elle en avait besoin.
Έβαλε τον σάκο στον πάτο και την επόμενη στιγμή τον χρειαζόταν.
Le traîneau a donc été déballé à nouveau pour atteindre le sac spécifique.
Έτσι, το έλκηθρο ξεπακεταρίστηκε ξανά για να φτάσει στη συγκεκριμένη τσάντα.

À proximité, trois hommes se tenaient devant une tente, observant la scène se dérouler.

Κοντά, τρεις άντρες στέκονταν έξω από μια σκηνή, παρακολουθώντας τη σκηνή να εκτυλίσσεται.

Ils souriaient, faisaient des clins d'œil et souriaient à la confusion évidente des nouveaux arrivants.

Χαμογέλασαν, έκλεισαν το μάτι και χαμογέλασαν πλατιά βλέποντας την προφανή σύγχυση των νεοφερμένων.

« Vous avez déjà une charge très lourde », dit l'un des hommes.

«Έχεις ήδη ένα πολύ βαρύ φορτίο», είπε ένας από τους άντρες.

« Je ne pense pas que tu devrais porter cette tente, mais c'est ton choix. »

«Δεν νομίζω ότι πρέπει να κουβαλάς αυτή τη σκηνή, αλλά είναι δική σου επιλογή.»

« Inimaginable ! » s'écria Mercedes en levant les mains de désespoir.

«Παράξενο!» φώναξε η Μερσέντες, σηκώνοντας τα χέρια της με απόγνωση.

« Comment pourrais-je voyager sans une tente sous laquelle dormir ? »

«Πώς θα μπορούσα να ταξιδέψω χωρίς σκηνή για να μείνω από κάτω;»

« C'est le printemps, vous ne verrez plus jamais de froid », répondit l'homme.

«Είναι άνοιξη—δεν θα ξαναδείτε κρύο καιρό», απάντησε ο άντρας.

Mais elle secoua la tête et ils continuèrent à empiler des objets sur le traîneau.

Αλλά εκείνη κούνησε αρνητικά το κεφάλι της, και συνέχισαν να στοιβάζουν αντικείμενα πάνω στο έλκηθρο.

La charge s'élevait dangereusement alors qu'ils ajoutaient les dernières choses.

Το φορτίο υψωνόταν επικίνδυνα ψηλά καθώς πρόσθεταν τα τελευταία πράγματα.

« Tu penses que le traîneau va rouler ? » demanda l'un des hommes avec un regard sceptique.

«Νομίζεις ότι το έλκηθρο θα ανέβει;» ρώτησε ένας από τους άντρες με ένα σκεπτικό βλέμμα.

« Pourquoi pas ? » rétorqua Charles, vivement agacé.

«Γιατί όχι;» απάντησε απότομα ο Τσαρλς με έντονη ενόχληση.

« Oh, ce n'est pas grave », dit rapidement l'homme, s'éloignant de l'offense.

«Α, δεν πειράζει», είπε γρήγορα ο άντρας, αποφεύγοντας την προσβολή.

« Je me demandais juste – ça me semblait un peu trop lourd. »

«Απλώς αναρωτιόμουν — μου φαινόταν λίγο βαρύ.»

Charles se détourna et attacha la charge du mieux qu'il put.

Ο Κάρολος γύρισε την πλάτη του και έδεσε το φορτίο όσο καλύτερα μπορούσε.

Mais les attaches étaient lâches et l'emballage mal fait dans l'ensemble.

Αλλά οι προσδέσεις ήταν χαλαρές και η συσκευασία κακής κατασκευής συνολικά.

« Bien sûr, les chiens tireront ça toute la journée », a dit un autre homme avec sarcasme.

«Σίγουρα, τα σκυλιά θα το τραβούν αυτό όλη μέρα», είπε σαρκαστικά ένας άλλος άντρας.

« Bien sûr », répondit froidement Hal en saisissant le long mât du traîneau.

«Φυσικά», απάντησε ψυχρά ο Χαλ, αρπάζοντας το μακρύ κοντάρι του έλκηθρου.

D'une main sur le poteau, il faisait tournoyer le fouet dans l'autre.

Με το ένα χέρι στο κοντάρι, έβαλε το μαστίγιο με το άλλο.

« Allons-y ! » cria-t-il. « Allez ! » exhortant les chiens à démarrer.

«Πάμε!» φώναξε. «Κουνήστε το!» παροτρύνοντας τα σκυλιά να ξεκινήσουν.

Les chiens se sont penchés sur le harnais et ont tendu pendant quelques instants.
Τα σκυλιά έγειραν στην ιπποσκευή και τεντώθηκαν για λίγα λεπτά.
Puis ils s'arrêtèrent, incapables de déplacer d'un pouce le traîneau surchargé.
Έπειτα σταμάτησαν, ανίκανοι να κουνήσουν το υπερφορτωμένο έλκηθρο ούτε εκατοστό.
« Ces brutes paresseuses ! » hurla Hal en levant le fouet pour les frapper.
«Τα τεμπέληδες!» φώναξε ο Χαλ, σηκώνοντας το μαστίγιο για να τους χτυπήσει.
Mais Mercedes s'est précipitée et a saisi le fouet des mains de Hal.
Αλλά η Μερσέντες όρμησε μέσα και άρπαξε το μαστίγιο από τα χέρια του Χαλ.
« Oh, Hal, n'ose pas leur faire de mal », s'écria-t-elle, alarmée.
«Ω, Χαλ, μην τολμήσεις να τους πληγώσεις», φώναξε τρομοκρατημένη.
« Promets-moi que tu seras gentil avec eux, sinon je n'irai pas plus loin. »
«Υπόσχεσέ μου ότι θα είσαι ευγενικός μαζί τους, αλλιώς δεν θα κάνω ούτε βήμα άλλο.»
« Tu ne connais rien aux chiens », lança Hal à sa sœur.
«Δεν ξέρεις τίποτα για σκύλους», είπε απότομα ο Χαλ στην αδερφή του.
« Ils sont paresseux, et la seule façon de les déplacer est de les fouetter. »
«Είναι τεμπέληδες και ο μόνος τρόπος να τους μετακινήσεις είναι να τους μαστιγώσεις.»
« Demandez à n'importe qui, demandez à l'un de ces hommes là-bas si vous doutez de moi. »
«Ρώτα οποιονδήποτε — ρώτα έναν από εκείνους τους άντρες εκεί πέρα αν με αμφιβάλλεις.»
Mercedes regarda les spectateurs avec des yeux suppliants et pleins de larmes.

Η Μερσέντες κοίταξε τους περαστικούς με ικετευτικά, δακρυσμένα μάτια.

Son visage montrait à quel point elle détestait la vue de la douleur.

Το πρόσωπό της έδειχνε πόσο βαθιά μισούσε την όψη οποιουδήποτε πόνου.

« Ils sont faibles, c'est tout », dit un homme. « Ils sont épuisés. »

«Είναι αδύναμοι, αυτό είναι όλο», είπε ένας άντρας. «Είναι εξαντλημένοι».

« Ils ont besoin de repos, ils ont travaillé trop longtemps sans pause. »

«Χρειάζονται ξεκούραση — έχουν δουλέψει πάρα πολλή ώρα χωρίς διάλειμμα.»

« Que le repos soit maudit », murmura Hal, la lèvre retroussée.

«Καταραμένος να είναι ο άνθρωπός σου», μουρμούρισε ο Χαλ με το χείλος του σφιγμένο.

Mercedes haleta, clairement peinée par ce mot grossier de sa part.

Η Μερσέντες άφησε μια ανάσα, φανερά πληγωμένη από τα χυδαία λόγια του.

Pourtant, elle est restée loyale et a immédiatement défendu son frère.

Παρ' όλα αυτά, παρέμεινε πιστή και υπερασπίστηκε αμέσως τον αδελφό της.

« Ne fais pas attention à cet homme », dit-elle à Hal. « Ce sont nos chiens. »

«Μην σε νοιάζει αυτός ο άνθρωπος», είπε στον Χαλ. «Είναι τα σκυλιά μας».

« Vous les conduisez comme bon vous semble, faites ce que vous pensez être juste. »

«Τους οδηγείς όπως εσύ θεωρείς σωστό — κάνε αυτό που εσύ θεωρείς σωστό.»

Hal leva le fouet et frappa à nouveau les chiens sans pitié.

Ο Χαλ σήκωσε το μαστίγιο και χτύπησε ξανά τα σκυλιά χωρίς έλεος.

Ils se sont précipités en avant, le corps bas, les pieds poussant dans la neige.
Ορμούσαν μπροστά, με τα σώματα χαμηλά, τα πόδια τους να σπρώχνονται στο χιόνι.
Toutes leurs forces étaient utilisées pour tirer, mais le traîneau ne bougeait pas.
Όλη τους η δύναμη πήγαινε στο τράβηγμα, αλλά το έλκηθρο δεν κινούνταν.
Le traîneau est resté coincé, comme une ancre figée dans la neige tassée.
Το έλκηθρο έμεινε κολλημένο, σαν άγκυρα παγωμένη στο πυκνό χιόνι.
Après un deuxième effort, les chiens s'arrêtèrent à nouveau, haletants.
Μετά από μια δεύτερη προσπάθεια, τα σκυλιά σταμάτησαν ξανά, λαχανιάζοντας δυνατά.
Hal leva à nouveau le fouet, juste au moment où Mercedes intervenait à nouveau.
Ο Χαλ σήκωσε ξανά το μαστίγιο, ακριβώς τη στιγμή που η Μερσέντες παρενέβη ξανά.
Elle tomba à genoux devant Buck et lui serra le cou.
Έπεσε στα γόνατα μπροστά στον Μπακ και αγκάλιασε τον λαιμό του.
Les larmes lui montèrent aux yeux tandis qu'elle suppliait le chien épuisé.
Δάκρυα γέμισαν τα μάτια της καθώς παρακαλούσε το εξαντλημένο σκυλί.
« Pauvres chéris », dit-elle, « pourquoi ne tirez-vous pas plus fort ? »
«Εσείς οι καημένες μου», είπε, «γιατί δεν τραβάτε πιο δυνατά;»
« Si tu tires, tu ne seras pas fouetté comme ça. »
«Αν τραβάς, τότε δεν θα σε μαστιγώσουν έτσι.»
Buck n'aimait pas Mercedes, mais il était trop fatigué pour lui résister maintenant.
Ο Μπακ αντιπαθούσε τη Μερσέντες, αλλά ήταν πολύ κουρασμένος για να της αντισταθεί τώρα.

Il accepta ses larmes comme une simple partie de cette journée misérable.

Δέχτηκε τα δάκρυά της ως ένα ακόμη κομμάτι της άθλιας μέρας.

L'un des hommes qui regardaient a finalement parlé après avoir retenu sa colère.

Ένας από τους άντρες που παρακολουθούσαν μίλησε τελικά αφού συγκρατούσε τον θυμό του.

« Je me fiche de ce qui vous arrive, mais ces chiens comptent. »

«Δεν με νοιάζει τι θα συμβεί σε εσάς, αλλά αυτά τα σκυλιά έχουν σημασία.»

« Si vous voulez aider, détachez ce traîneau, il est gelé dans la neige. »

«Αν θέλεις να βοηθήσεις, λύσε το έλκηθρο — έχει παγώσει μέχρι το χιόνι.»

« Appuyez fort sur la perche, à droite et à gauche, et brisez le sceau de glace. »

«Πίεσε δυνατά τον πόλο του γκαζιού, δεξιά κι αριστερά, και σπάσε την παγωμένη σφραγίδα.»

Une troisième tentative a été faite, cette fois-ci suite à la suggestion de l'homme.

Έγινε μια τρίτη προσπάθεια, αυτή τη φορά μετά από πρόταση του άνδρα.

Hal a balancé le traîneau d'un côté à l'autre, libérant les patins.

Ο Χαλ κούνησε το έλκηθρο από τη μία πλευρά στην άλλη, απελευθερώνοντας τους δρομείς.

Le traîneau, bien que surchargé et maladroit, a finalement fait un bond en avant.

Το έλκηθρο, αν και υπερφορτωμένο και αδέξιο, τελικά κινήθηκε προς τα εμπρός.

Buck et les autres tiraient sauvagement, poussés par une tempête de coups de fouet.

Ο Μπακ και οι άλλοι τραβούσαν άγρια, παρασυρμένοι από μια καταιγίδα αυχενικών χτυπημάτων.

Une centaine de mètres plus loin, le sentier courbait et descendait en pente dans la rue.
Εκατό μέτρα μπροστά, το μονοπάτι έστριβε και κατέβαινε προς τον δρόμο.
Il aurait fallu un conducteur expérimenté pour maintenir le traîneau droit.
Θα χρειαζόταν ένας επιδέξιος οδηγός για να κρατήσει το έλκηθρο όρθιο.
Hal n'était pas habile et le traîneau a basculé en tournant dans le virage.
Ο Χαλ δεν ήταν επιδέξιος, και το έλκηθρο γύρισε καθώς στριφογύριζε στη στροφή.
Les sangles lâches ont cédé et la moitié de la charge s'est répandue sur la neige.
Τα χαλαρά δεσίματα υποχώρησαν και το μισό φορτίο χύθηκε στο χιόνι.
Les chiens ne s'arrêtèrent pas ; le traîneau le plus léger volait sur le côté.
Τα σκυλιά δεν σταμάτησαν· το ελαφρύτερο έλκηθρο πετούσε στο πλάι.
En colère à cause des mauvais traitements et du lourd fardeau, les chiens couraient plus vite.
Θυμωμένα από την κακοποίηση και το βαρύ φορτίο, τα σκυλιά έτρεξαν πιο γρήγορα.
Buck, furieux, s'est mis à courir, suivi par l'équipe.
Ο Μπακ, έξαλλος, άρχισε να τρέχει, με την ομάδα να τον ακολουθεί.
Hal a crié « Whoa ! Whoa ! » mais l'équipe ne lui a pas prêté attention.
Ο Χαλ φώναξε «Ουάου! Ουάου!» αλλά η ομάδα δεν του έδωσε σημασία.
Il a trébuché, est tombé et a été traîné au sol par le harnais.
Σκόνταψε, έπεσε και σύρθηκε στο έδαφος από την εξάρτυση.
Le traîneau renversé l'a heurté tandis que les chiens couraient devant.

Το αναποδογυρισμένο έλκηθρο έπεσε πάνω του καθώς τα σκυλιά έτρεχαν μπροστά.

Le reste des fournitures est dispersé dans la rue animée de Skaguay.

Τα υπόλοιπα εφόδια ήταν σκορπισμένα στον πολυσύχναστο δρόμο του Σκάγκουεϊ.

Des personnes au grand cœur se sont précipitées pour arrêter les chiens et rassembler le matériel.

Καλοκάγαθοι άνθρωποι έσπευσαν να σταματήσουν τα σκυλιά και να μαζέψουν τον εξοπλισμό.

Ils ont également donné des conseils, directs et pratiques, aux nouveaux voyageurs.

Έδωσαν επίσης συμβουλές, σαφείς και πρακτικές, στους νέους ταξιδιώτες.

« Si vous voulez atteindre Dawson, prenez la moitié du chargement et doublez les chiens. »

«Αν θέλεις να φτάσεις στο Ντόσον, πάρε το μισό φορτίο και διπλασίασε τα σκυλιά.»

Hal, Charles et Mercedes écoutaient, mais sans enthousiasme.

Ο Χαλ, ο Τσαρλς και η Μερσέντες άκουγαν, αν και όχι με ενθουσιασμό.

Ils ont installé leur tente et ont commencé à trier leurs provisions.

Έστησαν τη σκηνή τους και άρχισαν να ταξινομούν τις προμήθειές τους.

Des conserves sont sorties, ce qui a fait rire les spectateurs.

Βγήκαν κονσερβοποιημένα προϊόντα, τα οποία έκαναν τους θεατές να γελάσουν δυνατά.

« Des conserves sur le sentier ? Tu vas mourir de faim avant qu'elles ne fondent », a dit l'un d'eux.

«Κονσερβοποιημένα πράγματα στο μονοπάτι; Θα λιμοκτονήσετε πριν λιώσουν», είπε κάποιος.

« Des couvertures d'hôtel ? Tu ferais mieux de toutes les jeter. »

«Κουβέρτες ξενοδοχείου; Καλύτερα να τις πετάξεις όλες.»

« Laissez tomber la tente aussi, et personne ne fait la vaisselle ici. »
«Παράτα και τη σκηνή, και κανείς δεν πλένει πιάτα εδώ.»
« Tu crois que tu voyages dans un train Pullman avec des domestiques à bord ? »
«Νομίζεις ότι ταξιδεύεις με τρένο Pullman με υπηρέτες μέσα;»
Le processus a commencé : chaque objet inutile a été jeté de côté.
Η διαδικασία ξεκίνησε — κάθε άχρηστο αντικείμενο πετάχτηκε στην άκρη.
Mercedes a pleuré lorsque ses sacs ont été vidés sur le sol enneigé.
Η Μερσέντες έκλαψε όταν οι τσάντες της άδειασαν στο χιονισμένο έδαφος.
Elle sanglotait sur chaque objet jeté, un par un, sans pause.
Έκλαιγε με λυγμούς για κάθε αντικείμενο που πετιόταν, ένα προς ένα χωρίς διακοπή.
Elle jura de ne plus faire un pas de plus, même pas pendant dix Charles.
Ορκίστηκε να μην κάνει ούτε ένα βήμα παραπάνω — ούτε για δέκα Σαρλς.
Elle a supplié chaque personne à proximité de la laisser garder ses objets précieux.
Παρακάλεσε κάθε άτομο που βρισκόταν κοντά της να της επιτρέψει να κρατήσει τα πολύτιμα πράγματά της.
Finalement, elle s'essuya les yeux et commença à jeter même les vêtements essentiels.
Τελικά, σκούπισε τα μάτια της και άρχισε να πετάει ακόμη και τα πιο σημαντικά ρούχα της.
Une fois les siennes terminées, elle commença à vider les provisions des hommes.
Όταν τελείωσε με τα δικά της, άρχισε να αδειάζει τις προμήθειες των ανδρών.
Comme un tourbillon, elle a déchiré les affaires de Charles et Hal.

Σαν ανεμοστρόβιλος, ξέσκιζε τα υπάρχοντα του Τσαρλς και της Χαλ.

Même si la charge était réduite de moitié, elle était encore bien plus lourde que nécessaire.

Αν και το φορτίο είχε μειωθεί στο μισό, ήταν ακόμα πολύ βαρύτερο από ό,τι χρειαζόταν.

Cette nuit-là, Charles et Hal sont sortis et ont acheté six nouveaux chiens.

Εκείνο το βράδυ, ο Τσαρλς και ο Χαλ βγήκαν έξω και αγόρασαν έξι καινούρια σκυλιά.

Ces nouveaux chiens ont rejoint les six originaux, plus Teek et Koona.

Αυτά τα νέα σκυλιά προστέθηκαν στα αρχικά έξι, συν τον Τικ και την Κούνα.

Ensemble, ils formaient une équipe de quatorze chiens attelés au traîneau.

Μαζί έφτιαξαν μια ομάδα από δεκατέσσερα σκυλιά δεμένα στο έλκηθρο.

Mais les nouveaux chiens n'étaient pas aptes et mal entraînés au travail en traîneau.

Αλλά τα καινούρια σκυλιά ήταν ακατάλληλα και κακώς εκπαιδευμένα για εργασία με έλκηθρο.

Trois des chiens étaient des pointeurs à poil court et un était un Terre-Neuve.

Τρία από τα σκυλιά ήταν κοντότριχα πόιντερ και ένα ήταν Νέας Γης.

Les deux derniers chiens étaient des bâtards sans race ni objectif clairement définis.

Τα δύο τελευταία σκυλιά ήταν mutt χωρίς σαφή ράτσα ή σκοπό.

Ils n'ont pas compris le sentier et ne l'ont pas appris rapidement.

Δεν κατάλαβαν το μονοπάτι και δεν το έμαθαν γρήγορα.

Buck et ses compagnons les regardaient avec mépris et une profonde irritation.

Ο Μπακ και οι φίλοι του τους παρακολουθούσαν με περιφρόνηση και βαθιά εκνευρισμό.

Bien que Buck leur ait appris ce qu'il ne fallait pas faire, il ne pouvait pas leur enseigner le devoir.

Αν και ο Μπακ τους δίδαξε τι δεν πρέπει να κάνουν, δεν μπορούσε να τους διδάξει το καθήκον.

Ils n'ont pas bien supporté la vie sur les sentiers ni la traction des rênes et des traîneaux.

Δεν αντιμετώπιζαν με καλό μάτι τη ζωή σε μονοπάτια ούτε το τράβηγμα των ηνίων και των έλκηθρων.

Seuls les bâtards essayaient de s'adapter, et même eux manquaient d'esprit combatif.

Μόνο οι μιγάδες προσπάθησαν να προσαρμοστούν, και ακόμη και αυτοί δεν είχαν αγωνιστικό πνεύμα.

Les autres chiens étaient confus, affaiblis et brisés par leur nouvelle vie.

Τα άλλα σκυλιά ήταν μπερδεμένα, αποδυναμωμένα και συντετριμμένα από τη νέα τους ζωή.

Les nouveaux chiens étant désemparés et les anciens épuisés, l'espoir était mince.

Με τα καινούρια σκυλιά να μην έχουν ιδέα και τα παλιά εξαντλημένα, η ελπίδα ήταν ελάχιστες.

L'équipe de Buck avait parcouru deux mille cinq cents kilomètres de sentiers difficiles.

Η ομάδα του Μπακ είχε καλύψει διακόσια πεντακόσια μίλια ανώμαλου μονοπατιού.

Pourtant, les deux hommes étaient joyeux et fiers de leur grande équipe de chiens.

Παρόλα αυτά, οι δύο άντρες ήταν χαρούμενοι και περήφανοι για την μεγάλη ομάδα σκύλων τους.

Ils pensaient voyager avec style, avec quatorze chiens attelés.

Νόμιζαν ότι ταξίδευαν με στυλ, με δεκατέσσερα σκυλιά δεμένα.

Ils avaient vu des traîneaux partir pour Dawson, et d'autres en arriver.

Είχαν δει έλκηθρα να φεύγουν για το Ντόσον, και άλλα να φτάνουν από εκεί.

Mais ils n'en avaient jamais vu un tiré par quatorze chiens.

Αλλά ποτέ δεν είχαν δει κάποιον να τον σέρνουν τόσα πολλά σκυλιά όσο δεκατέσσερα.

Il y avait une raison pour laquelle de telles équipes étaient rares dans la nature sauvage de l'Arctique.

Υπήρχε λόγος που τέτοιες ομάδες ήταν σπάνιες στην άγρια φύση της Αρκτικής.

Aucun traîneau ne pouvait transporter suffisamment de nourriture pour nourrir quatorze chiens pendant le voyage.

Κανένα έλκηθρο δεν μπορούσε να μεταφέρει αρκετή τροφή για να ταΐσει δεκατέσσερα σκυλιά για το ταξίδι.

Mais Charles et Hal ne le savaient pas : ils avaient fait le calcul.

Αλλά ο Τσαρλς και ο Χαλ δεν το ήξεραν αυτό — είχαν κάνει τους υπολογισμούς.

Ils ont planifié la nourriture : tant par chien, tant de jours, et c'est fait.

Σημείωσαν με μολύβι την τροφή: τόσο ανά σκύλο, τόσες μέρες, έτοιμο.

Mercedes regarda leurs chiffres et hocha la tête comme si cela avait du sens.

Η Μερσέντες κοίταξε τις φιγούρες τους και έγνεψε καταφατικά σαν να είχε νόημα.

Tout cela lui semblait très simple, du moins sur le papier.

Όλα της φαίνονταν πολύ απλά, τουλάχιστον στα χαρτιά.

Le lendemain matin, Buck conduisit lentement l'équipe dans la rue enneigée.

Το επόμενο πρωί, ο Μπακ οδήγησε την ομάδα αργά στον χιονισμένο δρόμο.

Il n'y avait aucune énergie ni aucun esprit en lui ou chez les chiens derrière lui.

Δεν υπήρχε ενέργεια ή πνεύμα μέσα του ή στα σκυλιά πίσω του.

Ils étaient épuisés dès le départ, il n'y avait plus de réserve.

Ήταν πολύ κουρασμένοι από την αρχή — δεν είχαν απομείνει εφεδρικοί.

Buck avait déjà effectué quatre voyages entre Salt Water et Dawson.
Ο Μπακ είχε ήδη κάνει τέσσερα ταξίδια μεταξύ Σολτ Γουότερ και Ντόσον.
Maintenant, confronté à nouveau à la même épreuve, il ne ressentait que de l'amertume.
Τώρα, αντιμέτωπος ξανά με το ίδιο μονοπάτι, δεν ένιωθε τίποτα άλλο παρά πίκρα.
Son cœur n'y était pas, ni celui des autres chiens.
Η καρδιά του δεν ήταν μέσα σε αυτό, ούτε οι καρδιές των άλλων σκύλων.
Les nouveaux chiens étaient timides et les huskies manquaient totalement de confiance.
Τα καινούρια σκυλιά ήταν δειλά, και τα χάσκι δεν έδειχναν καμία εμπιστοσύνη.
Buck sentait qu'il ne pouvait pas compter sur ces deux hommes ou sur leur sœur.
Ο Μπακ ένιωθε ότι δεν μπορούσε να βασιστεί σε αυτούς τους δύο άντρες ή στην αδερφή τους.
Ils ne savaient rien et ne montraient aucun signe d'apprentissage sur le sentier.
Δεν ήξεραν τίποτα και δεν έδειξαν σημάδια μάθησης στο μονοπάτι.
Ils étaient désorganisés et manquaient de tout sens de la discipline.
Ήταν ανοργάνωτοι και τους έλειπε κάθε αίσθηση πειθαρχίας.
Il leur fallait à chaque fois la moitié de la nuit pour monter un campement bâclé.
Τους χρειαζόταν μισή νύχτα για να στήσουν μια πρόχειρη κατασκήνωση κάθε φορά.
Et ils passèrent la moitié de la matinée suivante à tâtonner à nouveau avec le traîneau.
Και τα μισά του επόμενου πρωινού τα πέρασαν ψάχνοντας ξανά στο έλκηθρο.
À midi, ils s'arrêtaient souvent juste pour réparer la charge inégale.

Μέχρι το μεσημέρι, συχνά σταματούσαν απλώς για να διορθώσουν το ανομοιόμορφο φορτίο.
Certains jours, ils parcouraient moins de dix milles au total.
Κάποιες μέρες, ταξίδευαν συνολικά λιγότερο από δέκα μίλια.
D'autres jours, ils ne parvenaient pas du tout à quitter le camp.
Άλλες μέρες, δεν κατάφερναν καθόλου να φύγουν από το στρατόπεδο.
Ils n'ont jamais réussi à couvrir la distance alimentaire prévue.
Ποτέ δεν πλησίασαν στην κάλυψη της προγραμματισμένης απόστασης φαγητού.
Comme prévu, ils ont très vite manqué de nourriture pour les chiens.
Όπως αναμενόταν, πολύ γρήγορα τους έλειψε η τροφή για τα σκυλιά.
Ils ont aggravé la situation en les suralimentant au début.
Χειροτέρεψαν τα πράγματα ταΐζοντας υπερβολικά τις πρώτες μέρες.
À chaque ration négligée, la famine se rapprochait.
Αυτό έφερνε την πείνα πιο κοντά με κάθε απρόσεκτη μερίδα.
Les nouveaux chiens n'avaient pas appris à survivre avec très peu.
Τα καινούρια σκυλιά δεν είχαν μάθει να επιβιώνουν με ελάχιστα.
Ils mangeaient avec faim, avec un appétit trop grand pour le sentier.
Έφαγαν πεινασμένοι, με όρεξη πολύ μεγάλη για το μονοπάτι.
Voyant les chiens s'affaiblir, Hal pensait que la nourriture n'était pas suffisante.
Βλέποντας τα σκυλιά να εξασθενούν, ο Χαλ πίστεψε ότι το φαγητό δεν ήταν αρκετό.
Il a doublé les rations, rendant l'erreur encore pire.

Διπλασίασε τις μερίδες, κάνοντας το λάθος ακόμη χειρότερο.

Mercedes a aggravé le problème avec ses larmes et ses douces supplications.

Η Μερσέντες επιδείνωσε το πρόβλημα με δάκρυα και απαλές παρακλήσεις.

Comme elle n'arrivait pas à convaincre Hal, elle nourrissait les chiens en secret.

Όταν δεν κατάφερε να πείσει τον Χαλ, τάισε τα σκυλιά κρυφά.

Elle a volé des sacs de poissons et les leur a donnés dans son dos.

Έκλεψε από τους σάκους με τα ψάρια και τους το έδωσε πίσω από την πλάτη του.

Mais ce dont les chiens avaient réellement besoin, ce n'était pas de plus de nourriture, mais de repos.

Αλλά αυτό που πραγματικά χρειάζονταν τα σκυλιά δεν ήταν περισσότερο φαγητό — ήταν ξεκούραση.

Ils progressaient mal, mais le lourd traîneau continuait à avancer.

Δεν τα κατάφερναν καλά, αλλά το βαρύ έλκηθρο συνέχιζε να σέρνεται.

Ce poids à lui seul épuisait chaque jour leurs forces restantes.

Αυτό και μόνο το βάρος εξάντλησε τη δύναμή τους που τους είχε απομείνει κάθε μέρα.

Puis vint l'étape de la sous-alimentation, les réserves s'épuisant.

Έπειτα ήρθε το στάδιο του υποσιτισμού καθώς οι προμήθειες λιγόστευαν.

Un matin, Hal s'est rendu compte que la moitié de la nourriture pour chien avait déjà disparu.

Ο Χαλ συνειδητοποίησε ένα πρωί ότι η μισή τροφή για σκύλους είχε ήδη τελειώσει.

Ils n'avaient parcouru qu'un quart de la distance totale du sentier.

Είχαν διανύσει μόνο το ένα τέταρτο της συνολικής απόστασης του μονοπατιού.

On ne pouvait plus acheter de nourriture, quel que soit le prix proposé.

Δεν μπορούσαν να αγοραστούν άλλα τρόφιμα, όποια τιμή κι αν προσφερόταν.

Il a réduit les portions des chiens en dessous de la ration quotidienne standard.

Μείωσε τις μερίδες των σκύλων κάτω από την τυπική ημερήσια μερίδα.

Dans le même temps, il a exigé des voyages plus longs pour compenser la perte.

Ταυτόχρονα, απαίτησε μεγαλύτερα ταξίδια για να αναπληρώσει την απώλεια.

Mercedes et Charles ont soutenu ce plan, mais ont échoué dans son exécution.

Η Μερσέντες και ο Κάρολος υποστήριξαν αυτό το σχέδιο, αλλά απέτυχαν στην εκτέλεσή του.

Leur lourd traîneau et leur manque de compétences rendaient la progression presque impossible.

Το βαρύ έλκηθρό τους και η έλλειψη δεξιοτήτων τους έκαναν την πρόοδο σχεδόν αδύνατη.

Il était facile de donner moins de nourriture, mais impossible de forcer plus d'efforts.

Ήταν εύκολο να δώσουν λιγότερο φαγητό, αλλά αδύνατο να επιβάλουν περισσότερη προσπάθεια.

Ils ne pouvaient pas commencer plus tôt, ni voyager pendant des heures supplémentaires.

Δεν μπορούσαν να ξεκινήσουν νωρίς, ούτε μπορούσαν να ταξιδέψουν για επιπλέον ώρες.

Ils ne savaient pas comment travailler les chiens, ni eux-mêmes d'ailleurs.

Δεν ήξεραν πώς να χειριστούν τα σκυλιά, ούτε και τους εαυτούς τους, άλλωστε.

Le premier chien à mourir était Dub, le voleur malchanceux mais travailleur.

Ο πρώτος σκύλος που πέθανε ήταν ο Νταμπ, ο άτυχος αλλά εργατικός κλέφτης.
Bien que souvent puni, Dub avait fait sa part sans se plaindre.
Αν και συχνά τιμωρούνταν, ο Νταμπ είχε κάνει το καθήκον του χωρίς παράπονα.
Son épaule blessée s'est aggravée sans qu'il soit nécessaire de prendre soin de lui et de se reposer.
Ο τραυματισμένος ώμος του χειροτέρευε χωρίς φροντίδα ή χωρίς να χρειάζεται ξεκούραση.
Finalement, Hal a utilisé le revolver pour mettre fin aux souffrances de Dub.
Τελικά, ο Χαλ χρησιμοποίησε το περίστροφο για να τερματίσει τα βάσανα του Νταμπ.
Un dicton courant dit que les chiens normaux meurent à cause des rations de husky.
Μια κοινή παροιμία έλεγε ότι τα κανονικά σκυλιά πεθαίνουν με μερίδες χάσκι.
Les six nouveaux compagnons de Buck n'avaient que la moitié de la part de nourriture du husky.
Οι έξι νέοι σύντροφοι του Μπακ είχαν μόνο τη μισή μερίδα τροφής από αυτή του χάσκι.
Le Terre-Neuve est mort en premier, puis les trois braques à poil court.
Πρώτα πέθανε η Νέα Γη, και μετά οι τρεις κοντότριχες δείκτριες.
Les deux bâtards résistèrent plus longtemps mais finirent par périr comme les autres.
Τα δύο μιγάδια άντεξαν περισσότερο, αλλά τελικά χάθηκαν όπως και τα υπόλοιπα.
À cette époque, toutes les commodités et la douceur du Southland avaient disparu.
Μέχρι εκείνη τη στιγμή, όλες οι ανέσεις και η ευγένεια της Νότιας Γης είχαν εξαφανιστεί.
Les trois personnes avaient perdu les dernières traces de leur éducation civilisée.

Οι τρεις άνθρωποι είχαν αποβάλει τα τελευταία ίχνη της πολιτισμένης ανατροφής τους.

Dépouillé de glamour et de romantisme, le voyage dans l'Arctique est devenu brutalement réel.

Απογυμνωμένο από αίγλη και ρομαντισμό, τα ταξίδια στην Αρκτική έγιναν άγρια πραγματικότητα.

C'était une réalité trop dure pour leur sens de la virilité et de la féminité.

Ήταν μια πραγματικότητα πολύ σκληρή για την αίσθηση που είχαν για τον ανδρισμό και τη γυναικεία φύση.

Mercedes ne pleurait plus pour les chiens, mais maintenant elle pleurait seulement pour elle-même.

Η Μερσέντες δεν έκλαιγε πια για τα σκυλιά, αλλά έκλαιγε μόνο για τον εαυτό της.

Elle passait son temps à pleurer et à se disputer avec Hal et Charles.

Περνούσε τον χρόνο της κλαίγοντας και μαλώνοντας με τον Χαλ και τον Τσαρλς.

Se disputer était la seule chose qu'ils n'étaient jamais trop fatigués de faire.

Οι καβγάδες ήταν το μόνο πράγμα που δεν κουράζονταν ποτέ να κάνουν.

Leur irritabilité provenait de la misère, grandissait avec elle et la surpassait.

Ο εκνευρισμός τους προερχόταν από τη δυστυχία, μεγάλωνε μαζί της και την ξεπερνούσε.

La patience du sentier, connue de ceux qui peinent et souffrent avec bienveillance, n'est jamais venue.

Η υπομονή της διαδρομής, γνωστή σε όσους μοχθούν και υποφέρουν με καλοσύνη, δεν ήρθε ποτέ.

Cette patience, qui garde la parole douce malgré la douleur, leur était inconnue.

Αυτή η υπομονή, που διατηρεί την ομιλία γλυκιά μέσα στον πόνο, τους ήταν άγνωστη.

Ils n'avaient aucune trace de patience, aucune force tirée de la souffrance avec grâce.

Δεν είχαν ούτε ίχνος υπομονής, ούτε δύναμη που αντλούσαν από τα βάσανα με χάρη.

Ils étaient raides de douleur : leurs muscles, leurs os et leur cœur étaient douloureux.

Ήταν άκαμπτοι από τον πόνο — πονούσαν στους μύες, τα κόκαλα και την καρδιά τους.

À cause de cela, ils devinrent acerbes et prompts à prononcer des paroles dures.

Εξαιτίας αυτού, έγιναν οξυδερκείς και γρήγοροι με σκληρά λόγια.

Chaque jour commençait et se terminait par des voix en colère et des plaintes amères.

Κάθε μέρα ξεκινούσε και τελείωνε με θυμωμένες φωνές και πικρά παράπονα.

Charles et Hal se disputaient chaque fois que Mercedes leur en donnait l'occasion.

Ο Τσαρλς και ο Χαλ διαπληκτίζονταν όποτε η Μερσέντες τους έδινε ευκαιρία.

Chaque homme estimait avoir fait plus que sa juste part du travail.

Κάθε άντρας πίστευε ότι έκανε περισσότερα από όσα του αναλογούσαν.

Aucun des deux n'a jamais manqué une occasion de le dire, encore et encore.

Κανένας από τους δύο δεν έχασε ποτέ την ευκαιρία να το πει, ξανά και ξανά.

Parfois, Mercedes se rangeait du côté de Charles, parfois du côté de Hal.

Άλλοτε η Μερσέντες τάχθηκε με το μέρος του Τσαρλς, άλλοτε με το μέρος του Χαλ.

Cela a conduit à une grande et interminable querelle entre les trois.

Αυτό οδήγησε σε μια μεγάλη και ατελείωτη διαμάχη μεταξύ των τριών.

Une dispute sur la question de savoir qui devait couper le bois de chauffage est devenue incontrôlable.

Μια διαμάχη για το ποιος έπρεπε να κόψει καυσόξυλα ξέφυγε από κάθε έλεγχο.

Bientôt, les pères, les mères, les cousins et les parents décédés ont été nommés.

Σύντομα, ονομάστηκαν πατέρες, μητέρες, ξαδέρφια και νεκροί συγγενείς.

Les opinions de Hal sur l'art ou les pièces de son oncle sont devenues partie intégrante du combat.

Οι απόψεις του Χαλ για την τέχνη ή τα θεατρικά έργα του θείου του έγιναν μέρος της διαμάχης.

Les convictions politiques de Charles sont également entrées dans le débat.

Οι πολιτικές πεποιθήσεις του Καρόλου εισήλθαν επίσης στη συζήτηση.

Pour Mercedes, même les ragots de la sœur de son mari semblaient pertinents.

Στη Μερσέντες, ακόμη και τα κουτσομπολιά της αδερφής του συζύγου της φαινόντουσαν σχετικά.

Elle a exprimé son opinion sur ce sujet et sur de nombreux défauts de la famille de Charles.

Εξέφρασε απόψεις σχετικά με αυτό και για πολλά από τα ελαττώματα της οικογένειας του Καρόλου.

Pendant qu'ils se disputaient, le feu restait éteint et le camp à moitié monté.

Ενώ μαλώνανε, η φωτιά παρέμεινε σβησμένη και το στρατόπεδο μισοσβησμένο.

Pendant ce temps, les chiens restaient froids et sans nourriture.

Εν τω μεταξύ, τα σκυλιά παρέμεναν κρύα και χωρίς φαγητό.

Mercedes avait un grief qu'elle considérait comme profondément personnel.

Η Μερσέντες είχε ένα παράπονο που θεωρούσε βαθιά προσωπικό.

Elle se sentait maltraitée en tant que femme, privée de ses doux privilèges.

Ένιωθε ότι την κακομεταχειρίζονταν ως γυναίκα, ότι της στερούσαν τα ευγενικά της προνόμια.
Elle était jolie et douce, et habituée à la chevalerie toute sa vie.
Ήταν όμορφη και τρυφερή, και συνήθιζε να είναι ιππότης σε όλη της τη ζωή.
Mais son mari et son frère la traitaient désormais avec impatience.
Αλλά ο σύζυγός της και ο αδελφός της τής φέρονταν τώρα με ανυπομονησία.
Elle avait pour habitude d'agir comme si elle était impuissante, et ils commencèrent à se plaindre.
Η συνήθειά της ήταν να κάνει την αβοήθητη κίνηση, και άρχισαν να παραπονιούνται.
Offensée par cela, elle leur rendit la vie encore plus difficile.
Προσβεβλημένη από αυτό, έκανε τη ζωή τους ακόμη πιο δύσκολη.
Elle a ignoré les chiens et a insisté pour conduire elle-même le traîneau.
Αγνόησε τα σκυλιά και επέμεινε να ανέβει η ίδια στο έλκηθρο.
Bien que légère en apparence, elle pesait cent vingt livres.
Αν και ελαφριά στην εμφάνιση, ζύγιζε εκατόν είκοσι λίβρες.
Ce fardeau supplémentaire était trop lourd pour les chiens affamés et faibles.
Αυτό το πρόσθετο βάρος ήταν πάρα πολύ βαρύ για τα πεινασμένα, αδύναμα σκυλιά.
Elle a continué à monter pendant des jours, jusqu'à ce que les chiens s'effondrent sous les rênes.
Παρόλα αυτά, καβάλησε για μέρες, μέχρι που τα σκυλιά κατέρρευσαν στα ηνία.
Le traîneau s'arrêta et Charles et Hal la supplièrent de marcher.
Το έλκηθρο έμεινε ακίνητο, και ο Τσαρλς και ο Χαλ την παρακάλεσαν να περπατήσει.

Ils la supplièrent et la supplièrent, mais elle pleura et les traita de cruels.
Παρακαλούσαν και ικέτευαν, αλλά εκείνη έκλαιγε και τους αποκαλούσε σκληρούς.
À une occasion, ils l'ont tirée du traîneau avec force et colère.
Σε μια περίπτωση, την τράβηξαν από το έλκηθρο με απόλυτη δύναμη και θυμό.
Ils n'ont plus jamais essayé après ce qui s'est passé cette fois-là.
Δεν ξαναπροσπάθησαν ποτέ μετά από αυτό που συνέβη εκείνη τη φορά.
Elle devint molle comme un enfant gâté et s'assit dans la neige.
Έπεσε κουτσαίνοντας σαν κακομαθημένο παιδί και κάθισε στο χιόνι.
Ils continuèrent leur chemin, mais elle refusa de se lever ou de les suivre.
Προχώρησαν, αλλά εκείνη αρνήθηκε να σηκωθεί ή να τους ακολουθήσει.
Après trois milles, ils s'arrêtèrent, revinrent et la ramenèrent.
Μετά από τρία μίλια, σταμάτησαν, επέστρεψαν και την κουβάλησαν πίσω.
Ils l'ont rechargée sur le traîneau, en utilisant encore une fois la force brute.
Την ξαναφόρτωσαν στο έλκηθρο, χρησιμοποιώντας και πάλι ωμή δύναμη.
Dans leur profonde misère, ils étaient insensibles à la souffrance des chiens.
Μέσα στη βαθιά τους δυστυχία, ήταν ασυγκίνητοι απέναντι στα βάσανα των σκύλων.
Hal croyait qu'il fallait s'endurcir et il a imposé cette croyance aux autres.
Ο Χαλ πίστευε ότι κάποιος πρέπει να σκληραγωγηθεί και επιβάλλει αυτή την πεποίθηση στους άλλους.
Il a d'abord essayé de prêcher sa philosophie à sa sœur
Αρχικά προσπάθησε να κηρύξει τη φιλοσοφία του στην αδερφή του

et puis, sans succès, il prêcha à son beau-frère.
και έπειτα, χωρίς επιτυχία, κήρυξε στον κουνιάδο του.

Il a eu plus de succès avec les chiens, mais seulement parce qu'il leur a fait du mal.
Είχε μεγαλύτερη επιτυχία με τα σκυλιά, αλλά μόνο επειδή τα πλήγωνε.

Chez Five Fingers, la nourriture pour chiens est complètement épuisée.
Στο Five Fingers, η τροφή για σκύλους τελείωσε εντελώς.

Une vieille squaw édentée a vendu quelques kilos de peau de cheval congelée
Μια ηλικιωμένη γυναίκα χωρίς δόντια πούλησε μερικά κιλά κατεψυγμένο δέρμα αλόγου

Hal a échangé son revolver contre la peau de cheval séchée.
Ο Χαλ αντάλλαξε το περίστροφό του με το αποξηραμένο δέρμα αλόγου.

La viande provenait de chevaux affamés d'éleveurs de bétail des mois auparavant.
Το κρέας είχε προέλθει από πεινασμένα άλογα ή κτηνοτρόφους μήνες πριν.

Gelée, la peau était comme du fer galvanisé ; dure et immangeable.
Παγωμένο, το δέρμα ήταν σαν γαλβανισμένο σίδερο· σκληρό και μη βρώσιμο.

Les chiens devaient mâcher la peau sans fin pour la manger.
Τα σκυλιά έπρεπε να μασούν ατελείωτα το τομάρι για να το φάνε.

Mais les cordes en cuir et les cheveux courts n'étaient guère une nourriture.
Αλλά οι δερμάτινες κλωστές και τα κοντά μαλλιά δεν ήταν καθόλου τροφή.

La majeure partie de la peau était irritante et ne constituait pas véritablement de la nourriture.
Το μεγαλύτερο μέρος του δέρματος ήταν ενοχλητικό και όχι φαγητό με την πραγματική έννοια του όρου.

Et pendant tout ce temps, Buck titubait en tête, comme dans un cauchemar.

Και μέσα σε όλα αυτά, ο Μπακ παραπατούσε μπροστά, σαν σε εφιάλτη.

Il tirait quand il le pouvait ; quand il ne le pouvait pas, il restait allongé jusqu'à ce qu'un fouet ou un gourdin le relève.

Τραβούσε όταν μπορούσε· όταν δεν μπορούσε, έμενε ξαπλωμένος μέχρι να τον σηκώσει μαστίγιο ή ρόπαλο.

Son pelage fin et brillant avait perdu toute sa rigidité et son éclat d'autrefois.

Το λεπτό, γυαλιστερό τρίχωμά του είχε χάσει όλη την ακαμψία και τη λάμψη που είχε κάποτε.

Ses cheveux pendaient, mous, en bataille et coagulés par le sang séché des coups.

Τα μαλλιά του κρέμονταν άτονα, σέρνονταν και ήταν πηγμένα από ξεραμένο αίμα από τα χτυπήματα.

Ses muscles se sont réduits à l'état de cordes et ses coussinets de chair étaient tous usés.

Οι μύες του συρρικνώθηκαν και οι σάρκες του είχαν φθαρεί.

Chaque côte, chaque os apparaissait clairement à travers les plis de la peau ridée.

Κάθε πλευρά, κάθε οστό φαινόταν καθαρά μέσα από πτυχές του ζαρωμένου δέρματος.

C'était déchirant, mais le cœur de Buck ne pouvait pas se briser.

Ήταν σπαρακτικό, κι όμως η καρδιά του Μπακ δεν μπορούσε να ραγίσει.

L'homme au pull rouge avait testé cela et l'avait prouvé il y a longtemps.

Ο άντρας με το κόκκινο πουλόβερ το είχε δοκιμάσει και το είχε αποδείξει προ πολλού.

Comme ce fut le cas pour Buck, ce fut le cas pour tous ses coéquipiers restants.

Όπως συνέβη με τον Μπακ, έτσι συνέβη και με όλους τους εναπομείναντες συμπαίκτες του.

Il y en avait sept au total, chacun étant un squelette ambulant de misère.

Υπήρχαν συνολικά επτά, ο καθένας ένας κινούμενος σκελετός δυστυχίας.

Ils étaient devenus insensibles au fouet, ne ressentant qu'une douleur lointaine.

Είχαν μουδιάσει στο βλεφαρίδα, νιώθοντας μόνο μακρινό πόνο.

Même la vue et le son leur parvenaient faiblement, comme à travers un épais brouillard.

Ακόμα και η όραση και ο ήχος τους έφταναν αμυδρά, σαν μέσα από πυκνή ομίχλη.

Ils n'étaient pas à moitié vivants : c'étaient des os avec de faibles étincelles à l'intérieur.

Δεν ήταν μισοζώντανοι — ήταν κόκαλα με αμυδρές σπίθες μέσα.

Lorsqu'ils s'arrêtèrent, ils s'effondrèrent comme des cadavres, leurs étincelles presque éteintes.

Όταν τους σταμάτησαν, κατέρρευσαν σαν πτώματα, με τις σπίθες τους σχεδόν να έχουν εξαφανιστεί.

Et lorsque le fouet ou le gourdin frappaient à nouveau, les étincelles voltigeaient faiblement.

Και όταν το μαστίγιο ή το ρόπαλο ξαναχτύπησε, οι σπίθες φτερούγισαν αδύναμα.

Puis ils se levèrent, titubèrent en avant et traînèrent leurs membres en avant.

Έπειτα σηκώθηκαν, παραπατούσαν μπροστά και έσερναν τα άκρα τους μπροστά.

Un jour, le gentil Billee tomba et ne put plus se relever du tout.

Μια μέρα η ευγενική Μπίλι έπεσε και δεν μπορούσε πλέον να σηκωθεί καθόλου.

Hal avait échangé son revolver, alors il a utilisé une hache pour tuer Billee à la place.

Ο Χαλ είχε ανταλλάξει το περίστροφό του, οπότε χρησιμοποίησε ένα τσεκούρι για να σκοτώσει την Μπίλι.

Il le frappa à la tête, puis lui coupa le corps et le traîna.

Τον χτύπησε στο κεφάλι, έπειτα έκοψε το σώμα του και το έσυρε μακριά.

Buck vit cela, et les autres aussi ; ils savaient que la mort était proche.
Ο Μπακ το είδε αυτό, όπως και οι άλλοι· ήξεραν ότι ο θάνατος ήταν κοντά.

Le lendemain, Koona partit, ne laissant que cinq chiens dans l'équipe affamée.
Την επόμενη μέρα η Κούνα έφυγε, αφήνοντας μόνο πέντε σκυλιά στην πεινασμένη ομάδα.

Joe, qui n'était plus méchant, était trop loin pour se rendre compte de quoi que ce soit.
Ο Τζο, όχι πια κακός, ήταν πολύ ξεπερασμένος για να αντιληφθεί και πολλά.

Pike, ne faisant plus semblant d'être blessé, était à peine conscient.
Ο Πάικ, που δεν προσποιούνταν πλέον τον τραυματισμό του, μόλις που είχε τις αισθήσεις του.

Solleks, toujours fidèle, se lamentait de ne plus avoir de force à donner.
Ο Σόλεκς, ακόμα πιστός, θρήνησε που δεν είχε δύναμη να δώσει.

Teek a été le plus battu parce qu'il était plus frais, mais qu'il s'estompait rapidement.
Ο Τικ ηττήθηκε περισσότερο επειδή ήταν πιο φρέσκος, αλλά ξεθώριαζε γρήγορα.

Et Buck, toujours en tête, ne maintenait plus l'ordre ni ne le faisait respecter.
Και ο Μπακ, που εξακολουθούσε να προηγείται, δεν τηρούσε πλέον την τάξη ούτε την επιβαλλόταν.

À moitié aveugle à cause de sa faiblesse, Buck suivit la piste au toucher seul.
Μισοτυφλωμένος από αδυναμία, ο Μπακ ακολούθησε το μονοπάτι νιώθοντας μόνος.

C'était un beau temps printanier, mais aucun d'entre eux ne l'a remarqué.
Ήταν όμορφος ανοιξιάτικος καιρός, αλλά κανείς τους δεν τον πρόσεξε.

Chaque jour, le soleil se levait plus tôt et se couchait plus tard qu'avant.
Κάθε μέρα ο ήλιος ανέτειλε νωρίτερα και έδυε αργότερα από πριν.
À trois heures du matin, l'aube était arrivée ; le crépuscule durait jusqu'à neuf heures.
Στις τρεις το πρωί, είχε έρθει η αυγή· το λυκόφως διαρκούσε μέχρι τις εννέα.
Les longues journées étaient remplies du plein soleil printanier.
Οι μακριές μέρες ήταν γεμάτες με την πλήρη λάμψη του ανοιξιάτικου ήλιου.
Le silence fantomatique de l'hiver s'était transformé en un murmure chaleureux.
Η στοιχειωμένη σιωπή του χειμώνα είχε μετατραπεί σε ένα ζεστό μουρμουρητό.
Toute la terre s'éveillait, animée par la joie des êtres vivants.
Όλη η γη ξυπνούσε, ζωντανή από τη χαρά των ζωντανών όντων.
Le bruit provenait de ce qui était resté mort et immobile pendant l'hiver.
Ο ήχος προερχόταν από κάτι που είχε ξαπλώσει νεκρό και ακίνητο κατά τη διάρκεια του χειμώνα.
Maintenant, ces choses bougeaient à nouveau, secouant le long sommeil de gel.
Τώρα, αυτά τα πράγματα κινήθηκαν ξανά, τινάζοντας από πάνω τους τον μακρύ ύπνο του παγετού.
La sève montait à travers les troncs sombres des pins en attente.
Χυμός ανέβαινε μέσα από τους σκοτεινούς κορμούς των πεύκων που περίμεναν.
Les saules et les trembles font apparaître de jeunes bourgeons brillants sur chaque brindille.
Οι ιτιές και οι λεύκες βγάζουν φωτεινά νεαρά μπουμπούκια σε κάθε κλαδί.
Les arbustes et les vignes se parent d'un vert frais tandis que les bois prennent vie.

Οι θάμνοι και τα αμπέλια απέκτησαν φρέσκο πράσινο καθώς το δάσος ζωντάνεψε.
Les grillons chantaient la nuit et les insectes rampaient au soleil.
Τα τριζόνια κελαηδούσαν τη νύχτα και τα έντομα σέρνονταν στον ήλιο της ημέρας.
Les perdrix résonnaient et les pics frappaient profondément dans les arbres.
Οι πέρδικες βρυχήθηκαν και οι δρυοκολάπτες χτυπούσαν βαθιά μέσα στα δέντρα.
Les écureuils bavardaient, les oiseaux chantaient et les oies klaxonnaient au-dessus des chiens.
Οι σκίουροι κελαηδούσαν, τα πουλιά τραγουδούσαν και οι χήνες κορνάριζαν πάνω από τα σκυλιά.
Les oiseaux sauvages arrivaient en groupes serrés, volant vers le haut depuis le sud.
Τα αγριοκότατα έρχονταν σε αιχμηρές σφήνες, πετώντας από το νότο.
De chaque colline venait la musique des ruisseaux cachés et impétueux.
Από κάθε πλαγιά του λόφου ακουγόταν η μουσική κρυφών, ορμητικών ρυακιών.
Toutes choses ont dégelé et se sont brisées, se sont pliées et ont repris leur mouvement.
Όλα τα πράγματα ξεπάγωσαν και έσπασαν, λύγισαν και ξαναρχίστηκαν.
Le Yukon s'efforçait de briser les chaînes de froid de la glace gelée.
Το Γιούκον προσπάθησε να σπάσει τις ψυχρές αλυσίδες του παγωμένου πάγου.
La glace fondait en dessous, tandis que le soleil la faisait fondre par le dessus.
Ο πάγος έλιωνε από κάτω, ενώ ο ήλιος τον έλιωνε από ψηλά.
Des trous d'aération se sont ouverts, des fissures se sont propagées et des morceaux sont tombés dans la rivière.

Άνοιξαν τρύπες αέρα, ρωγμές εξαπλώθηκαν και κομμάτια έπεσαν στο ποτάμι.

Au milieu de toute cette vie débordante et flamboyante, les voyageurs titubaient.

Μέσα σε όλη αυτή την ξέφρενη και φλεγόμενη ζωή, οι ταξιδιώτες παραπατούσαν.

Deux hommes, une femme et une meute de huskies marchaient comme des morts.

Δύο άντρες, μια γυναίκα και μια αγέλη χάσκι περπατούσαν σαν νεκροί.

Les chiens tombaient, Mercedes pleurait, mais continuait à conduire le traîneau.

Τα σκυλιά έπεφταν, η Μερσέντες έκλαιγε, αλλά συνέχιζε να καβαλάει το έλκηθρο.

Hal jura faiblement et Charles cligna des yeux à travers ses yeux larmoyants.

Ο Χαλ έβρισε αδύναμα, και ο Τσαρλς ανοιγόκλεισε τα μάτια του με δακρυσμένα μάτια.

Ils tombèrent sur le camp de John Thornton à l'embouchure de la rivière White.

Μπήκαν τυχαία στο στρατόπεδο του Τζον Θόρντον στις εκβολές του Γουάιτ Ρίβερ.

Lorsqu'ils s'arrêtèrent, les chiens s'effondrèrent, comme s'ils étaient tous morts.

Όταν σταμάτησαν, τα σκυλιά έπεσαν κάτω, σαν να χτύπησαν όλα νεκρά.

Mercedes essuya ses larmes et regarda John Thornton.

Η Μερσέντες σκούπισε τα δάκρυά της και κοίταξε τον Τζον Θόρντον.

Charles s'assit sur une bûche, lentement et raidement, souffrant du sentier.

Ο Τσαρλς κάθισε σε ένα κούτσουρο, αργά και άκαμπτα, πονώντας από το μονοπάτι.

Hal parlait pendant que Thornton sculptait l'extrémité d'un manche de hache.

Ο Χαλ μιλούσε καθώς ο Θόρντον σκάλιζε την άκρη της λαβής ενός τσεκουριού.

Il taillait du bois de bouleau et répondait par des réponses brèves et fermes.
Έκοψε ξύλο σημύδας και απάντησε με σύντομες, σταθερές απαντήσεις.
Lorsqu'on lui a demandé son avis, il a donné des conseils, certain qu'ils ne seraient pas suivis.
Όταν του ζητήθηκε, έδωσε συμβουλές, βέβαιος ότι δεν θα τις ακολουθούσε.
Hal a expliqué : « Ils nous ont dit que la glace du sentier disparaissait. »
Ο Χαλ εξήγησε: «Μας είπαν ότι ο πάγος του μονοπατιού έπεφτε».
« Ils ont dit que nous devions rester sur place, mais nous sommes arrivés à White River. »
«Είπαν ότι έπρεπε να μείνουμε εκεί—αλλά καταφέραμε να φτάσουμε στο Γουάιτ Ρίβερ.»
Il a terminé sur un ton moqueur, comme pour crier victoire dans les difficultés.
Τελείωσε με έναν χλευαστικό τόνο, σαν να διεκδικούσε τη νίκη μέσα σε δυσκολίες.
« Et ils t'ont dit la vérité », répondit doucement John Thornton à Hal.
«Και σου είπαν την αλήθεια», απάντησε ήσυχα ο Τζον Θόρντον στον Χαλ.
« La glace peut céder à tout moment, elle est prête à tomber. »
«Ο πάγος μπορεί να υποχωρήσει ανά πάσα στιγμή — είναι έτοιμος να πέσει.»
« Seuls un peu de chance et des imbéciles ont pu arriver jusqu'ici en vie. »
«Μόνο η τυφλή τύχη και οι ανόητοι θα μπορούσαν να έχουν φτάσει τόσο μακριά ζωντανοί.»
« Je vous le dis franchement, je ne risquerais pas ma vie pour tout l'or de l'Alaska. »
«Σας λέω ευθέως, δεν θα ρίσκαρα τη ζωή μου για όλο το χρυσάφι της Αλάσκας.»

« C'est parce que tu n'es pas un imbécile, je suppose », répondit Hal.

«Αυτό συμβαίνει επειδή δεν είσαι ανόητος, υποθέτω», απάντησε ο Χαλ.

« Tout de même, nous irons à Dawson. » Il déroula son fouet.

«Παρόλα αυτά, θα πάμε στο Ντόσον.» Ξετύλιξε το μαστίγιό του.

« Monte là-haut, Buck ! Salut ! Debout ! Vas-y ! » cria-t-il durement.

«Σήκω εκεί πάνω, Μπακ! Γεια! Σήκω πάνω! Συνέχισε!» φώναξε σκληρά.

Thornton continuait à tailler, sachant que les imbéciles n'entendraient pas la raison.

Ο Θόρντον συνέχιζε να μιλάει, γνωρίζοντας ότι οι ανόητοι δεν θα ακούσουν τη λογική.

Arrêter un imbécile était futile, et deux ou trois imbéciles ne changeaient rien.

Το να σταματήσεις έναν ανόητο ήταν μάταιο — και δύο ή τρεις ανόητοι δεν άλλαζαν τίποτα.

Mais l'équipe n'a pas bougé au son de l'ordre de Hal.

Αλλά η ομάδα δεν κουνήθηκε στο άκουσμα της εντολής του Χαλ.

Désormais, seuls les coups pouvaient les faire se relever et avancer.

Μέχρι τώρα, μόνο χτυπήματα μπορούσαν να τους κάνουν να σηκωθούν και να τραβήξουν μπροστά.

Le fouet claquait encore et encore sur les chiens affaiblis.

Το μαστίγιο χτυπούσε ξανά και ξανά πάνω στα αδύναμα σκυλιά.

John Thornton serra fermement ses lèvres et regarda en silence.

Ο Τζον Θόρντον έσφιξε σφιχτά τα χείλη του και παρακολουθούσε σιωπηλός.

Solleks fut le premier à se relever sous le fouet.

Ο Σόλεκς ήταν ο πρώτος που σηκώθηκε όρθιος κάτω από το μαστίγιο.

Puis Teek le suivit, tremblant. Joe poussa un cri en se relevant.

Έπειτα ο Τικ τον ακολούθησε τρέμοντας. Ο Τζο ούρλιαξε καθώς σκόνταψε πάνω.

Pike a essayé de se relever, a échoué deux fois, puis est finalement resté debout, chancelant.

Ο Πάικ προσπάθησε να σηκωθεί, απέτυχε δύο φορές, και τελικά στάθηκε ασταθής.

Mais Buck resta là où il était tombé, sans bouger du tout cette fois.

Αλλά ο Μπακ ήταν ξαπλωμένος εκεί που είχε πέσει, ακίνητος αυτή τη φορά.

Le fouet le frappait à plusieurs reprises, mais il ne faisait aucun bruit.

Το μαστίγιο τον χτυπούσε ξανά και ξανά, αλλά δεν έβγαζε ήχο.

Il n'a pas bronché ni résisté, il est simplement resté immobile et silencieux.

Δεν τσίμπησε ούτε αντιστάθηκε, απλώς παρέμεινε ακίνητος και σιωπηλός.

Thornton remua plus d'une fois, comme pour parler, mais ne le fit pas.

Ο Θόρντον κουνήθηκε περισσότερες από μία φορές, σαν να ήθελε να μιλήσει, αλλά δεν το έκανε.

Ses yeux s'humidifièrent, et le fouet continuait à claquer contre Buck.

Τα μάτια του έβρεξαν, και το μαστίγιο εξακολουθούσε να χτυπάει πάνω στον Μπακ.

Finalement, Thornton commença à marcher lentement, ne sachant pas quoi faire.

Επιτέλους, ο Θόρντον άρχισε να περπατάει αργά, αβέβαιος για το τι να κάνει.

C'était la première fois que Buck échouait, et Hal devint furieux.

Ήταν η πρώτη φορά που ο Μπακ αποτύγχανε, και ο Χαλ έγινε έξαλλος.

Il a jeté le fouet et a pris la lourde massue à la place.

Πέταξε κάτω το μαστίγιο και πήρε αντ' αυτού το βαρύ ρόπαλο.

Le club en bois s'abattit violemment, mais Buck ne se releva toujours pas pour bouger.

Το ξύλινο ρόπαλο έπεσε με δύναμη, αλλά ο Μπακ δεν σηκώθηκε ακόμα για να κουνηθεί.

Comme ses coéquipiers, il était trop faible, mais plus que cela.

Όπως και οι συμπαίκτες του, ήταν πολύ αδύναμος — αλλά κάτι παραπάνω από αυτό.

Buck avait décidé de ne pas bouger, quoi qu'il arrive.

Ο Μπακ είχε αποφασίσει να μην κουνηθεί, ό,τι και να επακολουθούσε.

Il sentait quelque chose de sombre et de certain planer juste devant lui.

Ένιωσε κάτι σκοτεινό και σίγουρο να αιωρείται ακριβώς μπροστά του.

Cette peur l'avait saisi dès qu'il avait atteint la rive du fleuve.

Αυτός ο τρόμος τον είχε κυριεύσει μόλις έφτασε στην όχθη του ποταμού.

Cette sensation ne l'avait pas quitté depuis qu'il sentait la glace s'amincir sous ses pattes.

Το συναίσθημα δεν τον είχε εγκαταλείψει από τότε που ένιωθε τον πάγο λεπτό κάτω από τα πόδια του.

Quelque chose de terrible l'attendait – il le sentait juste au bout du sentier.

Κάτι τρομερό τον περίμενε — το ένιωσε λίγο πιο κάτω στο μονοπάτι.

Il n'allait pas marcher vers cette terrible chose devant lui.

Δεν επρόκειτο να περπατήσει προς αυτό το τρομερό πράγμα μπροστά του

Il n'allait pas obéir à un quelconque ordre qui le conduirait à cette chose.

Δεν επρόκειτο να υπακούσει σε καμία εντολή που τον οδηγούσε σε εκείνο το πράγμα.

La douleur des coups ne l'atteignait plus guère, il était trop loin.
Ο πόνος από τα χτυπήματα μόλις που τον άγγιζε τώρα — είχε εξαφανιστεί πολύ.
L'étincelle de vie vacillait faiblement, s'affaiblissant sous chaque coup cruel.
Η σπίθα της ζωής τρεμόπαιζε χαμηλά, σβήνοντας κάτω από κάθε σκληρό χτύπημα.
Ses membres semblaient lointains ; tout son corps semblait appartenir à un autre.
Τα άκρα του ένιωθαν απόμακρα· ολόκληρο το σώμα του έμοιαζε να ανήκει σε κάποιον άλλο.
Il ressentit un étrange engourdissement alors que la douleur disparaissait complètement.
Ένιωσε ένα παράξενο μούδιασμα καθώς ο πόνος υποχώρησε εντελώς.
De loin, il sentait qu'il était battu, mais il le savait à peine.
Από μακριά, ένιωθε ότι τον χτυπούσαν, αλλά μόλις που το κατάλαβε.
Il pouvait entendre les coups sourds faiblement, mais ils ne faisaient plus vraiment mal.
Άκουγε αμυδρά τους γδούπους, αλλά δεν πονούσαν πια πραγματικά.
Les coups ont porté, mais son corps ne semblait plus être le sien.
Τα χτυπήματα έπεσαν, αλλά το σώμα του δεν έμοιαζε πια με δικό του.
Puis, soudain, sans prévenir, John Thornton poussa un cri sauvage.
Τότε ξαφνικά, χωρίς προειδοποίηση, ο Τζον Θόρντον έβγαλε μια άγρια κραυγή.
C'était inarticulé, plus le cri d'une bête que celui d'un homme.
Ήταν άναρθρο, περισσότερο σαν κραυγή θηρίου παρά ανθρώπου.
Il sauta sur l'homme avec la massue et renversa Hal en arrière.

Πήδηξε πάνω στον άντρα με το ρόπαλο και έριξε τον Χαλ προς τα πίσω.

Hal vola comme s'il avait été frappé par un arbre, atterrissant durement sur le sol.

Ο Χαλ πέταξε σαν να τον είχε χτυπήσει δέντρο, και προσγειώθηκε με δύναμη στο έδαφος.

Mercedes a crié de panique et s'est agrippée au visage.

Η Μερσέντες ούρλιαξε πανικόβλητη και άρπαξε το πρόσωπό της.

Charles se contenta de regarder, s'essuya les yeux et resta assis.

Ο Κάρολος απλώς κοίταζε, σκούπισε τα μάτια του και έμεινε καθισμένος.

Son corps était trop raide à cause de la douleur pour se lever ou aider au combat.

Το σώμα του ήταν πολύ άκαμπτο από τον πόνο για να σηκωθεί ή να βοηθήσει στη μάχη.

Thornton se tenait au-dessus de Buck, tremblant de fureur, incapable de parler.

Ο Θόρντον στεκόταν πάνω από τον Μπακ, τρέμοντας από οργή, ανίκανος να μιλήσει.

Il tremblait de rage et luttait pour trouver sa voix à travers elle.

Έτρεμε από οργή και πάλευε να βρει τη φωνή του μέσα από αυτό.

« Si tu frappes encore ce chien, je te tue », dit-il finalement.

«Αν ξαναχτυπήσεις αυτό το σκυλί, θα σε σκοτώσω», είπε τελικά.

Hal essuya le sang de sa bouche et s'avança à nouveau.

Ο Χαλ σκούπισε το αίμα από το στόμα του και ήρθε ξανά μπροστά.

« C'est mon chien », murmura-t-il. « Dégage, ou je te répare. »

«Είναι ο σκύλος μου», μουρμούρισε. «Φύγε από τη μέση, αλλιώς θα σε φτιάξω εγώ.»

« Je vais à Dawson, et vous ne m'en empêcherez pas », a-t-il ajouté.

«Πάω στο Ντόσον και δεν με σταματάς», πρόσθεσε.

Thornton se tenait fermement entre Buck et le jeune homme en colère.

Ο Θόρντον στάθηκε σταθερός ανάμεσα στον Μπακ και τον θυμωμένο νεαρό.

Il n'avait aucune intention de s'écarter ou de laisser passer Hal.

Δεν είχε καμία πρόθεση να κάνει στην άκρη ή να αφήσει τον Χαλ να περάσει.

Hal sortit son couteau de chasse, long et dangereux à la main.

Ο Χαλ έβγαλε το κυνηγετικό του μαχαίρι, που το κρατούσε μακρύ και επικίνδυνο.

Mercedes a crié, puis pleuré, puis ri dans une hystérie sauvage.

Η Μερσέντες ούρλιαξε, μετά έκλαψε και μετά γέλασε με τρελή υστερία.

Thornton frappa la main de Hal avec le manche de sa hache, fort et vite.

Ο Θόρντον χτύπησε το χέρι του Χαλ με τη λαβή του τσεκουριού του, δυνατά και γρήγορα.

Le couteau s'est détaché de la main de Hal et a volé au sol.

Το μαχαίρι έφυγε από τη λαβή του Χαλ και έπεσε στο έδαφος.

Hal essaya de ramasser le couteau, et Thornton frappa à nouveau ses jointures.

Ο Χαλ προσπάθησε να σηκώσει το μαχαίρι, και ο Θόρντον χτύπησε ξανά τις αρθρώσεις του.

Thornton se baissa alors, attrapa le couteau et le tint.

Τότε ο Θόρντον έσκυψε, άρπαξε το μαχαίρι και το κράτησε.

D'un coup rapide de manche de hache, il coupa les rênes de Buck.

Με δύο γρήγορα χτυπήματα της λαβής του τσεκουριού, έκοψε τα ηνία του Μπακ.

Hal n'avait plus aucune résistance et s'éloigna du chien.

Ο Χαλ δεν είχε πια καμία μάχη μέσα του και έκανε ένα βήμα πίσω από τον σκύλο.

De plus, Mercedes avait désormais besoin de ses deux bras pour se maintenir debout.
Άλλωστε, η Μερσέντες χρειαζόταν τώρα και τα δύο χέρια της για να την κρατήσει όρθια.
Buck était trop proche de la mort pour pouvoir à nouveau tirer un traîneau.
Ο Μπακ ήταν πολύ κοντά στον θάνατο για να είναι ξανά χρήσιμος για να σύρει έλκηθρο.
Quelques minutes plus tard, ils se sont retirés et ont descendu la rivière.
Λίγα λεπτά αργότερα, βγήκαν έξω, κατευθυνόμενοι προς το ποτάμι.
Buck leva faiblement la tête et les regarda quitter la banque.
Ο Μπακ σήκωσε αδύναμα το κεφάλι του και τους παρακολούθησε να φεύγουν από την τράπεζα.
Pike a mené l'équipe, avec Solleks à l'arrière dans la roue.
Ο Πάικ ηγήθηκε της ομάδας, με τον Σόλεκς πίσω στη θέση του τιμονιού.
Joe et Teek marchaient entre eux, tous deux boitant d'épuisement.
Ο Τζο και ο Τικ περπατούσαν ανάμεσά τους, κουτσαίνοντας και οι δύο από την εξάντληση.
Mercedes s'assit sur le traîneau et Hal saisit le long mât.
Η Μερσέντες κάθισε στο έλκηθρο και ο Χαλ κρατούσε σφιχτά το μακρύ κοντάρι.
Charles trébuchait derrière, ses pas maladroits et incertains.
Ο Κάρολος παραπατούσε πίσω, με τα βήματά του αδέξια και αβέβαια.
Thornton s'agenouilla près de Buck et chercha doucement des os cassés.
Ο Θόρντον γονάτισε δίπλα στον Μπακ και έψαξε απαλά για σπασμένα κόκαλα.
Ses mains étaient rudes mais bougeaient avec gentillesse et attention.
Τα χέρια του ήταν τραχιά αλλά κινούνταν με καλοσύνη και φροντίδα.

Le corps de Buck était meurtri mais ne présentait aucune blessure durable.
Το σώμα του Μπακ ήταν μελανιασμένο αλλά δεν έδειξε μόνιμο τραυματισμό.
Ce qui restait, c'était une faim terrible et une faiblesse quasi totale.
Αυτό που παρέμενε ήταν τρομερή πείνα και σχεδόν ολοκληρωτική αδυναμία.
Au moment où cela fut clair, le traîneau était déjà loin en aval.
Μέχρι να ξεκαθαρίσει αυτό, το έλκηθρο είχε κατευθυνθεί πολύ προς τα κάτω του ποταμού.
L'homme et le chien regardaient le traîneau ramper lentement sur la glace fissurée.
Ο άντρας και ο σκύλος παρακολουθούσαν το έλκηθρο να σέρνεται αργά πάνω στον σπασμένο πάγο.
Puis, ils virent le traîneau s'enfoncer dans un creux.
Έπειτα, είδαν το έλκηθρο να βυθίζεται σε μια κοιλότητα.
Le mât s'est envolé, Hal s'y accrochant toujours en vain.
Το τζι-πόλος πέταξε ψηλά, με τον Χαλ να εξακολουθεί να κρέμεται πάνω του μάταια.
Le cri de Mercedes les atteignit à travers la distance froide.
Η κραυγή της Μερσέντες έφτασε σε αυτούς πέρα από την κρύα απόσταση.
Charles se retourna et recula, mais il était trop tard.
Ο Τσαρλς γύρισε και έκανε ένα βήμα πίσω—αλλά ήταν πολύ αργά.
Une calotte glaciaire entière a cédé et ils sont tous tombés à travers.
Ένα ολόκληρο στρώμα πάγου υποχώρησε και όλοι έπεσαν μέσα.
Les chiens, le traîneau et les gens ont disparu dans l'eau noire en contrebas.
Σκυλιά, έλκηθρα και άνθρωποι εξαφανίστηκαν στα μαύρα νερά από κάτω.
Il ne restait qu'un large trou dans la glace là où ils étaient passés.

Μόνο μια μεγάλη τρύπα στον πάγο είχε απομείνει από εκεί που είχαν περάσει.

Le fond du sentier s'était affaissé, comme Thornton l'avait prévenu.

Το κάτω μέρος του μονοπατιού είχε κατρακυλήσει— ακριβώς όπως είχε προειδοποιήσει ο Θόρντον.

Thornton et Buck se regardèrent, silencieux pendant un moment.

Ο Θόρντον και ο Μπακ κοιτάχτηκαν μεταξύ τους, σιωπηλοί για μια στιγμή.

« Pauvre diable », dit doucement Thornton, et Buck lui lécha la main.

«Καημένος διάβολε», είπε απαλά ο Θόρντον, και ο Μπακ του έγλειψε το χέρι.

Pour l'amour d'un homme
Για την αγάπη ενός άντρα

John Thornton s'est gelé les pieds dans le froid du mois de décembre précédent.
Ο Τζον Θόρντον πάγωσε τα πόδια του στο κρύο του προηγούμενου Δεκεμβρίου.
Ses partenaires l'ont mis à l'aise et l'ont laissé se rétablir seul.
Οι συνεργάτες του τον έκαναν να νιώσει άνετα και τον άφησαν να αναρρώσει μόνος του.
Ils remontèrent la rivière pour rassembler un radeau de billes de bois pour Dawson.
Ανέβηκαν το ποτάμι για να μαζέψουν μια σειρά από κορμούς πριονιού για τον Ντόσον.
Il boitait encore légèrement lorsqu'il a sauvé Buck de la mort.
Κουτσαίωνε ακόμα ελαφρώς όταν έσωσε τον Μπακ από τον θάνατο.
Mais avec le temps chaud qui continue, même cette boiterie a disparu.
Αλλά με τη συνεχιζόμενη ζέστη, ακόμη και αυτή η αδράνεια εξαφανίστηκε.
Allongé au bord de la rivière pendant les longues journées de printemps, Buck se reposait.
Ξαπλωμένος στην όχθη του ποταμού κατά τη διάρκεια των μακριών ανοιξιάτικων ημερών, ο Μπακ ξεκουραζόταν.
Il regardait l'eau couler et écoutait les oiseaux et les insectes.
Παρατηρούσε το τρεχούμενο νερό και άκουγε τα πουλιά και τα έντομα.
Lentement, Buck reprit ses forces sous le soleil et le ciel.
Σιγά σιγά, ο Μπακ ανέκτησε τις δυνάμεις του κάτω από τον ήλιο και τον ουρανό.
Un repos merveilleux après avoir parcouru trois mille kilomètres.
Η ξεκούραση ήταν υπέροχη μετά από ταξίδια τριών χιλιάδων μιλίων.

Buck est devenu paresseux à mesure que ses blessures guérissaient et que son corps se remplissait.
Ο Μπακ έγινε τεμπέλης καθώς οι πληγές του επουλώθηκαν και το σώμα του γέμισε.
Ses muscles se raffermirent et la chair revint recouvrir ses os.
Οι μύες του σφίχτηκαν και η σάρκα επέστρεψε για να καλύψει τα κόκαλά του.
Ils se reposaient tous : Buck, Thornton, Skeet et Nig.
Όλοι ξεκουράζονταν — ο Μπακ, ο Θόρντον, ο Σκιτ και ο Νιγκ.
Ils attendaient le radeau qui allait les transporter jusqu'à Dawson.
Περίμεναν τη σχεδία που θα τους μετέφερε στο Ντόσον.
Skeet était un petit setter irlandais qui s'est lié d'amitié avec Buck.
Ο Σκιτ ήταν ένας μικρός Ιρλανδός σέτερ που έκανε παρέα με τον Μπακ.
Buck était trop faible et malade pour lui résister lors de leur première rencontre.
Ο Μπακ ήταν πολύ αδύναμος και άρρωστος για να της αντισταθεί στην πρώτη τους συνάντηση.
Skeet avait le trait de guérisseur que certains chiens possèdent naturellement.
Ο Σκιτ είχε το χαρακτηριστικό του θεραπευτή που έχουν φυσικά κάποια σκυλιά.
Comme une mère chatte, elle lécha et nettoya les blessures à vif de Buck.
Σαν μητέρα γάτα, έγλειψε και καθάρισε τις πληγές του Μπακ.
Chaque matin, après le petit-déjeuner, elle répétait son travail minutieux.
Κάθε πρωί μετά το πρωινό, επαναλάμβανε την προσεκτική της δουλειά.
Buck s'attendait à son aide autant qu'à celle de Thornton.
Ο Μπακ περίμενε τη βοήθειά της όσο και του Θόρντον.
Nig était également amical, mais moins ouvert et moins affectueux.

Ο Νιγκ ήταν κι αυτός φιλικός, αλλά λιγότερο ανοιχτός και λιγότερο στοργικός.

Nig était un gros chien noir, à la fois chien de Saint-Hubert et chien de chasse.

Ο Νιγκ ήταν ένα μεγάλο μαύρο σκυλί, εν μέρει λαγωνικό και εν μέρει λαγωνικό.

Il avait des yeux rieurs et une infinie bonne nature dans son esprit.

Είχε γελαστά μάτια και ατελείωτη καλοσύνη στο πνεύμα του.

À la surprise de Buck, aucun des deux chiens n'a montré de jalousie envers lui.

Προς έκπληξη του Μπακ, κανένα από τα δύο σκυλιά δεν έδειξε ζήλια απέναντί του.

Skeet et Nig ont tous deux partagé la gentillesse de John Thornton.

Τόσο ο Σκιτ όσο και ο Νιγκ μοιράστηκαν την καλοσύνη του Τζον Θόρντον.

À mesure que Buck devenait plus fort, ils l'ont attiré dans des jeux de chiens stupides.

Καθώς ο Μπακ δυνάμωνε, τον παρασύρανε σε ανόητα παιχνίδια με σκύλους.

Thornton jouait souvent avec eux aussi, incapable de résister à leur joie.

Ο Θόρντον έπαιζε συχνά μαζί τους, ανίκανος να αντισταθεί στη χαρά τους.

De cette manière ludique, Buck est passé de la maladie à une nouvelle vie.

Με αυτόν τον παιχνιδιάρικο τρόπο, ο Μπακ πέρασε από την ασθένεια σε μια νέα ζωή.

L'amour – un amour véritable, brûlant et passionné – était enfin à lui.

Η αγάπη—αληθινή, φλογερή και παθιασμένη αγάπη— ήταν επιτέλους δική του.

Il n'avait jamais connu ce genre d'amour dans le domaine de Miller.

Δεν είχε ξαναζήσει ποτέ τέτοιου είδους αγάπη στο κτήμα του Μίλερ.
Avec les fils du juge, il avait partagé le travail et l'aventure.
Με τους γιους του Δικαστή, είχε μοιραστεί δουλειά και περιπέτειες.
Chez les petits-fils, il vit une fierté raide et vantarde.
Με τα εγγόνια, είδε μια άκαμπτη και αλαζονική υπερηφάνεια.
Il entretenait avec le juge Miller lui-même une amitié respectueuse.
Με τον ίδιο τον δικαστή Μίλερ, είχε μια σεβαστή φιλία.
Mais l'amour qui était feu, folie et adoration est venu avec Thornton.
Αλλά η αγάπη που ήταν φωτιά, τρέλα και λατρεία ήρθε με τον Θόρντον.
Cet homme avait sauvé la vie de Buck, et cela seul signifiait beaucoup.
Αυτός ο άντρας είχε σώσει τη ζωή του Μπακ, και αυτό από μόνο του σήμαινε πολλά.
Mais plus que cela, John Thornton était le type de maître idéal.
Αλλά περισσότερο από αυτό, ο Τζον Θόρντον ήταν το ιδανικό είδος δασκάλου.
D'autres hommes s'occupaient de chiens par devoir ou par nécessité professionnelle.
Άλλοι άντρες φρόντιζαν σκυλιά από καθήκον ή για επαγγελματικές ανάγκες.
John Thornton prenait soin de ses chiens comme s'ils étaient ses enfants.
Ο Τζον Θόρντον φρόντιζε τα σκυλιά του σαν να ήταν παιδιά του.
Il prenait soin d'eux parce qu'il les aimait et qu'il ne pouvait tout simplement pas s'en empêcher.
Τους φρόντιζε επειδή τους αγαπούσε και απλά δεν μπορούσε να κάνει αλλιώς.
John Thornton a vu encore plus loin que la plupart des hommes n'ont jamais réussi à voir.

Ο Τζον Θόρντον έβλεπε ακόμη πιο μακριά από ό,τι κατάφεραν ποτέ να δουν οι περισσότεροι άντρες.

Il n'oubliait jamais de les saluer gentiment ou de leur adresser un mot d'encouragement.

Ποτέ δεν ξεχνούσε να τους χαιρετά ευγενικά ή να τους λέει μια λέξη επευφημίας.

Il adorait s'asseoir avec les chiens pour de longues conversations, ou « gazeuses », comme il disait.

Του άρεσε να κάθεται με τα σκυλιά για μεγάλες συζητήσεις, ή να «αερίζει», όπως έλεγε.

Il aimait saisir brutalement la tête de Buck entre ses mains fortes.

Του άρεσε να πιάνει απότομα το κεφάλι του Μπακ με τα δυνατά του χέρια.

Puis il posa sa tête contre celle de Buck et le secoua doucement.

Έπειτα ακούμπησε το κεφάλι του στο κεφάλι του Μπακ και τον κούνησε απαλά.

Pendant tout ce temps, il traitait Buck de noms grossiers qui signifiaient de l'amour pour Buck.

Όλο αυτό το διάστημα, αποκαλούσε τον Μπακ αγενείς βρισιές που σήμαιναν αγάπη για τον Μπακ.

Pour Buck, cette étreinte brutale et ces mots ont apporté une joie profonde.

Στον Μπακ, αυτή η άγρια αγκαλιά και αυτά τα λόγια έφεραν βαθιά χαρά.

Son cœur semblait se déchaîner de bonheur à chaque mouvement.

Η καρδιά του φαινόταν να τρέμει από ευτυχία με κάθε κίνηση.

Lorsqu'il se releva ensuite, sa bouche semblait rire.

Όταν πετάχτηκε όρθιος μετά, το στόμα του έμοιαζε σαν να γέλασε.

Ses yeux brillaient et sa gorge tremblait d'une joie inexprimée.

Τα μάτια του έλαμπαν έντονα και ο λαιμός του έτρεμε από ανείπωτη χαρά.

Son sourire resta figé dans cet état d'émotion et d'affection rayonnante.
Το χαμόγελό του έμεινε ακίνητο σε εκείνη την κατάσταση συγκίνησης και λαμπερής στοργής.
Thornton s'exclama alors pensivement : « Mon Dieu ! Il peut presque parler ! »
Τότε ο Θόρντον αναφώνησε σκεπτικά: «Θεέ μου! Μπορεί σχεδόν να μιλήσει!»
Buck avait une étrange façon d'exprimer son amour qui causait presque de la douleur.
Ο Μπακ είχε έναν παράξενο τρόπο να εκφράζει την αγάπη του που παραλίγο να προκαλέσει πόνο.
Il serrait souvent très fort la main de Thornton entre ses dents.
Συχνά έσφιγγε σφιχτά το χέρι του Θόρντον στα δόντια του.
La morsure allait laisser des marques profondes qui resteraient un certain temps après.
Το δάγκωμα επρόκειτο να άφηνε βαθιά σημάδια που θα έμεναν για αρκετό καιρό μετά.
Buck croyait que ces serments étaient de l'amour, et Thornton savait la même chose.
Ο Μπακ πίστευε ότι αυτοί οι όρκοι ήταν αγάπη, και ο Θόρντον ήξερε το ίδιο.
Le plus souvent, l'amour de Buck se manifestait par une adoration silencieuse, presque silencieuse.
Τις περισσότερες φορές, η αγάπη του Μπακ εκδηλωνόταν με ήσυχη, σχεδόν σιωπηλή λατρεία.
Bien qu'il soit ravi lorsqu'on le touche ou qu'on lui parle, il ne cherche pas à attirer l'attention.
Αν και ενθουσιαζόταν όταν τον άγγιζαν ή του μιλούσαν, δεν επιδίωκε την προσοχή.
Skeet a poussé son nez sous la main de Thornton jusqu'à ce qu'il la caresse.
Η Σκιτ έβαλε τη μύτη της κάτω από το χέρι του Θόρντον μέχρι που εκείνος τη χάιδεψε.
Nig s'approcha tranquillement et posa sa grosse tête sur le genou de Thornton.

Ο Νικ πλησίασε αθόρυβα και ακούμπησε το μεγάλο κεφάλι του στο γόνατο του Θόρντον.

Buck, au contraire, se contentait d'aimer à distance respectueuse.

Ο Μπακ, αντίθετα, ήταν ικανοποιημένος που αγαπούσε από μια σεβαστή απόσταση.

Il resta allongé pendant des heures aux pieds de Thornton, alerte et observant attentivement.

Έμεινε ξαπλωμένος για ώρες στα πόδια του Θόρντον, σε εγρήγορση και παρακολουθώντας στενά.

Buck étudiait chaque détail du visage de son maître et le moindre mouvement.

Ο Μπακ μελέτησε κάθε λεπτομέρεια του προσώπου του αφέντη του και την παραμικρή κίνηση.

Ou bien il était allongé plus loin, étudiant la silhouette de l'homme en silence.

Ή έμεινε ξαπλωμένος πιο μακριά, μελετώντας σιωπηλά τη μορφή του άντρα.

Buck observait chaque petit mouvement, chaque changement de posture ou de geste.

Ο Μπακ παρακολουθούσε κάθε μικρή κίνηση, κάθε αλλαγή στη στάση του σώματος ή στη χειρονομία.

Ce lien était si puissant qu'il attirait souvent le regard de Thornton.

Τόσο δυνατή ήταν αυτή η σύνδεση που συχνά τραβούσε το βλέμμα του Θόρντον.

Il rencontra les yeux de Buck sans un mot, l'amour brillant clairement à travers.

Κοίταξε τον Μπακ στα μάτια χωρίς λόγια, με την αγάπη να λάμπει καθαρά μέσα από αυτήν.

Pendant longtemps après avoir été sauvé, Buck n'a jamais laissé Thornton hors de vue.

Για πολύ καιρό μετά τη σωτηρία του, ο Μπακ δεν άφησε ποτέ τον Θόρντον να χαθεί από τα μάτια του.

Chaque fois que Thornton quittait la tente, Buck le suivait de près à l'extérieur.

Κάθε φορά που ο Θόρντον έφευγε από τη σκηνή, ο Μπακ τον ακολουθούσε από κοντά έξω.

Tous les maîtres sévères du Northland avaient fait que Buck avait peur de faire confiance.

Όλοι οι σκληροί αφέντες στη Βόρεια Χώρα είχαν κάνει τον Μπακ να φοβάται να εμπιστευτεί.

Il craignait qu'aucun homme ne puisse rester son maître plus d'un court instant.

Φοβόταν ότι κανένας άνθρωπος δεν θα μπορούσε να παραμείνει αφέντης του για περισσότερο από ένα σύντομο χρονικό διάστημα.

Il craignait que John Thornton ne disparaisse comme Perrault et François.

Φοβόταν ότι ο Τζον Θόρντον θα εξαφανιζόταν όπως ο Περώ και ο Φρανσουά.

Même la nuit, la peur de le perdre hantait le sommeil agité de Buck.

Ακόμα και τη νύχτα, ο φόβος μήπως τον χάσει στοίχειωνε τον ανήσυχο ύπνο του Μπακ.

Quand Buck se réveilla, il se glissa dehors dans le froid et se dirigea vers la tente.

Όταν ο Μπακ ξύπνησε, βγήκε κρυφά έξω στο κρύο και πήγε στη σκηνή.

Il écoutait attentivement le doux bruit de la respiration à l'intérieur.

Άκουγε προσεκτικά τον απαλό ήχο της εσωτερικής του αναπνοής.

Malgré l'amour profond de Buck pour John Thornton, la nature sauvage est restée vivante.

Παρά τη βαθιά αγάπη του Μπακ για τον Τζον Θόρντον, η άγρια φύση παρέμεινε ζωντανή.

Cet instinct primitif, éveillé dans le Nord, n'a pas disparu.

Αυτό το πρωτόγονο ένστικτο, που ξύπνησε στον Βορρά, δεν εξαφανίστηκε.

L'amour a apporté la dévotion, la loyauté et le lien chaleureux du coin du feu.

Η αγάπη έφερε αφοσίωση, πίστη και τον ζεστό δεσμό της πλευράς της φωτιάς.

Mais Buck a également conservé son instinct sauvage, vif et toujours en alerte.

Αλλά ο Μπακ διατηρούσε επίσης τα άγρια ένστικτά του, αιχμηρά και πάντα σε εγρήγορση.

Il n'était pas seulement un animal de compagnie apprivoisé venu des terres douces de la civilisation.

Δεν ήταν απλώς ένα εξημερωμένο κατοικίδιο από τις ήπιες χώρες του πολιτισμού.

Buck était un être sauvage qui était venu s'asseoir près du feu de Thornton.

Ο Μπακ ήταν ένα άγριο πλάσμα που είχε μπει μέσα για να καθίσει δίπλα στη φωτιά του Θόρντον.

Il ressemblait à un chien du Southland, mais la sauvagerie vivait en lui.

Έμοιαζε με σκύλο του Σάουθλαντ, αλλά μέσα του ζούσε η άγρια φύση.

Son amour pour Thornton était trop grand pour permettre de voler cet homme.

Η αγάπη του για τον Θόρντον ήταν πολύ μεγάλη για να επιτρέψει την κλοπή από τον άντρα.

Mais dans n'importe quel autre camp, il volerait avec audace et sans relâche.

Αλλά σε οποιοδήποτε άλλο στρατόπεδο, θα έκλεβε με τόλμη και χωρίς διακοπή.

Il était si habile à voler que personne ne pouvait l'attraper ou l'accuser.

Ήταν τόσο έξυπνος στην κλοπή που κανείς δεν μπορούσε να τον πιάσει ή να τον κατηγορήσει.

Son visage et son corps étaient couverts de cicatrices dues à de nombreux combats passés.

Το πρόσωπο και το σώμα του ήταν καλυμμένα με ουλές από πολλούς προηγούμενους αγώνες.

Buck se battait toujours avec acharnement, mais maintenant il se battait avec plus de ruse.

Ο Μπακ εξακολουθούσε να πολεμάει λυσσαλέα, αλλά τώρα πολεμούσε με περισσότερη πονηριά.

Skeet et Nig étaient trop doux pour se battre, et ils appartenaient à Thornton.

Ο Σκιτ και ο Νιγκ ήταν πολύ ευγενικοί για να πολεμήσουν, και ήταν του Θόρντον.

Mais tout chien étranger, aussi fort ou courageux soit-il, cédait.

Αλλά κάθε παράξενο σκυλί, όσο δυνατό ή γενναίο κι αν ήταν, υποχωρούσε.

Sinon, le chien se retrouvait à lutter contre Buck, à se battre pour sa vie.

Διαφορετικά, ο σκύλος βρέθηκε να παλεύει με τον Μπακ, παλεύοντας για τη ζωή του.

Buck n'a eu aucune pitié une fois qu'il a choisi de se battre contre un autre chien.

Ο Μπακ δεν έδειξε κανένα έλεος όταν επέλεξε να πολεμήσει εναντίον ενός άλλου σκύλου.

Il avait bien appris la loi du gourdin et des crocs dans le Nord.

Είχε μάθει καλά τον νόμο του κλαμπ και του κυνόδοντα στη Βόρεια Χώρα.

Il n'a jamais abandonné un avantage et n'a jamais reculé devant la bataille.

Ποτέ δεν εγκατέλειψε το πλεονέκτημα και ποτέ δεν υποχώρησε από τη μάχη.

Il avait étudié les Spitz et les chiens les plus féroces de la poste et de la police.

Είχε μελετήσει τον Σπιτζ και τα πιο άγρια σκυλιά του ταχυδρομείου και της αστυνομίας.

Il savait clairement qu'il n'y avait pas de juste milieu dans un combat sauvage.

Ήξερε ξεκάθαρα ότι δεν υπήρχε μέση οδός σε μια άγρια μάχη.

Il doit gouverner ou être gouverné ; faire preuve de miséricorde signifie faire preuve de faiblesse.

Έπρεπε να κυβερνά ή να κυβερνάται· το να δείχνεις έλεος σήμαινε να δείχνεις αδυναμία.

La miséricorde était inconnue dans le monde brut et brutal de la survie.

Η Μέρσι ήταν άγνωστη στον ωμό και βάναυσο κόσμο της επιβίωσης.

Faire preuve de miséricorde était perçu comme de la peur, et la peur menait rapidement à la mort.

Η επίδειξη ελέους θεωρούνταν φόβος, και ο φόβος οδηγούσε γρήγορα στον θάνατο.

L'ancienne loi était simple : tuer ou être tué, manger ou être mangé.

Ο παλιός νόμος ήταν απλός: σκότωσέ τό ή θα σε σκοτώσουν, φάε ή θα σε φάνε.

Cette loi venait des profondeurs du temps, et Buck la suivait pleinement.

Αυτός ο νόμος προερχόταν από τα βάθη του χρόνου, και ο Μπακ τον ακολούθησε πλήρως.

Buck était plus vieux que son âge et que le nombre de respirations qu'il prenait.

Ο Μπακ ήταν μεγαλύτερος από την ηλικία του και από τον αριθμό των αναπνοών που έπαιρνε.

Il a clairement relié le passé ancien au moment présent.

Συνέδεσε με σαφήνεια το αρχαίο παρελθόν με το παρόν.

Les rythmes profonds des âges le traversaient comme les marées.

Οι βαθιοί ρυθμοί των αιώνων τον διαπερνούσαν σαν τις παλίρροιες.

Le temps pulsait dans son sang aussi sûrement que les saisons faisaient bouger la terre.

Ο χρόνος πάλλονταν στο αίμα του τόσο σίγουρα όσο οι εποχές κινούσαν τη γη.

Il était assis près du feu de Thornton, la poitrine forte et les crocs blancs.

Κάθισε δίπλα στη φωτιά του Θόρντον, με δυνατό στήθος και άσπρα δόντια.

Sa longue fourrure ondulait, mais derrière lui, les esprits des chiens sauvages observaient.
Η μακριά γούνα του κυμάτιζε, αλλά πίσω του τα πνεύματα των άγριων σκύλων παρακολουθούσαν.

Des demi-loups et des loups à part entière s'agitaient dans son cœur et dans ses sens.
Μισοί λύκοι και γεμάτοι λύκοι αναδεύονταν μέσα στην καρδιά και τις αισθήσεις του.

Ils goûtèrent sa viande et burent la même eau que lui.
Δοκίμασαν το κρέας του και ήπιαν το ίδιο νερό που ήπιε κι αυτός.

Ils reniflaient le vent à ses côtés et écoutaient la forêt.
Μύρισαν τον άνεμο δίπλα του και αφουγκράστηκαν το δάσος.

Ils murmuraient la signification des sons sauvages dans l'obscurité.
Ψιθύρισαν τις έννοιες των άγριων ήχων στο σκοτάδι.

Ils façonnaient ses humeurs et guidaient chacune de ses réactions silencieuses.
Διαμόρφωναν τις διαθέσεις του και καθοδήγησαν κάθε μία από τις ήσυχες αντιδράσεις του.

Ils se sont couchés avec lui pendant son sommeil et sont devenus une partie de ses rêves profonds.
Ξάπλωναν μαζί του καθώς κοιμόταν και γίνονταν μέρος των βαθιών ονείρων του.

Ils rêvaient avec lui, au-delà de lui, et constituaient son esprit même.
Ονειρευόντουσαν μαζί του, πέρα από αυτόν, και αποτελούσαν το ίδιο του το πνεύμα.

Les esprits de la nature appelèrent si fort que Buck se sentit attiré.
Τα πνεύματα της άγριας φύσης φώναξαν τόσο δυνατά που ο Μπακ ένιωσε να τον τραβάει η καρδιά του.

Chaque jour, l'humanité et ses revendications s'affaiblissaient dans le cœur de Buck.
Κάθε μέρα, η ανθρωπότητα και οι αξιώσεις της γινόταν όλο και πιο αδύναμες στην καρδιά του Μπακ.

Au plus profond de la forêt, un appel étrange et palpitant allait s'élever.
Βαθιά μέσα στο δάσος, ένα παράξενο και συναρπαστικό κάλεσμα επρόκειτο να ακουστεί.
Chaque fois qu'il entendait l'appel, Buck ressentait une envie à laquelle il ne pouvait résister.
Κάθε φορά που άκουγε το κάλεσμα, ο Μπακ ένιωθε μια παρόρμηση στην οποία δεν μπορούσε να αντισταθεί.
Il allait se détourner du feu et des sentiers battus des humains.
Επρόκειτο να απομακρυνθεί από τη φωτιά και από τα πεπατημένα ανθρώπινα μονοπάτια.
Il allait s'enfoncer dans la forêt, avançant sans savoir pourquoi.
Ετοιμαζόταν να βουτήξει στο δάσος, προχωρώντας χωρίς να ξέρει γιατί.
Il ne remettait pas en question cette attraction, car l'appel était profond et puissant.
Δεν αμφισβήτησε αυτή την έλξη, γιατί το κάλεσμα ήταν βαθύ και ισχυρό.
Souvent, il atteignait l'ombre verte et la terre douce et intacte
Συχνά, έφτανε στην πράσινη σκιά και την απαλή ανέγγιχτη γη
Mais ensuite, son amour profond pour John Thornton l'a ramené vers le feu.
Αλλά τότε η έντονη αγάπη για τον Τζον Θόρντον τον τράβηξε πίσω στη φωτιά.
Seul John Thornton tenait véritablement le cœur sauvage de Buck entre ses mains.
Μόνο ο Τζον Θόρντον κρατούσε πραγματικά την άγρια καρδιά του Μπακ στην αγκαλιά του.
Le reste de l'humanité n'avait aucune valeur ni signification durable pour Buck.
Η υπόλοιπη ανθρωπότητα δεν είχε καμία διαρκή αξία ή νόημα για τον Μπακ.
Les étrangers pourraient le féliciter ou caresser sa fourrure avec des mains amicales.

Οι ξένοι μπορεί να τον επαινούσαν ή να χαϊδεύαν τη γούνα του με φιλικά χέρια.

Buck resta impassible et s'éloigna à cause de trop d'affection.

Ο Μπακ έμεινε ασυγκίνητος και έφυγε από την υπερβολική στοργή.

Hans et Pete sont arrivés avec le radeau qu'ils attendaient depuis longtemps

Ο Χανς και ο Πιτ έφτασαν με τη σχεδία που περίμεναν εδώ και καιρό

Buck les a ignorés jusqu'à ce qu'il apprenne qu'ils étaient proches de Thornton.

Ο Μπακ τους αγνόησε μέχρι που έμαθε ότι ήταν κοντά στον Θόρντον.

Après cela, il les a tolérés, mais ne leur a jamais montré toute sa chaleur.

Μετά από αυτό, τους ανέχτηκε, αλλά ποτέ δεν τους έδειξε πλήρη θέρμη.

Il prenait de la nourriture ou des marques de gentillesse de leur part comme s'il leur rendait service.

Πήρε φαγητό ή καλοσύνη από αυτούς σαν να τους έκανε χάρη.

Ils étaient comme Thornton : simples, honnêtes et clairs dans leurs pensées.

Ήταν σαν τον Θόρντον—απλοί, ειλικρινείς και με καθαρή σκέψη.

Tous ensemble, ils se rendirent à la scierie de Dawson et au grand tourbillon

Όλοι μαζί ταξίδεψαν στο πριονιστήριο του Ντόσον και στον μεγάλο αυλάκι.

Au cours de leur voyage, ils ont appris à comprendre profondément la nature de Buck.

Στο ταξίδι τους, έμαθαν να κατανοούν σε βάθος τη φύση του Μπακ.

Ils n'ont pas essayé de se rapprocher comme Skeet et Nig l'avaient fait.

Δεν προσπάθησαν να έρθουν πιο κοντά όπως είχαν κάνει ο Σκιτ και ο Νιγκ.

Mais l'amour de Buck pour John Thornton n'a fait que s'approfondir avec le temps.
Αλλά η αγάπη του Μπακ για τον Τζον Θόρντον μόνο βάθυνε με την πάροδο του χρόνου.
Seul Thornton pouvait placer un sac sur le dos de Buck en été.
Μόνο ο Θόρντον μπορούσε να βάλει μια αγέλη στην πλάτη του Μπακ το καλοκαίρι.
Quoi que Thornton ordonne, Buck était prêt à l'exécuter pleinement.
Ό,τι και αν διέταζε ο Θόρντον, ο Μπακ ήταν πρόθυμος να το εκτελέσει πλήρως.
Un jour, après avoir quitté Dawson pour les sources du Tanana,
Μια μέρα, αφού έφυγαν από το Ντόσον για τις πηγές του ποταμού Τανάνα,
le groupe était assis sur une falaise qui descendait d'un mètre jusqu'au substrat rocheux nu.
Η ομάδα κάθισε σε έναν γκρεμό που έπεφτε ένα μέτρο σε γυμνό βράχο.
John Thornton était assis près du bord et Buck se reposait à côté de lui.
Ο Τζον Θόρντον κάθισε κοντά στην άκρη και ο Μπακ ξεκουράστηκε δίπλα του.
Thornton eut une pensée soudaine et attira l'attention des hommes.
Ο Θόρντον έκανε μια ξαφνική σκέψη και έστρεψε την προσοχή των ανδρών.
Il désigna le gouffre et donna un seul ordre à Buck.
Έδειξε την απέναντι πλευρά του χάσματος και έδωσε στον Μπακ μια μόνο εντολή.
« Saute, Buck ! » dit-il en balançant son bras au-dessus de la chute.
«Πήδα, Μπακ!» είπε, απλώνοντας το χέρι του πάνω από την πτώση.
En un instant, il dut attraper Buck, qui sautait pour obéir.

Σε μια στιγμή, έπρεπε να αρπάξει τον Μπακ, ο οποίος πηδούσε να υπακούσει.

Hans et Pete se sont précipités en avant et ont ramené les deux hommes en sécurité.

Ο Χανς και ο Πιτ όρμησαν μπροστά και τράβηξαν και τους δύο πίσω σε ασφαλές μέρος.

Une fois que tout fut terminé et qu'ils eurent repris leur souffle, Pete prit la parole.

Αφού όλα τελείωσαν και πήραν μια ανάσα, ο Πιτ μίλησε.

« L'amour est étrange », dit-il, secoué par la dévotion féroce du chien.

«Η αγάπη είναι παράξενη», είπε, συγκλονισμένος από την άγρια αφοσίωση του σκύλου.

Thornton secoua la tête et répondit avec un sérieux calme.

Ο Θόρντον κούνησε το κεφάλι του και απάντησε με ήρεμη σοβαρότητα.

« Non, l'amour est splendide », dit-il, « mais aussi terrible. »

«Όχι, ο έρωτας είναι υπέροχος», είπε, «αλλά και τρομερός».

« Parfois, je dois l'admettre, ce genre d'amour me fait peur. »

«Μερικές φορές, πρέπει να παραδεχτώ, αυτό το είδος αγάπης με κάνει να φοβάμαι.»

Pete hocha la tête et dit : « Je détesterais être l'homme qui te touche. »

Ο Πιτ ένεψε καταφατικά και είπε: «Δεν θα ήθελα να είμαι ο άντρας που θα σε αγγίξει».

Il regarda Buck pendant qu'il parlait, sérieux et plein de respect.

Κοίταξε τον Μπακ καθώς μιλούσε, σοβαρός και γεμάτος σεβασμό.

« Py Jingo ! » s'empressa de dire Hans. « Moi non plus, non monsieur. »

«Πι Τζίνγκο!» είπε γρήγορα ο Χανς. «Ούτε εγώ, όχι κύριε.»

Avant la fin de l'année, les craintes de Pete se sont réalisées à Circle City.

Πριν τελειώσει η χρονιά, οι φόβοι του Πιτ επαληθεύτηκαν στο Σέρκλ Σίτι.

Un homme cruel nommé Black Burton a provoqué une bagarre dans le bar.
Ένας σκληρός άντρας ονόματι Μπλακ Μπάρτον ξεκίνησε καβγά στο μπαρ.
Il était en colère et malveillant, s'en prenant à un nouveau tendre.
Ήταν θυμωμένος και κακόβουλος, επιτιθέμενος σε ένα καινούργιο τρυφερό πόδι.
John Thornton est intervenu, calme et de bonne humeur comme toujours.
Ο Τζον Θόρντον παρενέβη, ήρεμος και καλόκαρδος όπως πάντα.
Buck était allongé dans un coin, la tête baissée, observant Thornton de près.
Ο Μπακ ήταν ξαπλωμένος σε μια γωνία με το κεφάλι σκυμμένο, παρακολουθώντας προσεκτικά τον Θόρντον.
Burton frappa soudainement, son coup envoyant Thornton tourner.
Ο Μπάρτον χτύπησε ξαφνικά, η γροθιά του έκανε τον Θόρντον να περιστραφεί.
Seule la barre du bar l'a empêché de s'écraser violemment au sol.
Μόνο το κιγκλίδωμα του μπαρ τον εμπόδισε να πέσει με δύναμη στο έδαφος.
Les observateurs ont entendu un son qui n'était ni un aboiement ni un cri.
Οι παρατηρητές άκουσαν έναν ήχο που δεν ήταν γάβγισμα ή κραυγή
un rugissement profond sortit de Buck alors qu'il se lançait vers l'homme.
Ένα βαθύ βρυχηθμό ακούστηκε από τον Μπακ καθώς όρμησε προς τον άντρα.
Burton a levé le bras et a sauvé sa vie de justesse.
Ο Μπάρτον σήκωσε το χέρι του και μόλις που έσωσε τη ζωή του.
Buck l'a percuté, le faisant tomber à plat sur le sol.
Ο Μπακ έπεσε πάνω του, ρίχνοντάς τον στο πάτωμα.

Buck mordit profondément le bras de l'homme, puis se jeta à la gorge.
Ο Μπακ δάγκωσε βαθιά το μπράτσο του άντρα και μετά όρμησε προς το λαιμό.

Burton n'a pu bloquer que partiellement et son cou a été déchiré.
Ο Μπάρτον μπορούσε να μπλοκάρει μόνο εν μέρει και ο λαιμός του ήταν σκισμένος.

Des hommes se sont précipités, les bâtons levés, et ont chassé Buck de l'homme ensanglanté.
Άντρες όρμησαν μέσα, σήκωσαν ρόπαλα και έδιωξαν τον Μπακ από τον αιμορραγούντα άντρα.

Un chirurgien est intervenu rapidement pour arrêter l'écoulement du sang.
Ένας χειρουργός εργάστηκε γρήγορα για να σταματήσει την ροή του αίματος.

Buck marchait de long en large et grognait, essayant d'attaquer encore et encore.
Ο Μπακ περπατούσε και γρύλιζε, προσπαθώντας να επιτεθεί ξανά και ξανά.

Seuls les coups de massue l'ont empêché d'atteindre Burton.
Μόνο τα κλαμπ κούνιας τον εμπόδιζαν να φτάσει στο Μπάρτον.

Une réunion de mineurs a été convoquée et tenue sur place.
Συγκλήθηκε μια συνάντηση των ανθρακωρύχων και πραγματοποιήθηκε εκεί επί τόπου.

Ils ont convenu que Buck avait été provoqué et ont voté pour le libérer.
Συμφώνησαν ότι ο Μπακ είχε προκληθεί και ψήφισαν να αφεθεί ελεύθερος.

Mais le nom féroce de Buck résonnait désormais dans tous les camps d'Alaska.
Αλλά το άγριο όνομα του Μπακ αντηχούσε τώρα σε κάθε στρατόπεδο στην Αλάσκα.

Plus tard cet automne-là, Buck sauva à nouveau Thornton d'une nouvelle manière.

Αργότερα εκείνο το φθινόπωρο, ο Μπακ έσωσε ξανά τον Θόρντον με έναν νέο τρόπο.

Les trois hommes guidaient un long bateau sur des rapides impétueux.

Οι τρεις άντρες οδηγούσαν μια μακριά βάρκα σε απότομα ορμητικά νερά.

Thornton dirigeait le bateau et donnait des indications pour se rendre sur le rivage.

Ο Θόρντον έστρεψε το σκάφος στη θέση του, ζητώντας οδηγίες για την ακτογραμμή.

Hans et Pete couraient sur terre, tenant une corde d'arbre en arbre.

Ο Χανς και ο Πιτ έτρεξαν στη στεριά, κρατώντας ένα σχοινί από δέντρο σε δέντρο.

Buck suivait le rythme sur la rive, surveillant toujours son maître.

Ο Μπακ συνέχιζε να περπατάει στην όχθη, παρακολουθώντας πάντα τον αφέντη του.

À un endroit désagréable, des rochers surplombaient les eaux vives.

Σε ένα άσχημο σημείο, πέτρες προεξείχαν κάτω από το ορμητικό νερό.

Hans lâcha la corde et Thornton dirigea le bateau vers le large.

Ο Χανς άφησε το σχοινί και ο Θόρντον άνοιξε το δρόμο για τη βάρκα.

Hans sprinta pour rattraper le bateau en passant devant les rochers dangereux.

Ο Χανς έτρεξε τρέχοντας για να προλάβει ξανά τη βάρκα, περνώντας από τα επικίνδυνα βράχια.

Le bateau a franchi le rebord mais a heurté une partie plus forte du courant.

Το σκάφος πέρασε από το χείλος αλλά χτύπησε σε ένα ισχυρότερο σημείο του ρεύματος.

Hans a attrapé la corde trop vite et a déséquilibré le bateau.

Ο Χανς άρπαξε το σχοινί πολύ γρήγορα και έβγαλε τη βάρκα από την ισορροπία της.

Le bateau s'est retourné et a heurté la berge, cul en l'air.
Το σκάφος ανατράπηκε και χτύπησε στην όχθη, με τον πάτο προς τα πάνω.
Thornton a été jeté dehors et emporté dans la partie la plus sauvage de l'eau.
Ο Θόρντον πετάχτηκε έξω και παρασύρθηκε στο πιο άγριο σημείο του νερού.
Aucun nageur n'aurait pu survivre dans ces eaux mortelles et tumultueuses.
Κανένας κολυμβητής δεν θα μπορούσε να επιβιώσει σε εκείνα τα θανατηφόρα, αγωνιώδη νερά.
Buck sauta instantanément et poursuivit son maître sur la rivière.
Ο Μπακ πήδηξε αμέσως μέσα και κυνήγησε τον αφέντη του κάτω στο ποτάμι.
Après trois cents mètres, il atteignit enfin Thornton.
Μετά από τριακόσια μέτρα, έφτασε επιτέλους στο Θόρντον.
Thornton attrapa la queue de Buck, et Buck se tourna vers le rivage.
Ο Θόρντον άρπαξε την ουρά του Μπακ και ο Μπακ γύρισε προς την ακτή.
Il nageait de toutes ses forces, luttant contre la force de l'eau.
Κολύμπησε με όλη του τη δύναμη, παλεύοντας με την άγρια αντίσταση του νερού.
Ils se déplaçaient en aval plus vite qu'ils ne pouvaient atteindre le rivage.
Κινήθηκαν προς τα κάτω του ρεύματος πιο γρήγορα από ό,τι μπορούσαν να φτάσουν στην ακτή.
Plus loin, la rivière rugissait plus fort alors qu'elle tombait dans des rapides mortels.
Μπροστά, το ποτάμι βρυχόταν πιο δυνατά καθώς έπεφτε σε θανατηφόρα ορμητικά νερά.
Les rochers fendaient l'eau comme les dents d'un énorme peigne.
Βράχοι έκοβαν το νερό σαν τα δόντια μιας τεράστιας χτένας.

L'attraction de l'eau près de la chute était sauvage et inévitable.
Η έλξη του νερού κοντά στη σταγόνα ήταν άγρια και αναπόφευκτη.
Thornton savait qu'ils ne pourraient jamais atteindre le rivage à temps.
Ο Θόρντον ήξερε ότι δεν θα μπορούσαν ποτέ να φτάσουν στην ακτή εγκαίρως.
Il a gratté un rocher, s'est écrasé sur un deuxième,
Ξύσε μια πέτρα, χτύπησε μια δεύτερη,
Et puis il s'est écrasé contre un troisième rocher, l'attrapant à deux mains.
Και μετά έπεσε πάνω σε έναν τρίτο βράχο, αρπάζοντάς τον και με τα δύο χέρια.
Il lâcha Buck et cria par-dessus le rugissement : « Vas-y, Buck ! Vas-y ! »
Άφησε τον Μπακ να φύγει και φώναξε μέσα από τον βρυχηθμό, «Πήγαινε, Μπακ! Πήγαινε!»
Buck n'a pas pu rester à flot et a été emporté par le courant.
Ο Μπακ δεν μπορούσε να παραμείνει στην επιφάνεια και παρασύρθηκε από το ρεύμα.
Il s'est battu avec acharnement, s'efforçant de se retourner, mais n'a fait aucun progrès.
Πάλεψε σκληρά, παλεύοντας να κάνει στροφή, αλλά δεν έκανε καμία απολύτως πρόοδο.
Puis il entendit Thornton répéter l'ordre par-dessus le rugissement de la rivière.
Τότε άκουσε τον Θόρντον να επαναλαμβάνει την εντολή πάνω από τον βρυχηθμό του ποταμού.
Buck sortit de l'eau et leva la tête comme pour un dernier regard.
Ο Μπακ σηκώθηκε από το νερό, σήκωσε το κεφάλι του σαν να ήθελε να ρίξει μια τελευταία ματιά.
puis il se retourna et obéit, nageant vers la rive avec résolution.
έπειτα γύρισε και υπάκουσε, κολυμπώντας προς την όχθη με αποφασιστικότητα.

Pete et Hans l'ont tiré à terre au dernier moment possible.
Ο Πιτ και ο Χανς τον τράβηξαν στην ακτή την τελευταία δυνατή στιγμή.
Ils savaient que Thornton ne pourrait s'accrocher au rocher que quelques minutes de plus.
Ήξεραν ότι ο Θόρντον μπορούσε να κρατηθεί στον βράχο μόνο για λίγα λεπτά ακόμα.
Ils coururent sur la berge jusqu'à un endroit bien au-dessus de l'endroit où il était suspendu.
Έτρεξαν στην όχθη μέχρι ένα σημείο πολύ πιο πάνω από το σημείο όπου κρεμόταν.
Ils ont soigneusement attaché la ligne du bateau au cou et aux épaules de Buck.
Έδεσαν προσεκτικά το σχοινί της βάρκας στον λαιμό και τους ώμους του Μπακ.
La corde était serrée mais suffisamment lâche pour permettre la respiration et le mouvement.
Το σχοινί ήταν σφιχτό αλλά αρκετά χαλαρό για να αναπνέει και να κινείται.
Puis ils le jetèrent à nouveau dans la rivière tumultueuse et mortelle.
Έπειτα τον πέταξαν ξανά στο ορμητικό, θανατηφόρο ποτάμι.
Buck nageait avec audace mais manquait son angle face à la force du courant.
Ο Μπακ κολύμπησε με τόλμη, αλλά αστόχησε στη γωνία του μέσα στη δύναμη του ρέματος.
Il a vu trop tard qu'il allait dépasser Thornton.
Κατάλαβε πολύ αργά ότι επρόκειτο να περάσει παραπατώντας δίπλα από τον Θόρντον.
Hans tira fort sur la corde, comme si Buck était un bateau en train de chavirer.
Ο Χανς έσφιξε το σχοινί σφιχτά, σαν να ήταν ο Μπακ βάρκα που αναποδογυρίζει.
Le courant l'a entraîné vers le fond et il a disparu sous la surface.

Το ρεύμα τον τράβηξε κάτω από το νερό και εξαφανίστηκε κάτω από την επιφάνεια.

Son corps a heurté la berge avant que Hans et Pete ne le sortent.

Το σώμα του χτύπησε στην όχθη πριν τον τραβήξουν έξω ο Χανς και ο Πιτ.

Il était à moitié noyé et ils l'ont chassé de l'eau.

Ήταν μισοπνιγμένος, και τον τράβηξαν με δύναμη για να ξεπλύνουν το νερό.

Buck se leva, tituba et s'effondra à nouveau sur le sol.

Ο Μπακ σηκώθηκε, παραπάτησε και κατέρρευσε ξανά στο έδαφος.

Puis ils entendirent la voix de Thornton faiblement portée par le vent.

Τότε άκουσαν τη φωνή του Θόρντον να παρασύρεται αχνά από τον άνεμο.

Même si les mots n'étaient pas clairs, ils savaient qu'il était proche de la mort.

Αν και τα λόγια ήταν ασαφή, ήξεραν ότι ήταν κοντά στον θάνατο.

Le son de la voix de Thornton frappa Buck comme une décharge électrique.

Ο ήχος της φωνής του Θόρντον χτύπησε τον Μπακ σαν ηλεκτρικό τράνταγμα.

Il sauta et courut sur la berge, retournant au point de lancement.

Πήδηξε πάνω και έτρεξε στην όχθη, επιστρέφοντας στο σημείο εκτόξευσης.

Ils attachèrent à nouveau la corde à Buck, et il entra à nouveau dans le ruisseau.

Έδεσαν ξανά το σχοινί στον Μπακ, και αυτός μπήκε ξανά στο ρυάκι.

Cette fois, il nagea directement et fermement dans l'eau tumultueuse.

Αυτή τη φορά, κολύμπησε ευθεία και σταθερά μέσα στο ορμητικό νερό.

Hans laissa sortir la corde régulièrement tandis que Pete l'empêchait de s'emmêler.
Ο Χανς άφησε το σχοινί σταθερά, ενώ ο Πιτ το κρατούσε μακριά από το να μπερδευτεί.
Buck a nagé avec acharnement jusqu'à ce qu'il soit aligné juste au-dessus de Thornton.
Ο Μπακ κολύμπησε δυνατά μέχρι που βρέθηκε ακριβώς πάνω από τον Θόρντον.
Puis il s'est retourné et a foncé comme un train à toute vitesse.
Έπειτα γύρισε και όρμησε προς τα κάτω σαν τρένο με ολοταχεία ταχύτητα.
Thornton le vit arriver, se redressa et entoura son cou de ses bras.
Ο Θόρντον τον είδε να έρχεται, στηρίχτηκε και αγκάλιασε τον λαιμό του.
Hans a attaché la corde fermement autour d'un arbre alors qu'ils étaient tous les deux entraînés sous l'eau.
Ο Χανς έδεσε γερά το σχοινί γύρω από ένα δέντρο καθώς και οι δύο τραβήχτηκαν από κάτω.
Ils ont dégringolé sous l'eau, s'écrasant contre des rochers et des débris de la rivière.
Έπεσαν κάτω από το νερό, χτυπώντας σε βράχους και συντρίμμια ποταμών.
Un instant, Buck était au sommet, l'instant d'après, Thornton se levait en haletant.
Τη μια στιγμή ο Μπακ ήταν από πάνω, την επόμενη ο Θόρντον σηκώθηκε λαχανιασμένος.
Battus et étouffés, ils se dirigèrent vers la rive et la sécurité.
Χτυπημένοι και πνιγμένοι, κατευθύνθηκαν προς την όχθη και την ασφάλεια.
Thornton a repris connaissance, allongé sur un tronc d'arbre.
Ο Θόρντον ανέκτησε τις αισθήσεις του, ξαπλωμένος πάνω σε ένα κούτσουρο που παρασύρεται από το νερό.
Hans et Pete ont travaillé dur pour lui redonner souffle et vie.

Ο Χανς και ο Πιτ τον δούλεψαν σκληρά για να του επαναφέρουν την αναπνοή και τη ζωή.

Sa première pensée fut pour Buck, qui gisait immobile et mou.

Η πρώτη του σκέψη ήταν για τον Μπακ, ο οποίος ήταν ξαπλωμένος ακίνητος και κουτσός.

Nig hurla sur le corps de Buck et Skeet lui lécha doucement le visage.

Ο Νιγκ ούρλιαξε πάνω από το σώμα του Μπακ και ο Σκιτ του έγλειψε απαλά το πρόσωπο.

Thornton, endolori et meurtri, examina Buck avec des mains prudentes.

Ο Θόρντον, πληγωμένος και μελανιασμένος, εξέτασε τον Μπακ με προσεκτικά χέρια.

Il a trouvé trois côtes cassées, mais aucune blessure mortelle chez le chien.

Βρήκε τρία πλευρά σπασμένα, αλλά κανένα θανατηφόρο τραύμα στον σκύλο.

« C'est réglé », dit Thornton. « On campe ici. » Et c'est ce qu'ils firent.

«Αυτό λύνει το πρόβλημα», είπε ο Θόρντον. «Κατασκηνώνουμε εδώ». Και το έκαναν.

Ils sont restés jusqu'à ce que les côtes de Buck soient guéries et qu'il puisse à nouveau marcher.

Έμειναν μέχρι να επουλωθούν τα πλευρά του Μπακ και να μπορέσει να περπατήσει ξανά.

Cet hiver-là, Buck accomplit un exploit qui augmenta encore sa renommée.

Εκείνο τον χειμώνα, ο Μπακ πραγματοποίησε ένα κατόρθωμα που αύξησε περαιτέρω τη φήμη του.

C'était moins héroïque que de sauver Thornton, mais tout aussi impressionnant.

Ήταν λιγότερο ηρωικό από τη σωτηρία του Θόρντον, αλλά εξίσου εντυπωσιακό.

À Dawson, les partenaires avaient besoin de provisions pour un long voyage.

Στο Ντόσον, οι συνεργάτες χρειάζονταν προμήθειες για ένα μακρινό ταξίδι.

Ils voulaient voyager vers l'Est, dans des terres sauvages et intactes.

Ήθελαν να ταξιδέψουν ανατολικά, σε ανέγγιχτες άγριες περιοχές.

L'acte de Buck dans l'Eldorado Saloon a rendu ce voyage possible.

Το συμβόλαιο του Μπακ στο Eldorado Saloon έκανε αυτό το ταξίδι δυνατό.

Tout a commencé avec des hommes qui se vantaient de leurs chiens en buvant un verre.

Ξεκίνησε με άντρες που καυχιόντουσαν για τα σκυλιά τους πίνοντας ποτά.

La renommée de Buck a fait de lui la cible de défis et de doutes.

Η φήμη του Μπακ τον έκανε στόχο προκλήσεων και αμφιβολιών.

Thornton, fier et calme, resta ferme dans la défense du nom de Buck.

Ο Θόρντον, περήφανος και ήρεμος, υπερασπίστηκε σταθερά το όνομα του Μπακ.

Un homme a déclaré que son chien pouvait facilement tirer deux cents kilos.

Ένας άντρας είπε ότι ο σκύλος του μπορούσε να τραβήξει εύκολα διακόσια πενήντα κιλά.

Un autre a dit six cents, et un troisième s'est vanté d'en avoir sept cents.

Άλλος είπε εξακόσιοι, και ένας τρίτος καυχήθηκε επτακόσιοι.

« Pfft ! » dit John Thornton, « Buck peut tirer un traîneau de mille livres. »

«Πφφ!» είπε ο Τζον Θόρντον, «ο Μπακ μπορεί να ρυμουλκήσει έλκηθρο χιλίων λιρών».

Matthewson, un roi de Bonanza, s'est penché en avant et l'a défié.

Ο Μάθιουσον, ένας Βασιλιάς της Μπόνανζα, έσκυψε μπροστά και τον προκάλεσε.

« Tu penses qu'il peut mettre autant de poids en mouvement ? »

«Νομίζεις ότι μπορεί να βάλει τόσο βάρος σε κίνηση;»

« Et tu penses qu'il peut tirer le poids sur une centaine de mètres ? »

«Και νομίζεις ότι μπορεί να τραβήξει το βάρος εκατό ολόκληρα μέτρα;»

Thornton répondit froidement : « Oui. Buck est assez doué pour le faire. »

Ο Θόρντον απάντησε ψύχραιμα: «Ναι. Ο Μπακ είναι αρκετά σκληρός για να το κάνει».

« Il mettra mille livres en mouvement et le tirera sur une centaine de mètres. »

«Θα βάλει σε κίνηση χίλιες λίβρες και θα τις τραβήξει εκατό μέτρα.»

Matthewson sourit lentement et s'assura que tous les hommes entendaient ses paroles.

Ο Μάθιουσον χαμογέλασε αργά και βεβαιώθηκε ότι όλοι οι άντρες άκουσαν τα λόγια του.

« J'ai mille dollars qui disent qu'il ne peut pas. Le voilà. »

«Έχω χίλια δολάρια που λένε ότι δεν μπορεί. Ορίστε.»

Il a claqué un sac de poussière d'or de la taille d'une saucisse sur le bar.

Χτύπησε ένα σακί χρυσόσκονη στο μέγεθος λουκάνικου πάνω στην μπάρα.

Personne ne dit un mot. Le silence devint pesant et tendu autour d'eux.

Κανείς δεν είπε λέξη. Η σιωπή έγινε βαριά και τεταμένη γύρω τους.

Le bluff de Thornton – s'il en était un – avait été pris au sérieux.

Η μπλόφα του Θόρντον —αν ήταν τέτοια— είχε ληφθεί σοβαρά υπόψη.

Il sentit la chaleur monter sur son visage tandis que le sang affluait sur ses joues.

Ένιωσε τη ζέστη να ανεβαίνει στο πρόσωπό του καθώς το αίμα έτρεχε στα μάγουλά του.

Sa langue avait pris le pas sur sa raison à ce moment-là.

Η γλώσσα του είχε ξεπεράσει τη λογική του εκείνη τη στιγμή.

Il ne savait vraiment pas si Buck pouvait déplacer mille livres.

Πραγματικά δεν ήξερε αν ο Μπακ μπορούσε να μετακινήσει χίλια κιλά.

Une demi-tonne ! Rien que sa taille lui pesait le cœur.

Μισό τόνο! Και μόνο το μέγεθός του έκανε την καρδιά του να βαραίνει.

Il avait foi en la force de Buck et le pensait capable.

Είχε πίστη στη δύναμη του Μπακ και τον θεωρούσε ικανό.

Mais il n'avait jamais été confronté à ce genre de défi, pas comme celui-ci.

Αλλά δεν είχε αντιμετωπίσει ποτέ τέτοιου είδους πρόκληση, όχι έτσι.

Une douzaine d'hommes l'observaient tranquillement, attendant de voir ce qu'il allait faire.

Δώδεκα άντρες τον παρακολουθούσαν σιωπηλά, περιμένοντας να δουν τι θα έκανε.

Il n'avait pas d'argent, ni Hans ni Pete.

Δεν είχε χρήματα — ούτε ο Χανς ούτε ο Πιτ.

« J'ai un traîneau dehors », dit Matthewson froidement et directement.

«Έχω ένα έλκηθρο έξω», είπε ο Μάθιουσον ψυχρά και ευθέως.

« Il est chargé de vingt sacs de cinquante livres chacun, tous de farine.

«Είναι φορτωμένο με είκοσι σάκους, πενήντα λίβρες ο καθένας, όλο αλεύρι.»

« Alors ne laissez pas un traîneau manquant devenir votre excuse maintenant », a-t-il ajouté.

«Οπότε μην αφήσετε τώρα τη δικαιολογία σας για ένα χαμένο έλκηθρο», πρόσθεσε.

Thornton resta silencieux. Il ne savait pas quels mots lui dire.
Ο Θόρντον έμεινε σιωπηλός. Δεν ήξερε τι λέξεις να προτείνει.
Il regarda les visages autour de lui sans les voir clairement.
Κοίταξε γύρω του τα πρόσωπα χωρίς να τα βλέπει καθαρά.
Il ressemblait à un homme figé dans ses pensées, essayant de redémarrer.
Έμοιαζε με άντρα παγωμένο στις σκέψεις του, που προσπαθούσε να ξαναρχίσει.
Puis il a vu Jim O'Brien, un ami de l'époque Mastodon.
Έπειτα είδε τον Τζιμ Ο'Μπράιεν, έναν φίλο του από την εποχή των Μαστόδον.
Ce visage familier lui a donné un courage qu'il ne savait pas avoir.
Αυτό το γνώριμο πρόσωπο του έδωσε θάρρος που δεν ήξερε ότι είχε.
Il se tourna et demanda à voix basse : « Peux-tu me prêter mille ? »
Γύρισε και ρώτησε χαμηλόφωνα: «Μπορείτε να μου δανείσετε χίλια;»
« Bien sûr », dit O'Brien, laissant déjà tomber un lourd sac près de l'or.
«Σίγουρα», είπε ο Ο'Μπράιεν, ρίχνοντας έναν βαρύ σάκο δίπλα στο χρυσάφι.
« Mais honnêtement, John, je ne crois pas que la bête puisse faire ça. »
«Αλλά ειλικρινά, Τζον, δεν πιστεύω ότι το θηρίο μπορεί να το κάνει αυτό.»
Tout le monde dans le Saloon Eldorado s'est précipité dehors pour voir l'événement.
Όλοι στο Eldorado Saloon έτρεξαν έξω για να δουν την εκδήλωση.
Ils ont laissé les tables et les boissons, et même les jeux ont été interrompus.
Άφησαν τραπέζια και ποτά, και ακόμη και τα παιχνίδια διακόπηκαν προσωρινά.

Les croupiers et les joueurs sont venus assister à la fin de ce pari audacieux.
Ντίλερ και τζογαδόροι ήρθαν για να παρακολουθήσουν το τέλος αυτού του τολμηρού στοιχήματος.
Des centaines de personnes se sont rassemblées autour du traîneau dans la rue glacée.
Εκατοντάδες άνθρωποι συγκεντρώθηκαν γύρω από το έλκηθρο στον παγωμένο ανοιχτό δρόμο.
Le traîneau de Matthewson était chargé d'une charge complète de sacs de farine.
Το έλκηθρο του Μάθιουσον στεκόταν γεμάτο με σάκους αλεύρι.
Le traîneau était resté immobile pendant des heures à des températures négatives.
Το έλκηθρο παρέμενε ακίνητο για ώρες σε θερμοκρασίες υπό το μηδέν.
Les patins du traîneau étaient gelés et collés à la neige tassée.
Οι πίστες του έλκηθρου είχαν παγώσει σφιχτά στο συμπιεσμένο χιόνι.
Les hommes ont offert une cote de deux contre un que Buck ne pourrait pas déplacer le traîneau.
Οι άντρες προσέφεραν πιθανότητες δύο προς ένα ότι ο Μπακ δεν θα μπορούσε να κινήσει το έλκηθρο.
Une dispute a éclaté sur ce que signifiait réellement « sortir ».
Ξέσπασε μια διαμάχη σχετικά με το τι πραγματικά σήμαινε η λέξη «ξεσπάσω».
O'Brien a déclaré que Thornton devrait desserrer la base gelée du traîneau.
Ο Ο'Μπράιεν είπε ότι ο Θόρντον θα έπρεπε να χαλαρώσει την παγωμένη βάση του έλκηθρου.
Buck pourrait alors « sortir » d'un départ solide et immobile.
Ο Μπακ θα μπορούσε τότε να «ξεσπάσει» από ένα σταθερό, ακίνητο ξεκίνημα.
Matthewson a soutenu que le chien devait également libérer les coureurs.

Ο Μάθιουσον υποστήριξε ότι ο σκύλος πρέπει να απελευθερώσει και τους δρομείς.

Les hommes qui avaient entendu le pari étaient d'accord avec le point de vue de Matthewson.

Οι άντρες που είχαν ακούσει το στοίχημα συμφώνησαν με την άποψη του Μάθιουσον.

Avec cette décision, les chances sont passées à trois contre un contre Buck.

Με αυτή την απόφαση, οι πιθανότητες ανέβηκαν σε τρία προς ένα εναντίον του Μπακ.

Personne ne s'est manifesté pour prendre en compte les chances croissantes de trois contre un.

Κανείς δεν έκανε ένα βήμα μπροστά για να δεχτεί τις αυξανόμενες πιθανότητες τριών προς ένα.

Pas un seul homme ne croyait que Buck pouvait accomplir un tel exploit.

Ούτε ένας άντρας πίστευε ότι ο Μπακ θα μπορούσε να επιτύχει το σπουδαίο κατόρθωμα.

Thornton s'était précipité dans le pari, lourd de doutes.

Ο Θόρντον είχε βιαστεί να βάλει το στοίχημα, γεμάτος αμφιβολίες.

Il regarda alors le traîneau et l'attelage de dix chiens à côté.

Τώρα κοίταξε το έλκηθρο και την ομάδα των δέκα σκύλων δίπλα του.

En voyant la réalité de la tâche, elle semblait encore plus impossible.

Βλέποντας την πραγματικότητα του έργου, αυτό φάνταζε ακόμα πιο αδύνατο.

Matthewson était plein de fierté et de confiance à ce moment-là.

Ο Μάθιουσον ήταν γεμάτος υπερηφάνεια και αυτοπεποίθηση εκείνη τη στιγμή.

« Trois contre un ! » cria-t-il. « Je parie mille de plus, Thornton !

«Τρία προς ένα!» φώναξε. «Ποντάρω άλλα χίλια, Θόρντον!»

« Que dites-vous ? » ajouta-t-il, assez fort pour que tout le monde l'entende.

«Τι λες;» πρόσθεσε, αρκετά δυνατά για να το ακούσουν όλοι.

Le visage de Thornton exprimait ses doutes, mais son esprit s'était élevé.

Το πρόσωπο του Θόρντον έδειχνε τις αμφιβολίες του, αλλά το ηθικό του είχε ανέβει.

Cet esprit combatif ignorait les probabilités et ne craignait rien du tout.

Αυτό το μαχητικό πνεύμα αγνόησε τις πιθανότητες και δεν φοβόταν απολύτως τίποτα.

Il a appelé Hans et Pete pour apporter tout leur argent sur la table.

Κάλεσε τον Χανς και τον Πιτ να φέρουν όλα τα μετρητά τους στο τραπέζι.

Il ne leur restait plus grand-chose : seulement deux cents dollars au total.

Τους είχαν απομείνει λίγα — μόνο διακόσια δολάρια μαζί.

Cette petite somme représentait toute leur fortune pendant les temps difficiles.

Αυτό το μικρό ποσό ήταν η συνολική τους περιουσία σε δύσκολες στιγμές.

Pourtant, ils ont misé toute leur fortune contre le pari de Matthewson.

Παρ' όλα αυτά, έβαλαν όλη τους την περιουσία στο στοίχημα του Matthewson.

L'attelage de dix chiens a été dételé et éloigné du traîneau.

Η ομάδα των δέκα σκύλων αποσυνδέθηκε και απομακρύνθηκε από το έλκηθρο.

Buck a été placé dans les rênes, portant son harnais familier.

Ο Μπακ τοποθετήθηκε στα ηνία, φορώντας την οικεία του ζώνη.

Il avait capté l'énergie de la foule et ressenti la tension.

Είχε αντιληφθεί την ενέργεια του πλήθους και ένιωσε την ένταση.

D'une manière ou d'une autre, il savait qu'il devait faire quelque chose pour John Thornton.

Κατά κάποιο τρόπο, ήξερε ότι έπρεπε να κάνει κάτι για τον Τζον Θόρντον.
Les gens murmuraient avec admiration devant la fière silhouette du chien.
Οι άνθρωποι μουρμούριζαν με θαυμασμό την περήφανη φιγούρα του σκύλου.
Il était mince et fort, sans une seule once de chair supplémentaire.
Ήταν αδύνατος και δυνατός, χωρίς ούτε μια ουγγιά σάρκας.
Son poids total de cent cinquante livres n'était que puissance et endurance.
Το συνολικό βάρος του, εκατόν πενήντα λίβρες, ήταν όλο δύναμη και αντοχή.
Le pelage de Buck brillait comme de la soie, épais de santé et de force.
Το παλτό του Μπακ έλαμπε σαν μετάξι, πυκνό από υγεία και δύναμη.
La fourrure le long de son cou et de ses épaules semblait se soulever et se hérisser.
Η γούνα κατά μήκος του λαιμού και των ώμων του φαινόταν να ανασηκώνεται και να τριχώνεται.
Sa crinière bougeait légèrement, chaque cheveu vivant de sa grande énergie.
Η χαίτη του κινούνταν ελαφρά, κάθε τρίχα του ζωντάνιαζε από τη μεγάλη του ενέργεια.
Sa large poitrine et ses jambes fortes correspondaient à sa silhouette lourde et robuste.
Το πλατύ στήθος του και τα δυνατά του πόδια ταίριαζαν με το βαρύ, σκληροτράχηλο σώμα του.
Des muscles ondulaient sous son manteau, tendus et fermes comme du fer lié.
Οι μύες κυματίζονταν κάτω από το παλτό του, σφιχτοί και σταθεροί σαν δεμένο σίδερο.
Les hommes le touchaient et juraient qu'il était bâti comme une machine en acier.

Οι άντρες τον άγγιζαν και έβριζαν ότι ήταν φτιαγμένος σαν ατσάλινη μηχανή.

Les chances ont légèrement baissé à deux contre un contre le grand chien.

Οι πιθανότητες έπεσαν ελαφρώς σε δύο προς ένα εναντίον του σπουδαίου σκύλου.

Un homme des bancs de Skookum s'avança en bégayant.

Ένας άντρας από τα παγκάκια του Σκούκουμ προχώρησε τραυλίζοντας.

« Bien, monsieur ! J'offre huit cents pour lui – avant l'examen, monsieur ! »

«Ωραία, κύριε! Προσφέρω οκτακόσια γι' αυτόν – πριν από την εξέταση, κύριε!»

« Huit cents, tel qu'il est en ce moment ! » insista l'homme.

«Οκτακόσια, όπως είναι αυτή τη στιγμή!» επέμεινε ο άντρας.

Thornton s'avança, sourit et secoua calmement la tête.

Ο Θόρντον έκανε ένα βήμα μπροστά, χαμογέλασε και κούνησε ήρεμα το κεφάλι του.

Matthewson est rapidement intervenu avec une voix d'avertissement et un froncement de sourcils.

Ο Μάθιουσον παρενέβη γρήγορα με προειδοποιητική φωνή και συνοφρυωμένος.

« Éloignez-vous de lui », dit-il. « Laissez-lui de l'espace. »

«Πρέπει να απομακρυνθείς από αυτόν», είπε. «Δώσε του χώρο.»

La foule se tut ; seuls les joueurs continuaient à miser deux contre un.

Το πλήθος σώπασε· μόνο οι τζογαδόροι προσέφεραν ακόμα δύο προς ένα.

Tout le monde admirait la carrure de Buck, mais la charge semblait trop lourde.

Όλοι θαύμαζαν τη σωματική διάπλαση του Μπακ, αλλά το φορτίο φαινόταν πολύ μεγάλο.

Vingt sacs de farine, pesant chacun cinquante livres, semblaient beaucoup trop.

Είκοσι σακιά αλεύρι —βάρους πενήντα κιλών το καθένα— φάνταζαν πάρα πολλά.

Personne n'était prêt à ouvrir sa bourse et à risquer son argent.

Κανείς δεν ήταν πρόθυμος να ανοίξει το πουγκί του και να ρισκάρει τα χρήματά του.

Thornton s'agenouilla à côté de Buck et prit sa tête à deux mains.

Ο Θόρντον γονάτισε δίπλα στον Μπακ και έπιασε το κεφάλι του και με τα δύο χέρια.

Il pressa sa joue contre celle de Buck et lui parla à l'oreille.

Πίεσε το μάγουλό του στο μάγουλο του Μπακ και του μίλησε στο αυτί.

Il n'y avait plus de secousses enjouées ni d'insultes affectueuses murmurées.

Δεν υπήρχε πλέον παιχνιδιάρικο κούνημα ούτε ψιθυριστές αγαπητικές προσβολές.

Il murmura simplement doucement : « Autant que tu m'aimes, Buck. »

Μουρμούρισε μόνο απαλά, «Όσο κι αν με αγαπάς, Μπακ».

Buck émit un gémissement silencieux, son impatience à peine contenue.

Ο Μπακ έβγαλε ένα σιγανό κλαψούρισμα, με την ανυπομονησία του μόλις που συγκρατήθηκε.

Les spectateurs observaient avec curiosité la tension qui emplissait l'air.

Οι θεατές παρακολουθούσαν με περιέργεια καθώς η ένταση γέμιζε την ατμόσφαιρα.

Le moment semblait presque irréel, comme quelque chose qui dépassait la raison.

Η στιγμή έμοιαζε σχεδόν εξωπραγματική, σαν κάτι πέρα από κάθε λογική.

Lorsque Thornton se leva, Buck prit doucement sa main dans ses mâchoires.

Όταν ο Θόρντον σηκώθηκε, ο Μπακ έπιασε απαλά το χέρι του στα σαγόνια του.

Il appuya avec ses dents, puis relâcha lentement et doucement.
Πίεσε προς τα κάτω με τα δόντια του και μετά το άφησε αργά και απαλά.
C'était une réponse silencieuse d'amour, non prononcée, mais comprise.
Ήταν μια σιωπηλή απάντηση αγάπης, όχι ειπωμένη, αλλά κατανοητή.
Thornton s'éloigna du chien et donna le signal.
Ο Θόρντον έκανε ένα βήμα μακριά από τον σκύλο και έδωσε το σύνθημα.
« Maintenant, Buck », dit-il, et Buck répondit avec un calme concentré.
«Λοιπόν, Μπακ», είπε, και ο Μπακ απάντησε με συγκεντρωμένη ηρεμία.
Buck a resserré les traces, puis les a desserrées de quelques centimètres.
Ο Μπακ έσφιξε τα ίχνη και μετά τα χαλάρωσε μερικά εκατοστά.
C'était la méthode qu'il avait apprise ; sa façon de briser le traîneau.
Αυτή ήταν η μέθοδος που είχε μάθει· ο τρόπος του να σπάει το έλκηθρο.
« Tiens ! » cria Thornton, sa voix aiguë dans le silence pesant.
«Ουάου!» φώναξε ο Θόρντον, με κοφτερή φωνή μέσα στη βαριά σιωπή.
Buck se tourna vers la droite et se jeta de tout son poids.
Ο Μπακ στράφηκε δεξιά και όρμησε με όλο του το βάρος.
Le mou disparut et toute la masse de Buck heurta les lignes serrées.
Το χαλαρό μέρος εξαφανίστηκε και ολόκληρη η μάζα του Μπακ χτύπησε στα στενά ίχνη.
Le traîneau tremblait et les patins émettaient un bruit de crépitement.
Το έλκηθρο έτρεμε και οι δρομείς έβγαλαν έναν τραγανό ήχο.

« Haw ! » ordonna Thornton, changeant à nouveau la direction de Buck.

«Χα!» διέταξε ο Θόρντον, αλλάζοντας ξανά την κατεύθυνση του Μπακ.

Buck répéta le mouvement, cette fois en tirant brusquement vers la gauche.

Ο Μπακ επανέλαβε την κίνηση, αυτή τη φορά τραβώντας απότομα προς τα αριστερά.

Le traîneau craquait plus fort, les patins claquaient et se déplaçaient.

Το έλκηθρο κροταλούσε πιο δυνατά, οι δρομείς χτυπούσαν και μετακινούνταν.

La lourde charge glissait légèrement latéralement sur la neige gelée.

Το βαρύ φορτίο γλίστρησε ελαφρώς πλάγια πάνω στο παγωμένο χιόνι.

Le traîneau s'était libéré de l'emprise du sentier glacé !

Το έλκηθρο είχε ξεφύγει από τη λαβή του παγωμένου μονοπατιού!

Les hommes retenaient leur souffle, ignorant qu'ils ne respiraient même pas.

Οι άντρες κρατούσαν την αναπνοή τους, χωρίς να συνειδητοποιούν ότι δεν ανέπνεαν καν.

« Maintenant, TIREZ ! » cria Thornton à travers le silence glacial.

«Τώρα, ΤΡΑΒΗΞ!» φώναξε ο Θόρντον μέσα στην παγωμένη σιωπή.

L'ordre de Thornton résonna fort, comme le claquement d'un fouet.

Η εντολή του Θόρντον αντήχησε κοφτή, σαν τον κρότο ενός μαστιγίου.

Buck se jeta en avant avec un mouvement violent et saccadé.

Ο Μπακ όρμησε μπροστά με μια άγρια και τρανταχτή ορμή.

Tout son corps se tendit et se contracta sous l'énorme tension.

Όλο του το σώμα τεντώθηκε και συσπάστηκε από την τεράστια καταπόνηση.
Des muscles ondulaient sous sa fourrure comme des serpents prenant vie.
Οι μύες κυματίζονταν κάτω από τη γούνα του σαν φίδια που ζωντανεύουν.
Sa large poitrine était basse, la tête tendue vers l'avant en direction du traîneau.
Το μεγάλο του στήθος ήταν χαμηλό, με το κεφάλι τεντωμένο μπροστά προς το έλκηθρο.
Ses pattes bougeaient comme l'éclair, ses griffes tranchant le sol gelé.
Τα πόδια του κινούνταν σαν αστραπή, με τα νύχια του να κόβουν το παγωμένο έδαφος.
Des rainures ont été creusées profondément alors qu'il luttait pour chaque centimètre de traction.
Οι αυλακώσεις ήταν βαθιές καθώς πάλευε για κάθε εκατοστό πρόσφυσης.
Le traîneau se balança, trembla et commença un mouvement lent et agité.
Το έλκηθρο λικνίστηκε, έτρεμε και άρχισε μια αργή, ανήσυχη κίνηση.
Un pied a glissé et un homme dans la foule a gémi à haute voix.
Το ένα πόδι γλίστρησε και ένας άντρας από το πλήθος γρύλισε δυνατά.
Puis le traîneau s'élança en avant dans un mouvement saccadé et brusque.
Έπειτα το έλκηθρο όρμησε μπροστά με μια απότομη, τραχιά κίνηση.
Cela ne s'est pas arrêté à nouveau - un demi-pouce... un pouce... deux pouces de plus.
Δεν σταμάτησε ξανά — μισή ίντσα...μια ίντσα...δύο ίντσες ακόμα.
Les secousses devinrent plus faibles à mesure que le traîneau commençait à prendre de la vitesse.

Τα τινάγματα μικραίνουν καθώς το έλκηθρο αρχίζει να αυξάνει την ταχύτητα.

Bientôt, Buck tirait avec une puissance douce et régulière.

Σύντομα ο Μπακ άρχισε να τραβάει με ομαλή, ομοιόμορφη δύναμη κύλισης.

Les hommes haletèrent et finirent par se rappeler de respirer à nouveau.

Οι άντρες άφησαν μια ανάσα και επιτέλους θυμήθηκαν να αναπνεύσουν ξανά.

Ils n'avaient pas remarqué que leur souffle s'était arrêté de stupeur.

Δεν είχαν προσέξει ότι η ανάσα τους είχε σταματήσει από δέος.

Thornton courait derrière, lançant des ordres courts et joyeux.

Ο Θόρντον έτρεξε από πίσω, φωνάζοντας σύντομες, χαρούμενες εντολές.

Devant nous se trouvait une pile de bois de chauffage qui marquait la distance.

Μπροστά υπήρχε μια στοίβα από καυσόξυλα που σηματοδοτούσε την απόσταση.

Alors que Buck s'approchait du tas, les acclamations devenaient de plus en plus fortes.

Καθώς ο Μπακ πλησίαζε στη στοίβα, οι ζητωκραυγές γίνονταν όλο και πιο δυνατές.

Les acclamations se sont transformées en rugissement lorsque Buck a dépassé le point d'arrivée.

Οι ζητωκραυγές μετατράπηκαν σε βρυχηθμό καθώς ο Μπακ πέρασε το σημείο τερματισμού.

Les hommes ont sauté et crié, même Matthewson a esquissé un sourire.

Άντρες πετάχτηκαν και φώναξαν, ακόμη και ο Μάθιουσον ξέσπασε σε ένα χαμόγελο.

Les chapeaux volaient dans les airs, les mitaines étaient lancées sans réfléchir ni viser.

Καπέλα πετούσαν στον αέρα, γάντια πετάγονταν χωρίς σκέψη ή στόχο.

Les hommes se sont attrapés et se sont serré la main sans savoir à qui.
Οι άντρες άρπαξαν ο ένας τον άλλον και έδωσαν τα χέρια χωρίς να ξέρουν ποιος.
Toute la foule bourdonnait d'une célébration folle et joyeuse.
Όλο το πλήθος βουίζει σε έναν ξέφρενο, χαρούμενο εορτασμό.
Thornton tomba à genoux à côté de Buck, les mains tremblantes.
Ο Θόρντον έπεσε στα γόνατα δίπλα στον Μπακ με τρεμάμενα χέρια.
Il pressa sa tête contre celle de Buck et le secoua doucement d'avant en arrière.
Ακούμπησε το κεφάλι του στο κεφάλι του Μπακ και τον κούνησε απαλά μπρος-πίσω.
Ceux qui s'approchaient l'entendaient maudire le chien avec un amour silencieux.
Όσοι πλησίασαν τον άκουσαν να καταριέται τον σκύλο με σιωπηλή αγάπη.
Il a insulté Buck pendant un long moment, doucement, chaleureusement, avec émotion.
Έβριζε τον Μπακ για πολλή ώρα — απαλά, θερμά, με συγκίνηση.
« Bien, monsieur ! Bien, monsieur ! » s'écria précipitamment le roi du Banc Skookum.
«Ωραία, κύριε! Ωραία, κύριε!» φώναξε βιαστικά ο βασιλιάς του Πάγκου Σκούκουμ.
« Je vous donne mille, non, douze cents, pour ce chien, monsieur ! »
«Θα σας δώσω χίλια—όχι, διακόσια—για αυτό το σκυλί, κύριε!»
Thornton se leva lentement, les yeux brillants d'émotion.
Ο Θόρντον σηκώθηκε αργά όρθιος, με τα μάτια του να λάμπουν από συγκίνηση.
Les larmes coulaient ouvertement sur ses joues sans aucune honte.

Δάκρυα κυλούσαν ανοιχτά στα μάγουλά του χωρίς καμία ντροπή.

« Monsieur », dit-il au roi du banc Skookum, ferme et posé.

«Κύριε», είπε στον βασιλιά του Πάγκου Σκούκουμ, σταθερός και ακλόνητος

« Non, monsieur. Allez au diable, monsieur. C'est ma réponse définitive. »

«Όχι, κύριε. Μπορείτε να πάτε στην κόλαση, κύριε. Αυτή είναι η τελική μου απάντηση.»

Buck attrapa doucement la main de Thornton dans ses mâchoires puissantes.

Ο Μπακ άρπαξε απαλά το χέρι του Θόρντον με τα δυνατά του σαγόνια.

Thornton le secoua de manière enjouée, leur lien étant plus profond que jamais.

Ο Θόρντον τον σκούντηξε παιχνιδιάρικα, ο δεσμός τους ήταν τόσο βαθύς όσο ποτέ.

La foule, émue par l'instant, recula en silence.

Το πλήθος, συγκινημένο από τη στιγμή, έκανε ένα βήμα πίσω σιωπηλό.

Dès lors, personne n'osa interrompre cette affection si sacrée.

Από τότε και στο εξής, κανείς δεν τόλμησε να διακόψει μια τέτοια ιερή στοργή.

Le son de l'appel
Ο Ήχος της Κλήσης

Buck avait gagné seize cents dollars en cinq minutes.
Ο Μπακ είχε κερδίσει χίλια εξακόσια δολάρια σε πέντε λεπτά.
Cet argent a permis à John Thornton de payer une partie de ses dettes.
Τα χρήματα επέτρεψαν στον John Thornton να αποπληρώσει μέρος των χρεών του.
Avec le reste de l'argent, il se dirigea vers l'Est avec ses partenaires.
Με τα υπόλοιπα χρήματα κατευθύνθηκε προς την Ανατολή με τους συνεργάτες του.
Ils cherchaient une mine perdue légendaire, aussi vieille que le pays lui-même.
Αναζήτησαν ένα θρυλικό χαμένο ορυχείο, τόσο παλιό όσο και η ίδια η χώρα.
Beaucoup d'hommes avaient cherché la mine, mais peu l'avaient trouvée.
Πολλοί άντρες είχαν ψάξει για το ορυχείο, αλλά λίγοι το είχαν βρει ποτέ.
Plus d'un homme avait disparu au cours de cette quête dangereuse.
Περισσότεροι από λίγοι άντρες είχαν εξαφανιστεί κατά τη διάρκεια της επικίνδυνης αναζήτησης.
Cette mine perdue était enveloppée à la fois de mystère et d'une vieille tragédie.
Αυτό το χαμένο ορυχείο ήταν τυλιγμένο σε μυστήριο και παλιά τραγωδία.
Personne ne savait qui avait été le premier homme à découvrir la mine.
Κανείς δεν ήξερε ποιος ήταν ο πρώτος άνθρωπος που ανακάλυψε το ορυχείο.
Les histoires les plus anciennes ne mentionnent personne par son nom.

Οι παλαιότερες ιστορίες δεν αναφέρουν κανέναν ονομαστικά.
Il y avait toujours eu là une vieille cabane délabrée.
Πάντα υπήρχε εκεί μια παλιά ετοιμόρροπη καλύβα.
Des hommes mourants avaient juré qu'il y avait une mine à côté de cette vieille cabane.
Οι ετοιμοθάνατοι είχαν ορκιστεί ότι υπήρχε ένα ορυχείο δίπλα σε εκείνη την παλιά καλύβα.
Ils ont prouvé leurs histoires avec de l'or comme on n'en trouve nulle part ailleurs.
Απέδειξαν τις ιστορίες τους με χρυσάφι που δεν υπάρχει πουθενά αλλού.
Aucune âme vivante n'avait jamais pillé le trésor de cet endroit.
Καμία ζωντανή ψυχή δεν είχε ποτέ λεηλατήσει τον θησαυρό από εκείνο το μέρος.
Les morts étaient morts, et les morts ne racontent pas d'histoires.
Οι νεκροί ήταν νεκροί, και οι νεκροί δεν λένε ιστορίες.
Thornton et ses amis se dirigèrent donc vers l'Est.
Έτσι, ο Θόρντον και οι φίλοι του κατευθύνθηκαν προς την Ανατολή.
Pete et Hans se sont joints à eux, amenant Buck et six chiens forts.
Ο Πιτ και ο Χανς ενώθηκαν, φέρνοντας μαζί τους τον Μπακ και έξι δυνατά σκυλιά.
Ils se sont lancés sur un chemin inconnu là où d'autres avaient échoué.
Ξεκίνησαν σε ένα άγνωστο μονοπάτι όπου άλλοι είχαν αποτύχει.
Ils ont parcouru soixante-dix milles en traîneau sur le fleuve Yukon gelé.
Διέσχισαν με έλκηθρο εβδομήντα μίλια πάνω στον παγωμένο ποταμό Γιούκον.
Ils tournèrent à gauche et suivirent le sentier jusqu'au Stewart.

Έστριψαν αριστερά και ακολούθησαν το μονοπάτι προς τον ποταμό Στιούαρτ.

Ils passèrent le Mayo et le McQuestion, poursuivant leur route.

Πέρασαν από το Mayo και το McQuestion, συνεχίζοντας.

Le Stewart s'est rétréci en un ruisseau, traversant des pics déchiquetés.

Ο Στιούαρτ συρρικνώθηκε σε ρυάκι, διασχίζοντας αιχμηρές κορυφές.

Ces pics acérés marquaient l'épine dorsale même du continent.

Αυτές οι αιχμηρές κορυφές σηματοδοτούσαν την ίδια τη ραχοκοκαλιά της ηπείρου.

John Thornton exigeait peu des hommes ou de la nature sauvage.

Ο Τζον Θόρντον απαιτούσε ελάχιστα από τους ανθρώπους ή την άγρια γη.

Il ne craignait rien dans la nature et affrontait la nature sauvage avec aisance.

Δεν φοβόταν τίποτα στη φύση και αντιμετώπιζε την άγρια φύση με άνεση.

Avec seulement du sel et un fusil, il pouvait voyager où il le souhaitait.

Με μόνο αλάτι και ένα τουφέκι, μπορούσε να ταξιδέψει όπου επιθυμούσε.

Comme les indigènes, il chassait de la nourriture pendant ses voyages.

Όπως οι ιθαγενείς, κυνηγούσε τροφή ενώ ταξίδευε.

S'il n'attrapait rien, il continuait, confiant en la chance qui l'attendait.

Αν δεν έπιανε τίποτα, συνέχιζε, εμπιστευόμενος την τύχη που έβλεπε μπροστά του.

Au cours de ce long voyage, la viande était la principale nourriture qu'ils mangeaient.

Σε αυτό το μακρύ ταξίδι, το κρέας ήταν το κύριο πράγμα που έτρωγαν.

Le traîneau contenait des outils et des munitions, mais aucun horaire strict.
Το έλκηθρο περιείχε εργαλεία και πυρομαχικά, αλλά δεν είχε αυστηρό χρονοδιάγραμμα.

Buck adorait cette errance, la chasse et la pêche sans fin.
Ο Μπακ λάτρευε αυτή την περιπλάνηση· το ατελείωτο κυνήγι και ψάρεμα.

Pendant des semaines, ils ont voyagé jour après jour.
Επί εβδομάδες ταξίδευαν μέρα με τη μέρα.

D'autres fois, ils établissaient des camps et restaient immobiles pendant des semaines.
Άλλες φορές έφτιαχναν στρατόπεδα και έμεναν ακίνητοι για εβδομάδες.

Les chiens se reposaient pendant que les hommes creusaient dans la terre gelée.
Τα σκυλιά ξεκουράζονταν ενώ οι άντρες έσκαβαν μέσα στο παγωμένο χώμα.

Ils chauffaient des poêles sur des feux et cherchaient de l'or caché.
Ζέσταναν τηγάνια πάνω από φωτιές και έψαχναν για κρυμμένο χρυσάφι.

Certains jours, ils souffraient de faim, et d'autres jours, ils faisaient des festins.
Κάποιες μέρες πεινούσαν και κάποιες άλλες έκαναν γιορτές.

Leurs repas dépendaient du gibier et de la chance de la chasse.
Τα γεύματά τους εξαρτιόνταν από το θηράμα και την τύχη του κυνηγιού.

Quand l'été arrivait, les hommes et les chiens chargeaient des charges sur leur dos.
Όταν ήρθε το καλοκαίρι, οι άντρες και τα σκυλιά φόρτωσαν φορτία στις πλάτες τους.

Ils ont fait du rafting sur des lacs bleus cachés dans des forêts de montagne.
Έκαναν ράφτινγκ σε γαλάζιες λίμνες κρυμμένες σε ορεινά δάση.

Ils naviguaient sur des bateaux minces sur des rivières qu'aucun homme n'avait jamais cartographiées.
Έπλεαν μικρά σκάφη σε ποτάμια που κανένας άνθρωπος δεν είχε χαρτογραφήσει ποτέ.
Ces bateaux ont été construits à partir d'arbres sciés dans la nature.
Αυτά τα σκάφη κατασκευάστηκαν από δέντρα που πριονίστηκαν στην άγρια φύση.

Les mois passèrent et ils sillonnèrent des terres sauvages et inconnues.
Οι μήνες περνούσαν και περιπλανιόντουσαν σε άγριες, άγνωστες χώρες.
Il n'y avait pas d'hommes là-bas, mais de vieilles traces suggéraient qu'il y en avait eu.
Δεν υπήρχαν άντρες εκεί, κι όμως παλιά ίχνη υπονοούσαν ότι υπήρχαν άντρες.
Si la Cabane Perdue était réelle, alors d'autres étaient déjà passés par là.
Αν η Χαμένη Καλύβα ήταν αληθινή, τότε κι άλλοι είχαν έρθει κάποτε από εδώ.
Ils traversaient des cols élevés dans des blizzards, même pendant l'été.
Διέσχιζαν ψηλά περάσματα εν μέσω χιονοθύελλας, ακόμη και κατά τη διάρκεια του καλοκαιριού.
Ils frissonnaient sous le soleil de minuit sur les pentes nues des montagnes.
Έτρεμαν κάτω από τον ήλιο του μεσονυχτίου στις γυμνές πλαγιές των βουνών.
Entre la limite des arbres et les champs de neige, ils montaient lentement.
Ανάμεσα στην οροσειρά των δέντρων και τα χιονισμένα λιβάδια, σκαρφάλωναν αργά.
Dans les vallées chaudes, ils écrasaient des nuages de moucherons et de mouches.
Σε ζεστές κοιλάδες, χτυπούσαν σύννεφα από κουνούπια και μύγες.

Ils cueillaient des baies sucrées près des glaciers en pleine floraison estivale.
Μάζευαν γλυκά μούρα κοντά σε παγετώνες σε πλήρη καλοκαιρινή άνθιση.
Les fleurs qu'ils ont trouvées étaient aussi belles que celles du Southland.
Τα λουλούδια που βρήκαν ήταν τόσο όμορφα όσο αυτά στο Σάουθλαντ.
Cet automne-là, ils atteignirent une région solitaire remplie de lacs silencieux.
Εκείνο το φθινόπωρο έφτασαν σε μια μοναχική περιοχή γεμάτη με σιωπηλές λίμνες.
La terre était triste et vide, autrefois pleine d'oiseaux et de bêtes.
Η γη ήταν θλιβερή και άδεια, κάποτε γεμάτη με πουλιά και ζώα.
Il n'y avait plus de vie, seulement le vent et la glace qui se formait dans les flaques.
Τώρα δεν υπήρχε ζωή, μόνο ο άνεμος και ο πάγος που σχηματίζονταν σε λίμνες.
Les vagues s'écrasaient sur les rivages déserts avec un son doux et lugubre.
Τα κύματα χτυπούσαν τις άδειες ακτές με έναν απαλό, θλιβερό ήχο.

Un autre hiver arriva et ils suivirent à nouveau de vieux sentiers lointains.
Ένας ακόμη χειμώνας ήρθε και ακολούθησαν ξανά αχνά, παλιά μονοπάτια.
C'étaient les traces d'hommes qui les avaient cherchés bien avant eux.
Αυτά ήταν τα ίχνη ανδρών που είχαν ψάξει πολύ πριν από αυτούς.
Un jour, ils trouvèrent un chemin creusé profondément dans la forêt sombre.
Κάποτε βρήκαν ένα μονοπάτι σκαμμένο βαθιά μέσα στο σκοτεινό δάσος.

C'était un vieux sentier, et ils sentaient que la cabane perdue était proche.
Ήταν ένα παλιό μονοπάτι, και ένιωθαν ότι η χαμένη καλύβα ήταν κοντά.

Mais le sentier ne menait nulle part et s'enfonçait dans les bois épais.
Αλλά το μονοπάτι δεν οδηγούσε πουθενά και χανόταν μέσα στο πυκνό δάσος.

Personne ne savait qui avait fait ce sentier et pourquoi.
Όποιος και αν ήταν αυτός που έφτιαξε το μονοπάτι, και γιατί το έφτιαξε, κανείς δεν ήξερε.

Plus tard, ils ont trouvé l'épave d'un lodge caché parmi les arbres.
Αργότερα, βρήκαν τα ερείπια ενός καταλύματος κρυμμένα ανάμεσα στα δέντρα.

Des couvertures pourries gisaient éparpillées là où quelqu'un avait dormi.
Σαπισμένες κουβέρτες ήταν σκορπισμένες εκεί που κάποιος κάποτε κοιμόταν.

John Thornton a trouvé un fusil à silex à long canon enterré à l'intérieur.
Ο Τζον Θόρντον βρήκε ένα μακρύκαρο πυρόλιθο θαμμένο μέσα.

Il savait qu'il s'agissait d'un fusil de la Baie d'Hudson depuis les premiers jours de son commerce.
Ήξερε ότι αυτό ήταν ένα όπλο του Χάντσον Μπέι από τις πρώτες μέρες του εμπορίου.

À cette époque, ces armes étaient échangées contre des piles de peaux de castor.
Εκείνες τις μέρες, τέτοια όπλα ανταλλάσσονταν με στοίβες από δέρματα κάστορα.

C'était tout : il ne restait aucune trace de l'homme qui avait construit le lodge.
Αυτό ήταν όλο — δεν είχε απομείνει καμία ένδειξη για τον άνθρωπο που έχτισε το καταφύγιο.

Le printemps est revenu et ils n'ont trouvé aucun signe de la Cabane Perdue.
Η άνοιξη ήρθε ξανά, και δεν βρήκαν κανένα ίχνος της Χαμένης Καλύβας.
Au lieu de cela, ils trouvèrent une large vallée avec un ruisseau peu profond.
Αντ' αυτού βρήκαν μια πλατιά κοιλάδα με ένα ρηχό ρυάκι.
L'or recouvrait le fond des casseroles comme du beurre jaune et lisse.
Χρυσός βρισκόταν στον πάτο του τηγανιού σαν λείο, κίτρινο βούτυρο.
Ils s'arrêtèrent là et ne cherchèrent plus la cabane.
Σταμάτησαν εκεί και δεν έψαξαν άλλο για την καλύβα.
Chaque jour, ils travaillaient et trouvaient des milliers de pièces d'or en poudre.
Κάθε μέρα δούλευαν και έβρισκαν χιλιάδες σε χρυσόσκονη.
Ils ont emballé l'or dans des sacs de peau d'élan, de cinquante livres chacun.
Συσκευάσανε το χρυσάφι σε σακούλες με δέρμα άλκης, πενήντα λίρες η καθεμία.
Les sacs étaient empilés comme du bois de chauffage à l'extérieur de leur petite loge.
Οι τσάντες ήταν στοιβαγμένες σαν καυσόξυλα έξω από το μικρό τους καταφύγιο.
Ils travaillaient comme des géants et les jours passaient comme des rêves rapides.
Δούλευαν σαν γίγαντες, και οι μέρες περνούσαν σαν γρήγορα όνειρα.
Ils ont amassé des trésors au fil des jours sans fin.
Συσσώρευαν θησαυρούς καθώς οι ατελείωτες μέρες κυλούσαν γρήγορα.
Les chiens n'avaient pas grand-chose à faire, à part transporter de la viande de temps en temps.
Δεν υπήρχαν πολλά να κάνουν τα σκυλιά εκτός από το να κουβαλούν κρέας πού και πού.
Thornton chassait et tuait le gibier, et Buck restait allongé près du feu.

Ο Θόρντον κυνηγούσε και σκότωνε το θήραμα, και ο Μπακ έμεινε ξαπλωμένος δίπλα στη φωτιά.

Il a passé de longues heures en silence, perdu dans ses pensées et ses souvenirs.

Πέρασε πολλές ώρες σιωπηλός, χαμένος στις σκέψεις και τις αναμνήσεις.

L'image de l'homme poilu revenait de plus en plus souvent à l'esprit de Buck.

Η εικόνα του τριχωτού άντρα ερχόταν πιο συχνά στο μυαλό του Μπακ.

Maintenant que le travail se faisait rare, Buck rêvait en clignant des yeux devant le feu.

Τώρα που η δουλειά ήταν λιγοστή, ο Μπακ ονειρεύτηκε ενώ ανοιγοκλείνει τα μάτια του κοιτάζοντας τη φωτιά.

Dans ces rêves, Buck errait avec l'homme dans un autre monde.

Σε εκείνα τα όνειρα, ο Μπακ περιπλανήθηκε με τον άντρα σε έναν άλλο κόσμο.

La peur semblait être le sentiment le plus fort dans ce monde lointain.

Ο φόβος φαινόταν το πιο δυνατό συναίσθημα σε εκείνον τον μακρινό κόσμο.

Buck vit l'homme poilu dormir avec la tête baissée.

Ο Μπακ είδε τον τριχωτό άντρα να κοιμάται με το κεφάλι σκυμμένο χαμηλά.

Ses mains étaient jointes et son sommeil était agité et interrompu.

Τα χέρια του ήταν ενωμένα και ο ύπνος του ήταν ανήσυχος και διαταραγμένος.

Il se réveillait en sursaut et regardait avec crainte dans le noir.

Συνήθιζε να ξυπνάει απότομα και να κοιτάζει φοβισμένος στο σκοτάδι.

Ensuite, il jetait plus de bois sur le feu pour garder la flamme vive.

Έπειτα έριχνε κι άλλα ξύλα στη φωτιά για να κρατήσει τη φλόγα φωτεινή.

Parfois, ils marchaient le long d'une plage au bord d'une mer grise et infinie.
Μερικές φορές περπατούσαν κατά μήκος μιας παραλίας δίπλα σε μια γκρίζα, ατελείωτη θάλασσα.

L'homme poilu ramassait des coquillages et les mangeait en marchant.
Ο τριχωτός άντρας μάζευε οστρακοειδή και τα έτρωγε καθώς περπατούσε.

Ses yeux cherchaient toujours des dangers cachés dans l'ombre.
Τα μάτια του έψαχναν πάντα για κρυμμένους κινδύνους στις σκιές.

Ses jambes étaient toujours prêtes à sprinter au premier signe de menace.
Τα πόδια του ήταν πάντα έτοιμα να τρέξουν τρέχοντας με το πρώτο σημάδι απειλής.

Ils rampaient à travers la forêt, silencieux et méfiants, côte à côte.
Σέρνονταν μέσα στο δάσος, σιωπηλοί και επιφυλακτικοί, ο ένας δίπλα στον άλλον.

Buck le suivit sur ses talons, et tous deux restèrent vigilants.
Ο Μπακ τον ακολούθησε από πίσω, και οι δύο παρέμειναν σε εγρήγορση.

Leurs oreilles frémissaient et bougeaient, leurs nez reniflaient l'air.
Τα αυτιά τους τρεμόπαιζαν και κινούνταν, οι μύτες τους μύριζαν τον αέρα.

L'homme pouvait entendre et sentir la forêt aussi intensément que Buck.
Ο άντρας μπορούσε να ακούσει και να μυρίσει το δάσος τόσο έντονα όσο ο Μπακ.

L'homme poilu se balançait à travers les arbres avec une vitesse soudaine.
Ο τριχωτός άντρας περπάτησε μέσα από τα δέντρα με ξαφνική ταχύτητα.

Il sautait de branche en branche, sans jamais lâcher prise.

Πηδούσε από κλαδί σε κλαδί, χωρίς ποτέ να χάνει τη λαβή του.
Il se déplaçait aussi vite au-dessus du sol que sur celui-ci.
Κινούνταν τόσο γρήγορα πάνω από το έδαφος όσο και πάνω σε αυτό.
Buck se souvenait des longues nuits passées sous les arbres, à veiller.
Ο Μπακ θυμόταν τις μακριές νύχτες κάτω από τα δέντρα, παρακολουθώντας.
L'homme dormait perché dans les branches, s'accrochant fermement.
Ο άντρας κοιμόταν κουρνιάζοντας στα κλαδιά, κρατώντας τον σφιχτά.
Cette vision de l'homme poilu était étroitement liée à l'appel des profondeurs.
Αυτό το όραμα του τριχωτού άντρα ήταν στενά συνδεδεμένο με το βαθύ κάλεσμα.
L'appel résonnait toujours à travers la forêt avec une force obsédante.
Το κάλεσμα εξακολουθούσε να αντηχεί μέσα στο δάσος με στοιχειωτική δύναμη.
L'appel remplit Buck de désir et d'un sentiment de joie incessant.
Το τηλεφώνημα γέμισε τον Μπακ με λαχτάρα και ένα αίσθημα ανήσυχης χαράς.
Il ressentait d'étranges pulsions et des frémissements qu'il ne pouvait nommer.
Ένιωθε παράξενες παρορμήσεις και αναταραχές που δεν μπορούσε να ονομάσει.
Parfois, il suivait l'appel au plus profond des bois tranquilles.
Μερικές φορές ακολουθούσε το κάλεσμα βαθιά μέσα στο ήσυχο δάσος.
Il cherchait l'appel, aboyant doucement ou fort au fur et à mesure.
Έψαχνε για το κάλεσμα, γαβγίζοντας απαλά ή κοφτά καθώς έφευγε.

Il renifla la mousse et la terre noire où poussaient les herbes.
Μύρισε τα βρύα και το μαύρο χώμα όπου φύτρωναν τα χόρτα.
Il renifla de plaisir aux riches odeurs de la terre profonde.
Φυσούσε από ευχαρίστηση στις πλούσιες μυρωδιές της βαθιάς γης.
Il s'est accroupi pendant des heures derrière des troncs couverts de champignons.
Έμεινε κουλουριασμένος για ώρες πίσω από κορμούς καλυμμένους με μύκητες.
Il resta immobile, écoutant les yeux écarquillés chaque petit bruit.
Έμεινε ακίνητος, ακούγοντας με μάτια ορθάνοιχτα κάθε παραμικρό ήχο.
Il espérait peut-être surprendre la chose qui avait lancé l'appel.
Μπορεί να ήλπιζε να αιφνιδιάσει αυτό που έδωσε το κάλεσμα.
Il ne savait pas pourquoi il agissait de cette façon, il le faisait simplement.
Δεν ήξερε γιατί ενεργούσε με αυτόν τον τρόπο — απλώς το έκανε.
Les pulsions venaient du plus profond de moi, au-delà de la pensée ou de la raison.
Οι παρορμήσεις προέρχονταν από βαθιά μέσα μου, πέρα από τη σκέψη ή τη λογική.
Des envies irrésistibles s'emparèrent de Buck sans avertissement ni raison.
Ακαταμάχητες παρορμήσεις κατέλαβαν τον Μπακ χωρίς προειδοποίηση ή λόγο.
Parfois, il somnolait paresseusement dans le camp sous la chaleur de midi.
Κατά καιρούς κοιμόταν νωχελικά στο στρατόπεδο κάτω από τη ζέστη του μεσημεριού.
Soudain, sa tête se releva et ses oreilles se dressèrent en alerte.

Ξαφνικά, το κεφάλι του σήκωσε και τα αυτιά του σηκώθηκαν σε εγρήγορση.
Puis il se leva d'un bond et se précipita dans la nature sans s'arrêter.
Έπειτα πετάχτηκε πάνω και όρμησε στην άγρια φύση χωρίς διακοπή.
Il a couru pendant des heures à travers les sentiers forestiers et les espaces ouverts.
Έτρεχε για ώρες μέσα από δασικά μονοπάτια και ανοιχτούς χώρους.
Il aimait suivre les lits des ruisseaux asséchés et espionner les oiseaux dans les arbres.
Του άρεσε να ακολουθεί τις ξερές κοίτες των ρυακιών και να κατασκοπεύει πουλιά στα δέντρα.
Il pouvait rester caché toute la journée, à regarder les perdrix se pavaner.
Μπορούσε να είναι κρυμμένος όλη μέρα, παρακολουθώντας τις πέρδικες να περπατούν τριγύρω.
Ils tambourinaient et marchaient, inconscients de la présence de Buck.
Χτύπαγαν τύμπανα και παρέλασαν, αγνοώντας την ακίνητη παρουσία του Μπακ.
Mais ce qu'il aimait le plus, c'était courir au crépuscule en été.
Αλλά αυτό που αγαπούσε περισσότερο ήταν να τρέχει το λυκόφως το καλοκαίρι.
La faible lumière et les bruits endormis de la forêt le remplissaient de joie.
Το αμυδρό φως και οι νυσταγμένοι ήχοι του δάσους τον γέμισαν χαρά.
Il lisait les panneaux forestiers aussi clairement qu'un homme lit un livre.
Διάβασε τις πινακίδες του δάσους τόσο καθαρά όσο ένας άνθρωπος διαβάζει ένα βιβλίο.
Et il cherchait toujours la chose étrange qui l'appelait.
Και έψαχνε πάντα για το παράξενο πράγμα που τον καλούσε.

Cet appel ne s'est jamais arrêté : il l'atteignait qu'il soit éveillé ou endormi.
Αυτό το κάλεσμα δεν σταματούσε ποτέ — τον έφτανε είτε ξύπνιος είτε κοιμισμένος.

Une nuit, il se réveilla en sursaut, les yeux perçants et les oreilles hautes.
Ένα βράδυ, ξύπνησε απότομα, με μάτια κοφτερά και αυτιά ψηλά.

Ses narines se contractaient tandis que sa crinière se dressait en vagues.
Τα ρουθούνια του συσπάστηκαν καθώς η χαίτη του σχηματιζόταν σε κύματα.

Du plus profond de la forêt, le son résonna à nouveau, le vieil appel.
Από βαθιά μέσα στο δάσος ακούστηκε ξανά ο ήχος, το παλιό κάλεσμα.

Cette fois, le son résonnait clairement, un hurlement long, obsédant et familier.
Αυτή τη φορά ο ήχος αντήχησε καθαρά, ένα μακρόσυρτο, στοιχειωτικό, οικείο ουρλιαχτό.

C'était comme le cri d'un husky, mais d'un ton étrange et sauvage.
Ήταν σαν κραυγή χάσκι, αλλά με παράξενο και άγριο τόνο.

Buck reconnut immédiatement le son – il avait entendu exactement le même son depuis longtemps.
Ο Μπακ αναγνώρισε αμέσως τον ήχο — είχε ακούσει τον ίδιο ακριβώς ήχο πριν από πολύ καιρό.

Il sauta à travers le camp et disparut rapidement dans les bois.
Πήδηξε μέσα από το στρατόπεδο και εξαφανίστηκε γρήγορα στο δάσος.

Alors qu'il s'approchait du bruit, il ralentit et se déplaça avec précaution.
Καθώς πλησίαζε τον ήχο, επιβράδυνε και κινήθηκε με προσοχή.

Bientôt, il atteignit une clairière entre d'épais pins.
Σύντομα έφτασε σε ένα ξέφωτο ανάμεσα σε πυκνά πεύκα.
Là, debout sur ses pattes arrière, était assis un loup des bois grand et maigre.
Εκεί, όρθιος στα οπίσθιά του, καθόταν ένας ψηλός, αδύνατος δασόβιος λύκος.
Le nez du loup pointait vers le ciel, résonnant toujours de l'appel.
Η μύτη του λύκου έδειξε τον ουρανό, αντηχώντας ακόμα το κάλεσμα.
Buck n'avait émis aucun son, mais le loup s'arrêta et écouta.
Ο Μπακ δεν είχε βγάλει κανέναν ήχο, κι όμως ο λύκος σταμάτησε και άκουσε.
Sentant quelque chose, le loup se tendit, scrutant l'obscurité.
Νιώθοντας κάτι, ο λύκος τεντώθηκε, ψάχνοντας στο σκοτάδι.
Buck apparut en rampant, le corps bas, les pieds immobiles sur le sol.
Ο Μπακ εμφανίστηκε ύπουλα, με το σώμα του χαμηλά και τα πόδια του ήσυχα στο έδαφος.
Sa queue était droite, son corps enroulé sous la tension.
Η ουρά του ήταν ίσια, το σώμα του κουλουριασμένο σφιχτά από την ένταση.
Il a montré à la fois une menace et une sorte d'amitié brutale.
Έδειξε τόσο απειλή όσο και ένα είδος σκληρής φιλίας.
C'était le salut prudent partagé par les bêtes sauvages.
Ήταν ο επιφυλακτικός χαιρετισμός που μοιράζονταν τα θηρία της άγριας φύσης.
Mais le loup se retourna et s'enfuit dès qu'il vit Buck.
Αλλά ο λύκος γύρισε και έφυγε τρέχοντας μόλις είδε τον Μπακ.
Buck se lança à sa poursuite, sautant sauvagement, désireux de le rattraper.
Ο Μπακ τον καταδίωξε, πηδώντας άγρια, ανυπόμονος να το προσπεράσει.

Il suivit le loup dans un ruisseau asséché bloqué par un embâcle.
Ακολούθησε τον λύκο σε ένα ξερό ρυάκι που είχε μπλοκαριστεί από ένα ξυλεία.
Acculé, le loup se retourna et tint bon.
Στραβωμένος στη γωνία, ο λύκος γύρισε και στάθηκε στη θέση του.
Le loup grognait et claquait comme un chien husky pris au piège dans un combat.
Ο λύκος γρύλισε και κράξατε σαν παγιδευμένο χάσκι σκυλί σε καβγά.
Les dents du loup claquaient rapidement, son corps se hérissant d'une fureur sauvage.
Τα δόντια του λύκου έκαναν ένα γρήγορο κλικ, και το σώμα του έσφυζε από άγρια οργή.
Buck n'attaqua pas mais encercla le loup avec une gentillesse prudente.
Ο Μπακ δεν επιτέθηκε, αλλά περικύκλωσε τον λύκο με προσεκτική φιλικότητα.
Il a essayé de bloquer sa fuite par des mouvements lents et inoffensifs.
Προσπάθησε να εμποδίσει τη διαφυγή του με αργές, ακίνδυνες κινήσεις.
Le loup était méfiant et effrayé : Buck le dépassait trois fois.
Ο λύκος ήταν επιφυλακτικός και φοβισμένος — ο Μπακ τον ξεπέρασε τρεις φορές.
La tête du loup atteignait à peine l'épaule massive de Buck.
Το κεφάλι του λύκου μόλις που έφτανε μέχρι τον τεράστιο ώμο του Μπακ.
À l'affût d'une brèche, le loup s'est enfui et la poursuite a repris.
Παρατηρώντας για ένα κενό, ο λύκος έφυγε τρέχοντας και το κυνήγι ξεκίνησε ξανά.
Plusieurs fois, Buck l'a coincé et la danse s'est répétée.
Αρκετές φορές ο Μπακ τον στρίμωξε στη γωνία και ο χορός επαναλήφθηκε.

Le loup était maigre et faible, sinon Buck n'aurait pas pu l'attraper.
Ο λύκος ήταν αδύνατος και αδύνατος, αλλιώς ο Μπακ δεν θα μπορούσε να τον είχε πιάσει.
Chaque fois que Buck s'approchait, le loup se retournait et lui faisait face avec peur.
Κάθε φορά που ο Μπακ πλησίαζε, ο λύκος γύριζε και τον κοίταζε φοβισμένος.
Puis, à la première occasion, il s'est précipité dans les bois une fois de plus.
Έπειτα, με την πρώτη ευκαιρία, έτρεξε ξανά στο δάσος.
Mais Buck n'a pas abandonné et finalement le loup a fini par lui faire confiance.
Αλλά ο Μπακ δεν τα παράτησε και τελικά ο λύκος τον εμπιστεύτηκε.
Il renifla le nez de Buck, et les deux devinrent joueurs et alertes.
Μύρισε τη μύτη του Μπακ, και οι δυο τους έγιναν παιχνιδιάρικοι και σε εγρήγορση.
Ils jouaient comme des animaux sauvages, féroces mais timides dans leur joie.
Έπαιζαν σαν άγρια ζώα, άγρια αλλά ντροπαλά στη χαρά τους.
Au bout d'un moment, le loup s'éloigna au trot avec un calme déterminé.
Μετά από λίγο, ο λύκος έφυγε τρέχοντας με ήρεμη αποφασιστικότητα.
Il a clairement montré à Buck qu'il voulait être suivi.
Έδειξε ξεκάθαρα στον Μπακ ότι σκόπευε να τον ακολουθήσουν.
Ils couraient côte à côte dans l'obscurité du crépuscule.
Έτρεχαν δίπλα-δίπλα μέσα στο λυκόφως.
Ils suivirent le lit du ruisseau jusqu'à la gorge rocheuse.
Ακολούθησαν την κοίτη του ρυακιού μέχρι το βραχώδες φαράγγι.
Ils traversèrent une ligne de partage des eaux froide où le ruisseau avait pris sa source.

Διέσχισαν ένα κρύο χώρισμα από το σημείο που είχε ξεκινήσει το ρέμα.

Sur la pente la plus éloignée, ils trouvèrent une vaste forêt et de nombreux ruisseaux.

Στην μακρινή πλαγιά βρήκαν ένα πλατύ δάσος και πολλά ρυάκια.

À travers ce vaste territoire, ils ont couru pendant des heures sans s'arrêter.

Μέσα από αυτή την απέραντη γη, έτρεχαν για ώρες ασταμάτητα.

Le soleil se leva plus haut, l'air devint chaud, mais ils continuèrent à courir.

Ο ήλιος ανέβαινε ψηλότερα, ο αέρας ζέσταινε, αλλά αυτοί συνέχιζαν να τρέχουν.

Buck était rempli de joie : il savait qu'il répondait à son appel.

Ο Μπακ ήταν γεμάτος χαρά — ήξερε ότι ανταποκρινόταν στο κάλεσμά του.

Il courut à côté de son frère de la forêt, plus près de la source de l'appel.

Έτρεξε δίπλα στον αδερφό του από το δάσος, πιο κοντά στην πηγή του καλέσματος.

De vieux sentiments sont revenus, puissants et difficiles à ignorer.

Τα παλιά συναισθήματα επέστρεψαν, δυνατά και δύσκολο να τα αγνοήσεις.

C'étaient les vérités derrière les souvenirs de ses rêves.

Αυτές ήταν οι αλήθειες πίσω από τις αναμνήσεις από τα όνειρά του.

Il avait déjà fait tout cela auparavant, dans un monde lointain et obscur.

Τα είχε κάνει όλα αυτά και πριν σε έναν μακρινό και σκιώδη κόσμο.

Il recommença alors, courant librement avec le ciel ouvert au-dessus.

Τώρα το έκανε ξανά, τρέχοντας ξέφρενα με τον ανοιχτό ουρανό από πάνω του.

Ils s'arrêtèrent près d'un ruisseau pour boire l'eau froide qui coulait.
Σταμάτησαν σε ένα ρυάκι για να πιουν από το κρύο τρεχούμενο νερό.
Alors qu'il buvait, Buck se souvint soudain de John Thornton.
Καθώς έπινε, ο Μπακ θυμήθηκε ξαφνικά τον Τζον Θόρντον.
Il s'assit en silence, déchiré par l'attrait de la loyauté et de l'appel.
Κάθισε σιωπηλός, σπαρασσόμενος από την έλξη της αφοσίωσης και του καλέσματος.
Le loup continua à trotter, mais revint pour pousser Buck à avancer.
Ο λύκος συνέχισε να τρέχει, αλλά επέστρεψε για να σπρώξει τον Μπακ να προχωρήσει.
Il renifla son nez et essaya de le cajoler avec des gestes doux.
Μύρισε τη μύτη του και προσπάθησε να τον πείσει με απαλές χειρονομίες.
Mais Buck se retourna et reprit le chemin par lequel il était venu.
Αλλά ο Μπακ γύρισε και ξεκίνησε να επιστρέφει από τον δρόμο που είχε έρθει.
Le loup courut à côté de lui pendant un long moment, gémissant doucement.
Ο λύκος έτρεξε δίπλα του για πολλή ώρα, κλαψουρίζοντας σιγανά.
Puis il s'assit, leva le nez et poussa un long hurlement.
Έπειτα κάθισε, σήκωσε τη μύτη του και έβγαλε ένα μακρόσυρτο ουρλιαχτό.
C'était un cri lugubre, qui s'adoucit à mesure que Buck s'éloignait.
Ήταν μια θλιβερή κραυγή, που μαλάκωσε καθώς ο Μπακ απομακρύνθηκε.
Buck écouta le son du cri s'estomper lentement dans le silence de la forêt.

Ο Μπακ άκουγε καθώς ο ήχος της κραυγής χανόταν αργά στη σιωπή του δάσους.

John Thornton était en train de dîner lorsque Buck a fait irruption dans le camp.

Ο Τζον Θόρντον έτρωγε δείπνο όταν ο Μπακ εισέβαλε τρέχοντας στο στρατόπεδο.

Buck sauta sauvagement sur lui, le léchant, le mordant et le faisant culbuter.

Ο Μπακ πήδηξε πάνω του άγρια, γλείφοντάς τον, δαγκώνοντάς τον και ανατρέποντάς τον.

Il l'a renversé, s'est hissé dessus et l'a embrassé sur le visage.

Τον έριξε κάτω, σκαρφάλωσε από πάνω και τον φίλησε στο πρόσωπο.

Thornton appelait cela avec affection « jouer le fou du commun ».

Ο Θόρντον το αποκάλεσε αυτό «παίζοντας τον γενικό βλάκα» με στοργή.

Pendant tout ce temps, il maudissait doucement Buck et le secouait d'avant en arrière.

Όλο αυτό το διάστημα, έβριζε απαλά τον Μπακ και τον κουνούσε πέρα δώθε.

Pendant deux jours et deux nuits entières, Buck n'a pas quitté le camp une seule fois.

Για δύο ολόκληρες μέρες και δύο νύχτες, ο Μπακ δεν έφυγε ούτε μία φορά από το στρατόπεδο.

Il est resté proche de Thornton et ne l'a jamais quitté des yeux.

Έμεινε κοντά στον Θόρντον και δεν τον άφηνε ποτέ από τα μάτια του.

Il le suivait pendant qu'il travaillait et le regardait pendant qu'il mangeait.

Τον ακολουθούσε καθώς δούλευε και τον παρακολουθούσε ενώ έτρωγε.

Il voyait Thornton dans ses couvertures la nuit et dehors chaque matin.

Έβλεπε τον Θόρντον τυλιγμένο στις κουβέρτες του τη νύχτα και έξω κάθε πρωί.

Mais bientôt l'appel de la forêt revint, plus fort que jamais.
Αλλά σύντομα το κάλεσμα του δάσους επέστρεψε, πιο δυνατό από ποτέ.
Buck devint à nouveau agité, agité par les pensées du loup sauvage.
Ο Μπακ έγινε ξανά ανήσυχος, αναστατωμένος από τις σκέψεις του άγριου λύκου.
Il se souvenait de la terre ouverte et de la course côte à côte.
Θυμόταν την ανοιχτή γη και το τρέξιμο δίπλα-δίπλα.
Il commença à errer à nouveau dans la forêt, seul et alerte.
Άρχισε να περιπλανιέται ξανά στο δάσος, μόνος και σε εγρήγορση.
Mais le frère sauvage ne revint pas et le hurlement ne fut pas entendu.
Αλλά ο άγριος αδερφός δεν επέστρεψε και το ουρλιαχτό δεν ακούστηκε.
Buck a commencé à dormir dehors, restant absent pendant des jours.
Ο Μπακ άρχισε να κοιμάται έξω, μένοντας μακριά για μέρες ολόκληρες.
Une fois, il traversa la haute ligne de partage des eaux où le ruisseau commençait.
Μόλις διέσχισε το ψηλό διαχωριστικό από όπου ξεκινούσε το ρυάκι.
Il entra dans le pays des bois sombres et des larges ruisseaux.
Μπήκε στη γη των σκοτεινών δασών και των πλατιών ρεμάτων.
Pendant une semaine, il a erré, à la recherche de signes de son frère sauvage.
Για μια εβδομάδα περιπλανήθηκε, ψάχνοντας για σημάδια του άγριου αδελφού.
Il tuait sa propre viande et voyageait à grands pas, sans relâche.
Σκότωνε το κρέας του και ταξίδευε με μακριά, ακούραστα βήματα.

Il pêchait le saumon dans une large rivière qui se jetait dans la mer.
Ψάρευε σολομό σε ένα πλατύ ποτάμι που έφτανε μέχρι τη θάλασσα.

Là, il combattit et tua un ours noir rendu fou par les insectes.
Εκεί, πάλεψε και σκότωσε μια μαύρη αρκούδα που την είχαν τρελάνει έντομα.

L'ours était en train de pêcher et courait aveuglément à travers les arbres.
Η αρκούδα ψάρευε και έτρεχε στα τυφλά μέσα από τα δέντρα.

La bataille fut féroce, réveillant le profond esprit combatif de Buck.
Η μάχη ήταν σφοδρή, ξυπνώντας το βαθύ μαχητικό πνεύμα του Μπακ.

Deux jours plus tard, Buck est revenu et a trouvé des carcajous près de sa proie.
Δύο μέρες αργότερα, ο Μπακ επέστρεψε για να βρει αδηφάγους στο θήραμά του.

Une douzaine d'entre eux se disputaient la viande avec une fureur bruyante.
Μια ντουζίνα από αυτούς μάλωναν για το κρέας με θορυβώδη μανία.

Buck chargea et les dispersa comme des feuilles dans le vent.
Ο Μπακ όρμησε και τους σκόρπισε σαν φύλλα στον άνεμο.

Deux loups restèrent derrière, silencieux, sans vie et immobiles pour toujours.
Δύο λύκοι έμειναν πίσω—σιωπηλοί, άψυχοι και ακίνητοι για πάντα.

La soif de sang était plus forte que jamais.
Η δίψα για αίμα γινόταν πιο δυνατή από ποτέ.

Buck était un chasseur, un tueur, se nourrissant de créatures vivantes.
Ο Μπακ ήταν κυνηγός, δολοφόνος, που τρεφόταν με ζωντανά πλάσματα.

Il a survécu seul, en s'appuyant sur sa force et ses sens aiguisés.

Επέζησε μόνος, βασιζόμενος στη δύναμη και τις οξυμένες αισθήσεις του.

Il prospérait dans la nature, où seuls les plus résistants pouvaient vivre.

Ευδοκιμούσε στην άγρια φύση, όπου μόνο οι πιο σκληροτράχηλοι μπορούσαν να ζήσουν.

De là, une grande fierté s'éleva et remplit tout l'être de Buck.

Από αυτό, μια μεγάλη υπερηφάνεια ξεπήδησε και γέμισε ολόκληρο το είναι του Μπακ.

Sa fierté se reflétait dans chacun de ses pas, dans le mouvement de chacun de ses muscles.

Η υπερηφάνειά του φαινόταν σε κάθε του βήμα, στο κυματισμό κάθε μυός του.

Sa fierté était aussi claire qu'un discours, visible dans la façon dont il se comportait.

Η υπερηφάνειά του ήταν τόσο καθαρή όσο η ομιλία, που φαινόταν στον τρόπο που συμπεριφερόταν.

Même son épais pelage semblait plus majestueux et brillait davantage.

Ακόμα και το πυκνό παλτό του φαινόταν πιο μεγαλοπρεπές και έλαμπε πιο φωτεινά.

Buck aurait pu être confondu avec un loup géant.

Ο Μπακ θα μπορούσε να είχε περάσει για γιγάντιο λύκο των δασών.

À l'exception du brun sur son museau et des taches au-dessus de ses yeux.

Εκτός από το καφέ στο ρύγχος του και τις κηλίδες πάνω από τα μάτια του.

Et la traînée de fourrure blanche qui courait au milieu de sa poitrine.

Και η άσπρη λωρίδα γούνας που έτρεχε στη μέση του στήθους του.

Il était encore plus grand que le plus grand loup de cette race féroce.

Ήταν ακόμη μεγαλύτερος από τον μεγαλύτερο λύκο εκείνης της άγριας ράτσας.

Son père, un Saint-Bernard, lui a donné de la taille et une ossature lourde.

Ο πατέρας του, ένας Άγιος Βερνάρδος, του έδωσε μέγεθος και βαρύ σώμα.

Sa mère, une bergère, a façonné cette masse en forme de loup.

Η μητέρα του, μια βοσκή, διαμόρφωσε αυτόν τον όγκο σε μορφή λύκου.

Il avait le long museau d'un loup, bien que plus lourd et plus large.

Είχε το μακρύ ρύγχος ενός λύκου, αν και βαρύτερο και πλατύτερο.

Sa tête était celle d'un loup, mais construite à une échelle massive et majestueuse.

Το κεφάλι του ήταν λύκου, αλλά είχε μια τεράστια, μεγαλοπρεπή κλίμακα.

La ruse de Buck était la ruse du loup et de la nature.

Η πονηριά του Μπακ ήταν η πονηριά του λύκου και της άγριας φύσης.

Son intelligence lui vient à la fois du berger allemand et du Saint-Bernard.

Η νοημοσύνη του προερχόταν τόσο από τον Γερμανικό Ποιμενικό όσο και από τον Άγιο Βερνάρδο.

Tout cela, ajouté à une expérience difficile, faisait de lui une créature redoutable.

Όλα αυτά, σε συνδυασμό με τις σκληρές εμπειρίες, τον έκαναν ένα τρομακτικό πλάσμα.

Il était aussi redoutable que n'importe quelle bête qui parcourait les régions sauvages du nord.

Ήταν τόσο τρομερός όσο οποιοδήποτε θηρίο που περιπλανιόταν στην άγρια φύση του βορρά.

Ne se nourrissant que de viande, Buck a atteint le sommet de sa force.

Τρέφοντας μόνο με κρέας, ο Μπακ έφτασε στο απόγειο της δύναμής του.

Il débordait de puissance et de force masculine dans chaque fibre de son être.
Ξεχείλιζε από δύναμη και ανδρική δύναμη σε κάθε του ίνα.
Lorsque Thornton lui caressait le dos, ses poils brillaient d'énergie.
Όταν ο Θόρντον χάιδεψε την πλάτη του, οι τρίχες άστραψαν από ενέργεια.
Chaque cheveu crépitait, chargé du contact du magnétisme vivant.
Κάθε τρίχα έτριζε, φορτισμένη με το άγγιγμα ενός ζωντανού μαγνητισμού.
Son corps et son cerveau étaient réglés sur le ton le plus fin possible.
Το σώμα και το μυαλό του ήταν συντονισμένα στον καλύτερο δυνατό τόνο.
Chaque nerf, chaque fibre et chaque muscle fonctionnaient en parfaite harmonie.
Κάθε νεύρο, ίνα και μυς λειτουργούσαν σε τέλεια αρμονία.
À tout son ou toute vue nécessitant une action, il répondait instantanément.
Σε κάθε ήχο ή θέαμα που χρειαζόταν δράση, ανταποκρινόταν αμέσως.
Si un husky sautait pour attaquer, Buck pouvait sauter deux fois plus vite.
Αν ένα χάσκι πηδούσε για να επιτεθεί, ο Μπακ μπορούσε να πηδήξει δύο φορές πιο γρήγορα.
Il a réagi plus vite que les autres ne pouvaient le voir ou l'entendre.
Αντέδρασε πιο γρήγορα από όσο μπορούσαν να δουν ή να ακούσουν οι άλλοι.
La perception, la décision et l'action se sont produites en un seul instant fluide.
Η αντίληψη, η απόφαση και η δράση ήρθαν όλα σε μια ρευστή στιγμή.
En vérité, ces actes étaient distincts, mais trop rapides pour être remarqués.

Στην πραγματικότητα, αυτές οι πράξεις ήταν ξεχωριστές, αλλά πολύ γρήγορες για να γίνουν αντιληπτές.

Les intervalles entre ces actes étaient si brefs qu'ils semblaient n'en faire qu'un.

Τόσο σύντομα ήταν τα κενά μεταξύ αυτών των πράξεων, που έμοιαζαν με μία.

Ses muscles et son être étaient comme des ressorts étroitement enroulés.

Οι μύες και η ύπαρξή του ήταν σαν σφιχτά κουλουριασμένα ελατήρια.

Son corps débordait de vie, sauvage et joyeux dans sa puissance.

Το σώμα του έσφυζε από ζωή, άγριο και χαρούμενο στη δύναμή του.

Parfois, il avait l'impression que la force allait jaillir de lui entièrement.

Κατά καιρούς ένιωθε ότι η δύναμη θα ξεσπούσε εντελώς από μέσα του.

« Il n'y a jamais eu un tel chien », a déclaré Thornton un jour tranquille.

«Ποτέ δεν υπήρξε τέτοιο σκυλί», είπε ο Θόρντον μια ήσυχη μέρα.

Les partenaires regardaient Buck sortir fièrement du camp.

Οι σύντροφοι παρακολουθούσαν τον Μπακ να απομακρύνεται περήφανα από το στρατόπεδο.

« Lorsqu'il a été créé, il a changé ce que pouvait être un chien », a déclaré Pete.

«Όταν δημιουργήθηκε, άλλαξε αυτό που μπορεί να είναι ένας σκύλος», είπε ο Πιτ.

« Par Jésus ! Je le pense moi-même », acquiesça rapidement Hans.

«Μα τον Ιησού! Κι εγώ έτσι νομίζω», συμφώνησε γρήγορα ο Χανς.

Ils l'ont vu s'éloigner, mais pas le changement qui s'est produit après.

Τον είδαν να απομακρύνεται, αλλά όχι την αλλαγή που ακολούθησε.

Dès qu'il est entré dans les bois, Buck s'est complètement transformé.
Μόλις μπήκε στο δάσος, ο Μπακ μεταμορφώθηκε εντελώς.
Il ne marchait plus, mais se déplaçait comme un fantôme sauvage parmi les arbres.
Δεν περπατούσε πια, αλλά κινούνταν σαν άγριο φάντασμα ανάμεσα σε δέντρα.
Il devint silencieux, les pieds comme un chat, une lueur traversant les ombres.
Έγινε σιωπηλός, σαν να είχε τα πόδια της γάτας, μια λάμψη που περνούσε μέσα από σκιές.
Il utilisait la couverture avec habileté, rampant sur le ventre comme un serpent.
Χρησιμοποιούσε την κάλυψη με επιδεξιότητα, σέρνοντας με την κοιλιά του σαν φίδι.
Et comme un serpent, il pouvait bondir en avant et frapper en silence.
Και σαν φίδι, μπορούσε να πηδήξει μπροστά και να χτυπήσει σιωπηλά.
Il pourrait voler un lagopède directement dans son nid caché.
Θα μπορούσε να κλέψει έναν βοτάνικα κατευθείαν από την κρυμμένη φωλιά του.
Il a tué des lapins endormis sans un seul bruit.
Σκότωνε κοιμισμένα κουνέλια χωρίς να κάνει ούτε έναν ήχο.
Il pouvait attraper des tamias en plein vol alors qu'ils fuyaient trop lentement.
Μπορούσε να πιάσει τα σκιουράκια στον αέρα καθώς έφευγαν πολύ αργά.
Même les poissons dans les bassins ne pouvaient échapper à ses attaques soudaines.
Ούτε τα ψάρια στις πισίνες δεν μπορούσαν να ξεφύγουν από τα ξαφνικά χτυπήματά του.
Même les castors astucieux qui réparaient les barrages n'étaient pas à l'abri de lui.

Ούτε καν οι έξυπνοι κάστορες που έφτιαχναν φράγματα δεν ήταν ασφαλείς από αυτόν.

Il tuait pour se nourrir, pas pour le plaisir, mais il préférait tuer ses propres victimes.

Σκότωνε για φαγητό, όχι για διασκέδαση — αλλά του άρεσαν περισσότερο τα δικά του θύματα.

Pourtant, un humour sournois traversait certaines de ses chasses silencieuses.

Παρόλα αυτά, ένα πονηρό χιούμορ διαπερνούσε μερικά από τα σιωπηλά του κυνήγια.

Il s'est approché des écureuils, mais les a laissés s'échapper.

Σύρθηκε κοντά σε σκίουρους, μόνο και μόνο για να τους αφήσει να ξεφύγουν.

Ils allaient fuir vers les arbres, bavardant dans une rage effrayée.

Επρόκειτο να φύγουν προς τα δέντρα, φλυαρώντας με τρομακτική οργή.

À l'arrivée de l'automne, les orignaux ont commencé à apparaître en plus grand nombre.

Καθώς ερχόταν το φθινόπωρο, οι άλκες άρχισαν να εμφανίζονται σε μεγαλύτερους αριθμούς.

Ils se sont déplacés lentement vers les basses vallées pour affronter l'hiver.

Κινήθηκαν αργά στις χαμηλές κοιλάδες για να αντιμετωπίσουν τον χειμώνα.

Buck avait déjà abattu un jeune veau errant.

Ο Μπακ είχε ήδη σκοτώσει ένα νεαρό, αδέσποτο μοσχαράκι.

Mais il aspirait à affronter des proies plus grandes et plus dangereuses.

Αλλά λαχταρούσε να αντιμετωπίσει μεγαλύτερο, πιο επικίνδυνο θήραμα.

Un jour, à la ligne de partage des eaux, à la tête du ruisseau, il trouva sa chance.

Μια μέρα στο διαχωριστικό όριο, στην αρχή του ρυακιού, βρήκε την ευκαιρία του.

Un troupeau de vingt orignaux avait traversé des terres boisées.
Ένα κοπάδι από είκοσι άλκες είχε περάσει από δασωμένες εκτάσεις.
Parmi eux se trouvait un puissant taureau, le chef du groupe.
Ανάμεσά τους ήταν ένας πανίσχυρος ταύρος· ο αρχηγός της ομάδας.
Le taureau mesurait plus de six pieds de haut et avait l'air féroce et sauvage.
Ο ταύρος είχε ύψος πάνω από δύο μέτρα και φαινόταν άγριος και άγριος.
Il lança ses larges bois, quatorze pointes se ramifiant vers l'extérieur.
Κούνησε τα φαρδιά του κέρατα, με δεκατέσσερις αιχμές να διακλαδίζονται προς τα έξω.
Les extrémités de ces bois s'étendaient sur sept pieds de large.
Οι άκρες αυτών των κεράτων εκτείνονταν σε πλάτος επτά πόδια.
Ses petits yeux brûlaient de rage lorsqu'il aperçut Buck à proximité.
Τα μικρά του μάτια έκαιγαν από οργή όταν εντόπισε τον Μπακ εκεί κοντά.
Il poussa un rugissement furieux, tremblant de fureur et de douleur.
Έβγαλε μια μανιασμένη βρυχηθμό, τρέμοντας από οργή και πόνο.
Une pointe de flèche sortait près de son flanc, empennée et pointue.
Μια άκρη βέλους προεξείχε κοντά στο πλευρό του, φτερωτή και αιχμηρή.
Cette blessure a contribué à expliquer son humeur sauvage et amère.
Αυτή η πληγή βοήθησε να εξηγηθεί η άγρια, πικρή διάθεσή του.
Buck, guidé par un ancien instinct de chasseur, a fait son mouvement.

Ο Μπακ, καθοδηγούμενος από ένα αρχαίο κυνηγετικό ένστικτο, έκανε την κίνησή του.
Son objectif était de séparer le taureau du reste du troupeau.
Στόχος του ήταν να ξεχωρίσει τον ταύρο από το υπόλοιπο κοπάδι.
Ce n'était pas une tâche facile : il fallait de la rapidité et une ruse féroce.
Αυτό δεν ήταν εύκολο έργο—χρειαζόταν ταχύτητα και απίστευτη πονηριά.
Il aboyait et dansait près du taureau, juste hors de portée.
Γάβγιζε και χόρευε κοντά στον ταύρο, ακριβώς εκτός εμβέλειας.
L'élan s'est précipité avec d'énormes sabots et des bois mortels.
Η άλκη όρμησε με τεράστιες οπλές και θανατηφόρα κέρατα.
Un seul coup aurait pu mettre fin à la vie de Buck en un clin d'œil.
Ένα χτύπημα θα μπορούσε να είχε δώσει τέλος στη ζωή του Μπακ στη στιγμή.
Incapable de laisser la menace derrière lui, le taureau devint fou.
Μη μπορώντας να αφήσει πίσω του την απειλή, ο ταύρος τρελάθηκε.
Il chargea avec fureur, mais Buck s'échappa toujours.
Όρμησε με μανία, αλλά ο Μπακ πάντα ξεγλιστρούσε μακριά.
Buck simula une faiblesse, l'attirant plus loin du troupeau.
Ο Μπακ προσποιήθηκε αδυναμία, παρασύροντάς τον πιο μακριά από το κοπάδι.
Mais les jeunes taureaux allaient charger pour protéger le leader.
Αλλά νεαροί ταύροι επρόκειτο να ορμήσουν πίσω για να προστατεύσουν τον αρχηγό.
Ils ont forcé Buck à battre en retraite et le taureau à rejoindre le groupe.

Ανάγκασαν τον Μπακ να υποχωρήσει και τον ταύρο να επανενταχθεί στην ομάδα.
Il y a une patience dans la nature, profonde et imparable.
Υπάρχει μια υπομονή στην άγρια φύση, βαθιά και ασταμάτητη.
Une araignée attend immobile dans sa toile pendant d'innombrables heures.
Μια αράχνη περιμένει ακίνητη στον ιστό της αμέτρητες ώρες.
Un serpent s'enroule sans tressaillement et attend que son heure soit venue.
Ένα φίδι κουλουριάζεται χωρίς να τινάζεται και περιμένει μέχρι να έρθει η ώρα.
Une panthère se tient en embuscade, jusqu'à ce que le moment arrive.
Ένας πάνθηρας βρίσκεται σε ενέδρα, μέχρι να φτάσει η κατάλληλη στιγμή.
C'est la patience des prédateurs qui chassent pour survivre.
Αυτή είναι η υπομονή των αρπακτικών που κυνηγούν για να επιβιώσουν.
Cette même patience brûlait à l'intérieur de Buck alors qu'il restait proche.
Η ίδια υπομονή έκαιγε και μέσα στον Μπακ καθώς έμενε κοντά του.
Il resta près du troupeau, ralentissant sa marche et suscitant la peur.
Έμεινε κοντά στο κοπάδι, επιβραδύνοντας την πορεία του και σπέρνοντας φόβο.
Il taquinait les jeunes taureaux et harcelait les vaches mères.
Πείραζε τους νεαρούς ταύρους και παρενοχλούσε τις μητέρες αγελάδες.
Il a plongé le taureau blessé dans une rage encore plus profonde et impuissante.
Έφερε τον τραυματισμένο ταύρο σε μια βαθύτερη, αβοήθητη οργή.
Pendant une demi-journée, le combat s'est prolongé sans aucun répit.

Για μισή μέρα, η μάχη συνεχίστηκε χωρίς καμία ανάπαυλα.

Buck attaquait sous tous les angles, rapide et féroce comme le vent.

Ο Μπακ επιτέθηκε από κάθε γωνία, γρήγορος και σφοδρός σαν άνεμος.

Il a empêché le taureau de se reposer ou de se cacher avec son troupeau.

Εμπόδισε τον ταύρο να ξεκουραστεί ή να κρυφτεί με το κοπάδι του.

Le cerf a épuisé la volonté de l'élan plus vite que son corps.

Ο Μπακ εξάντλησε τη θέληση της άλκης πιο γρήγορα από το σώμα της.

La journée passa et le soleil se coucha bas dans le ciel du nord-ouest.

Η μέρα πέρασε και ο ήλιος έδυσε χαμηλά στον βορειοδυτικό ουρανό.

Les jeunes taureaux revinrent plus lentement pour aider leur chef.

Οι νεαροί ταύροι επέστρεψαν πιο αργά για να βοηθήσουν τον αρχηγό τους.

Les nuits d'automne étaient revenues et l'obscurité durait désormais six heures.

Οι φθινοπωρινές νύχτες είχαν επιστρέψει και το σκοτάδι διαρκούσε τώρα έξι ώρες.

L'hiver les poussait vers des vallées plus sûres et plus chaudes.

Ο χειμώνας τους πίεζε να κατηφορίσουν προς ασφαλέστερες, θερμότερες κοιλάδες.

Mais ils ne pouvaient toujours pas échapper au chasseur qui les retenait.

Αλλά και πάλι δεν μπορούσαν να ξεφύγουν από τον κυνηγό που τους κρατούσε πίσω.

Une seule vie était en jeu : pas celle du troupeau, mais celle de leur chef.

Μόνο μία ζωή διακυβευόταν — όχι του κοπαδιού, μόνο του αρχηγού τους.

Cela rendait la menace lointaine et non leur préoccupation urgente.
Αυτό έκανε την απειλή μακρινή και όχι επείγουσα ανησυχία τους.
Au fil du temps, ils ont accepté ce prix et ont laissé Buck prendre le vieux taureau.
Με τον καιρό, αποδέχτηκαν αυτό το κόστος και άφησαν τον Μπακ να πάρει τον γέρο-ταύρο.
Alors que le crépuscule s'installait, le vieux taureau se tenait debout, la tête baissée.
Καθώς έπεφτε το σούρουπο, ο γέρος ταύρος στάθηκε με το κεφάλι σκυμμένο.
Il regarda le troupeau qu'il avait conduit disparaître dans la lumière déclinante.
Παρακολουθούσε το κοπάδι που είχε οδηγήσει να εξαφανίζεται στο φως που έσβηνε.
Il y avait des vaches qu'il avait connues, des veaux qu'il avait autrefois engendrés.
Υπήρχαν αγελάδες που γνώριζε, μοσχάρια που είχε κάποτε γεννήσει.
Il y avait des taureaux plus jeunes qu'il avait combattus et dominés au cours des saisons précédentes.
Υπήρχαν νεότεροι ταύροι με τους οποίους είχε πολεμήσει και είχε κυβερνήσει σε προηγούμενες εποχές.
Il ne pouvait pas les suivre, car Buck était à nouveau accroupi devant lui.
Δεν μπορούσε να τους ακολουθήσει — γιατί μπροστά του σκυμμένος ήταν ξανά ο Μπακ.
La terreur impitoyable aux crocs bloquait tous les chemins qu'il pouvait emprunter.
Ο ανελέητος, τρομερός τρόμος εμπόδιζε κάθε μονοπάτι που θα μπορούσε να ακολουθήσει.
Le taureau pesait plus de trois cents livres de puissance dense.
Ο ταύρος ζύγιζε περισσότερο από τριακόσια βάρη πυκνής δύναμης.

Il avait vécu longtemps et s'était battu avec acharnement dans un monde de luttes.
Είχε ζήσει πολύ και είχε αγωνιστεί σκληρά σε έναν κόσμο γεμάτο αγώνες.
Mais maintenant, à la fin, la mort venait d'une bête bien en dessous de lui.
Κι όμως, στο τέλος, ο θάνατος ήρθε από ένα θηρίο πολύ κατώτερό του.
La tête de Buck n'atteignait même pas les énormes genoux noueux du taureau.
Το κεφάλι του Μπακ δεν υψωνόταν καν στα τεράστια, σφιγμένα γόνατα του ταύρου.
À partir de ce moment, Buck resta avec le taureau nuit et jour.
Από εκείνη τη στιγμή και μετά, ο Μπακ έμεινε με τον ταύρο νύχτα μέρα.
Il ne lui a jamais laissé de repos, ne lui a jamais permis de brouter ou de boire.
Δεν του έδινε ποτέ ανάπαυση, δεν του επέτρεπε ποτέ να βόσκει ή να πίνει.
Le taureau a essayé de manger de jeunes pousses de bouleau et des feuilles de saule.
Ο ταύρος προσπάθησε να φάει νεαρούς βλαστούς σημύδας και φύλλα ιτιάς.
Mais Buck le repoussa, toujours alerte et toujours attaquant.
Αλλά ο Μπακ τον έδιωχνε, πάντα σε εγρήγορση και πάντα επιθετικός.
Même dans les ruisseaux qui ruisselaient, Buck bloquait toute tentative assoiffée.
Ακόμα και στα ρυάκια που έπεφταν γρήγορα, ο Μπακ εμπόδιζε κάθε διψασμένη προσπάθεια.
Parfois, par désespoir, le taureau s'enfuyait à toute vitesse.
Μερικές φορές, μέσα στην απελπισία του, ο ταύρος έφευγε τρέχοντας με τρομερή ταχύτητα.
Buck le laissa courir, galopant calmement juste derrière, jamais très loin.

Ο Μπακ τον άφησε να τρέξει, περνώντας ήρεμα ακριβώς από πίσω, ποτέ μακριά.

Lorsque l'élan s'arrêta, Buck s'allongea, mais resta prêt.
Όταν η άλκη σταμάτησε, ο Μπακ ξάπλωσε, αλλά παρέμεινε έτοιμος.

Si le taureau essayait de manger ou de boire, Buck frappait avec une fureur totale.
Αν ο ταύρος προσπαθούσε να φάει ή να πιει, ο Μπακ χτυπούσε με πλήρη οργή.

La grosse tête du taureau s'affaissait sous ses vastes bois.
Το μεγάλο κεφάλι του ταύρου έπεσε χαμηλότερα κάτω από τα τεράστια κέρατά του.

Son rythme ralentit, le trot devint lourd, une marche trébuchante.
Το βήμα του επιβραδύνθηκε, ο τροχασμός έγινε βαρύς· ένα παραπατώντας βήμα.

Il restait souvent immobile, les oreilles tombantes et le nez au sol.
Συχνά στεκόταν ακίνητος με τα αυτιά και τη μύτη πεσμένα στο έδαφος.

Pendant ces moments-là, Buck prenait le temps de boire et de se reposer.
Εκείνες τις στιγμές, ο Μπακ αφιέρωσε χρόνο για να πιει και να ξεκουραστεί.

La langue tirée, les yeux fixés, Buck sentait que la terre était en train de changer.
Με τη γλώσσα έξω, τα μάτια καρφωμένα, ο Μπακ ένιωσε ότι η γη άλλαζε.

Il sentit quelque chose de nouveau se déplacer dans la forêt et dans le ciel.
Ένιωσε κάτι καινούργιο να κινείται μέσα στο δάσος και τον ουρανό.

Avec le retour des orignaux, d'autres créatures sauvages ont fait de même.
Καθώς επέστρεφαν οι άλκες, το ίδιο έκαναν και άλλα πλάσματα της άγριας φύσης.

La terre semblait vivante, avec une présence invisible mais fortement connue.
Η γη έμοιαζε ζωντανή με παρουσία, αόρατη αλλά έντονα γνωστή.
Ce n'était ni par l'ouïe, ni par la vue, ni par l'odorat que Buck le savait.
Ο Μπακ δεν το γνώριζε αυτό ούτε από τον ήχο, ούτε από την όραση, ούτε από την οσμή.
Un sentiment plus profond lui disait que de nouvelles forces étaient en mouvement.
Μια βαθύτερη αίσθηση του έλεγε ότι νέες δυνάμεις ήταν εν κινήσει.
Une vie étrange s'agitait dans les bois et le long des ruisseaux.
Παράξενη ζωή αναδεύτηκε μέσα στα δάση και κατά μήκος των ρυακιών.
Il a décidé d'explorer cet esprit, une fois la chasse terminée.
Αποφάσισε να εξερευνήσει αυτό το πνεύμα, αφού είχε ολοκληρωθεί το κυνήγι.
Le quatrième jour, Buck a finalement abattu l'élan.
Την τέταρτη μέρα, ο Μπακ κατέβασε επιτέλους την άλκη.
Il est resté près de la proie pendant une journée et une nuit entières, se nourrissant et se reposant.
Έμεινε κοντά στο θήραμα μια ολόκληρη μέρα και μια νύχτα, τρεφόμενος και ξεκουραζόμενος.
Il mangea, puis dormit, puis mangea à nouveau, jusqu'à ce qu'il soit fort et rassasié.
Έφαγε, μετά κοιμήθηκε, και μετά έφαγε ξανά, μέχρι που έγινε δυνατός και χορτάτος.
Lorsqu'il fut prêt, il retourna vers le camp et Thornton.
Όταν ήταν έτοιμος, γύρισε πίσω προς το στρατόπεδο και το Θόρντον.
D'un pas régulier, il commença le long voyage de retour vers la maison.
Με σταθερό ρυθμό, ξεκίνησε το μακρύ ταξίδι της επιστροφής.

Il courait d'un pas infatigable, heure après heure, sans jamais s'égarer.
Έτρεχε ακούραστος ρυθμός, ώρα με την ώρα, χωρίς να παρεκκλίνει ούτε μια φορά.
À travers des terres inconnues, il se déplaçait droit comme l'aiguille d'une boussole.
Μέσα από άγνωστες χώρες, κινούνταν ευθεία σαν βελόνα πυξίδας.
Son sens de l'orientation faisait paraître l'homme et la carte faibles en comparaison.
Η αίσθηση του προσανατολισμού του έκανε τον άνθρωπο και τον χάρτη να φαίνονται αδύναμοι σε σύγκριση.
Tandis que Buck courait, il sentait plus fortement l'agitation dans la terre sauvage.
Καθώς ο Μπακ έτρεχε, ένιωθε πιο έντονα την αναταραχή στην άγρια γη.
C'était un nouveau genre de vie, différent de celui des mois calmes de l'été.
Ήταν ένα νέο είδος ζωής, σε αντίθεση με εκείνη των ήρεμων καλοκαιρινών μηνών.
Ce sentiment n'était plus un message subtil ou distant.
Αυτό το συναίσθημα δεν ερχόταν πλέον ως ένα ανεπαίσθητο ή μακρινό μήνυμα.
Maintenant, les oiseaux parlaient de cette vie et les écureuils en bavardaient.
Τώρα τα πουλιά μιλούσαν για αυτή τη ζωή, και οι σκίουροι φλυαρούσαν γι' αυτήν.
Même la brise murmurait des avertissements à travers les arbres silencieux.
Ακόμα και το αεράκι ψιθύριζε προειδοποιήσεις μέσα από τα σιωπηλά δέντρα.
Il s'arrêta à plusieurs reprises et respira l'air frais du matin.
Σταμάτησε αρκετές φορές και μύρισε τον καθαρό πρωινό αέρα.
Il y lut un message qui le fit bondir plus vite en avant.
Διάβασε ένα μήνυμα εκεί που τον έκανε να πηδήξει μπροστά πιο γρήγορα.

Un lourd sentiment de danger l'envahit, comme si quelque chose s'était mal passé.
Ένα έντονο αίσθημα κινδύνου τον κατέκλυσε, σαν κάτι να είχε πάει στραβά.
Il craignait qu'une catastrophe ne se produise – ou ne soit déjà arrivée.
Φοβόταν ότι η συμφορά ερχόταν – ή είχε ήδη έρθει.
Il franchit la dernière crête et entra dans la vallée en contrebas.
Διέσχισε την τελευταία κορυφογραμμή και μπήκε στην κοιλάδα από κάτω.
Il se déplaçait plus lentement, alerte et prudent à chaque pas.
Κινούνταν πιο αργά, πιο σε εγρήγορση και προσεκτικός με κάθε βήμα.
À trois milles de là, il trouva une piste fraîche qui le fit se raidir.
Τρία μίλια μακριά βρήκε ένα φρέσκο ίχνος που τον έκανε να νιώσει άκαμπτος.
Les cheveux le long de son cou ondulaient et se hérissaient d'alarme.
Τα μαλλιά κατά μήκος του λαιμού του κυματίζονταν και φουσκώνονταν από ανησυχία.
Le sentier menait directement au camp où Thornton attendait.
Το μονοπάτι οδηγούσε κατευθείαν προς το στρατόπεδο όπου περίμενε ο Θόρντον.
Buck se déplaçait désormais plus rapidement, sa foulée à la fois silencieuse et rapide.
Ο Μπακ κινούνταν πιο γρήγορα τώρα, με το βήμα του σιωπηλό και γρήγορο.
Ses nerfs se sont resserrés lorsqu'il a lu des signes que d'autres allaient manquer.
Τα νεύρα του σφίχτηκαν καθώς διάβαζε σημάδια που άλλοι θα προσπερνούσαν.
Chaque détail du sentier racontait une histoire, sauf le dernier morceau.

Κάθε λεπτομέρεια στο μονοπάτι έλεγε μια ιστορία — εκτός από το τελευταίο κομμάτι.

Son nez lui parlait de la vie qui s'était déroulée ici.

Η μύτη του τού έλεγε για τη ζωή που είχε περάσει με αυτόν τον τρόπο.

L'odeur lui donnait une image changeante alors qu'il le suivait de près.

Η μυρωδιά του έδωσε μια μεταβαλλόμενη εικόνα καθώς τον ακολουθούσε από κοντά.

Mais la forêt elle-même était devenue silencieuse, anormalement immobile.

Αλλά το ίδιο το δάσος είχε ηρεμήσει· αφύσικα ακίνητο.

Les oiseaux avaient disparu, les écureuils étaient cachés, silencieux et immobiles.

Τα πουλιά είχαν εξαφανιστεί, οι σκίουροι ήταν κρυμμένοι, σιωπηλοί και ακίνητοι.

Il n'a vu qu'un seul écureuil gris, allongé sur un arbre mort.

Είδε μόνο έναν γκρίζο σκίουρο, πεσμένο πάνω σε ένα ξερό δέντρο.

L'écureuil se fondait dans la masse, raide et immobile comme une partie de la forêt.

Ο σκίουρος ενσωματώθηκε, άκαμπτος και ακίνητος σαν ένα κομμάτι του δάσους.

Buck se déplaçait comme une ombre, silencieux et sûr à travers les arbres.

Ο Μπακ κινούνταν σαν σκιά, σιωπηλός και σίγουρος μέσα από τα δέντρα.

Son nez se souleva sur le côté comme s'il était tiré par une main invisible.

Η μύτη του τινάχτηκε στο πλάι σαν να την τράβηξε κάποιο αόρατο χέρι.

Il se retourna et suivit la nouvelle odeur jusqu'au plus profond d'un fourré.

Γύρισε και ακολούθησε τη νέα μυρωδιά βαθιά μέσα σε ένα πυκνό δάσος.

Là, il trouva Nig, étendu mort, transpercé par une flèche.

Εκεί βρήκε τον Νιγκ, ξαπλωμένο νεκρό, τρυπημένο από ένα βέλος.

La flèche traversa son corps, laissant encore apparaître ses plumes.

Το βέλος πέρασε καθαρά μέσα από το σώμα του, με τα φτερά να φαίνονται ακόμα.

Nig s'était traîné jusqu'ici, mais il était mort avant d'avoir pu obtenir de l'aide.

Ο Νιγκ είχε φτάσει εκεί συρόμενος, αλλά πέθανε πριν φτάσει σε βοήθεια.

Une centaine de mètres plus loin, Buck trouva un autre chien de traîneau.

Εκατό μέτρα πιο πέρα, ο Μπακ βρήκε ένα άλλο σκυλί για έλκηθρο.

C'était un chien que Thornton avait racheté à Dawson City.

Ήταν ένας σκύλος που ο Θόρντον είχε αγοράσει πίσω στο Ντόσον Σίτι.

Le chien était en proie à une lutte à mort, se débattant violemment sur le sentier.

Ο σκύλος πάλευε με τον θάνατο, σπαρταρώντας με δύναμη στο μονοπάτι.

Buck le contourna sans s'arrêter, les yeux fixés devant lui.

Ο Μπακ πέρασε από δίπλα του, χωρίς να σταματήσει, με τα μάτια καρφωμένα μπροστά.

Du côté du camp venait un chant lointain et rythmé.

Από την κατεύθυνση του στρατοπέδου ακουγόταν μια μακρινή, ρυθμική ψαλμωδία.

Les voix s'élevaient et retombaient sur un ton étrange, inquiétant et chantant.

Οι φωνές υψώνονταν και χαμήλωναν σε έναν παράξενο, απόκοσμο, τραγουδιστό τόνο.

Buck rampa jusqu'au bord de la clairière en silence.

Ο Μπακ σύρθηκε σιωπηλός προς την άκρη του ξέφωτου.

Là, il vit Hans étendu face contre terre, percé de nombreuses flèches.

Εκεί είδε τον Χανς να είναι ξαπλωμένος μπρούμυτα, τρυπημένος με πολλά βέλη.

Son corps ressemblait à celui d'un porc-épic, hérissé de plumes.
Το σώμα του έμοιαζε με ακανθόχοιρο, γεμάτο φτερωτά στελέχη.
Au même moment, Buck regarda vers le pavillon en ruine.
Την ίδια στιγμή, ο Μπακ κοίταξε προς το ερειπωμένο καταφύγιο.
Cette vue lui fit dresser les cheveux sur la nuque et les épaules.
Το θέαμα έκανε τις τρίχες να σηκώνονται άκαμπτες στον λαιμό και τους ώμους του.
Une tempête de rage sauvage parcourut tout le corps de Buck.
Μια θύελλα άγριας οργής σάρωσε ολόκληρο το σώμα του Μπακ.
Il grogna à haute voix, même s'il ne savait pas qu'il l'avait fait.
Γρύλισε δυνατά, αν και δεν ήξερε ότι το είχε κάνει.
Le son était brut, rempli d'une fureur terrifiante et sauvage.
Ο ήχος ήταν ωμός, γεμάτος τρομακτική, άγρια οργή.
Pour la dernière fois de sa vie, Buck a perdu la raison au profit de l'émotion.
Για τελευταία φορά στη ζωή του, ο Μπακ έχασε τη λογική του προς όφελος του συναισθήματος.
C'est l'amour pour John Thornton qui a brisé son contrôle minutieux.
Ήταν η αγάπη για τον Τζον Θόρντον που έσπασε τον προσεκτικό του έλεγχο.
Les Yeehats dansaient autour de la hutte en épicéa détruite.
Οι Γίχατς χόρευαν γύρω από το κατεστραμμένο σπιτάκι από έλατα.
Puis un rugissement retentit et une bête inconnue chargea vers eux.
Τότε ακούστηκε ένα βρυχηθμό—και ένα άγνωστο θηρίο όρμησε προς το μέρος τους.
C'était Buck ; une fureur en mouvement ; une tempête vivante de vengeance.

Ήταν ο Μπακ· μια οργή σε κίνηση· μια ζωντανή θύελλα εκδίκησης.

Il se jeta au milieu d'eux, fou du besoin de tuer.

Ρίχτηκε ανάμεσά τους, τρελός από την ανάγκη να σκοτώσει.

Il sauta sur le premier homme, le chef Yeehat, et frappa juste.

Όρμησε πάνω στον πρώτο άντρα, τον αρχηγό των Γίχατ, και χτύπησε άψογα.

Sa gorge fut déchirée et du sang jaillit à flots.

Ο λαιμός του ήταν σκισμένος και το αίμα έτρεχε σαν ρυάκι.

Buck ne s'arrêta pas, mais déchira la gorge de l'homme suivant d'un seul bond.

Ο Μπακ δεν σταμάτησε, αλλά έσκισε το λαιμό του διπλανού άντρα με ένα πήδημα.

Il était inarrêtable : il déchirait, taillait, ne s'arrêtait jamais pour se reposer.

Ήταν ασταμάτητος — ξεσκίζοντας, κόβοντας κομμάτια, χωρίς να σταματά ποτέ για να ξεκουραστεί.

Il s'élança et bondit si vite que leurs flèches ne purent l'atteindre.

Πήδηξε και όρμησε τόσο γρήγορα που τα βέλη τους δεν μπορούσαν να τον αγγίξουν.

Les Yeehats étaient pris dans leur propre panique et confusion.

Οι Γίχατς είχαν παγιδευτεί στον πανικό και τη σύγχυση τους.

Leurs flèches manquèrent Buck et se frappèrent l'une l'autre à la place.

Τα βέλη τους αστόχησαν στον Μπακ και αντ' αυτού χτυπήθηκαν το ένα το άλλο.

Un jeune homme a lancé une lance sur Buck et a touché un autre homme.

Ένας νεαρός πέταξε ένα δόρυ στον Μπακ και χτύπησε έναν άλλο άντρα.

La lance lui transperça la poitrine, la pointe lui transperçant le dos.

Το δόρυ διαπέρασε το στήθος του, με την αιχμή του να διαπερνά την πλάτη του.

La terreur s'empara des Yeehats et ils se mirent en retraite.

Ο τρόμος κατέκλυσε τους Γίχατς και οπισθοχώρησαν πλήρως.

Ils crièrent à l'Esprit Maléfique et s'enfuirent dans les ombres de la forêt.

Φώναξαν για το Κακό Πνεύμα και έφυγαν τρέχοντας στις σκιές του δάσους.

Vraiment, Buck était comme un démon alors qu'il poursuivait les Yeehats.

Πραγματικά, ο Μπακ ήταν σαν δαίμονας καθώς κυνηγούσε τους Γιχατς.

Il les poursuivit à travers la forêt, les faisant tomber comme des cerfs.

Τους κυνηγούσε τρέχοντας μέσα στο δάσος, φέρνοντάς τους κάτω σαν ελάφια.

Ce fut un jour de destin et de terreur pour les Yeehats effrayés.

Έγινε μια μέρα μοίρας και τρόμου για τους φοβισμένους Γίχατς.

Ils se dispersèrent à travers le pays, fuyant au loin dans toutes les directions.

Σκορπίστηκαν σε όλη τη γη, τρέχοντας μακριά προς κάθε κατεύθυνση.

Une semaine entière s'est écoulée avant que les derniers survivants ne se retrouvent dans une vallée.

Πέρασε μια ολόκληρη εβδομάδα προτού οι τελευταίοι επιζώντες συναντηθούν σε μια κοιλάδα.

Ce n'est qu'alors qu'ils ont compté leurs pertes et parlé de ce qui s'était passé.

Μόνο τότε μέτρησαν τις απώλειές τους και μίλησαν για το τι συνέβη.

Buck, après s'être lassé de la chasse, retourna au camp en ruine.

Ο Μπακ, αφού κουράστηκε από την καταδίωξη, επέστρεψε στο ερειπωμένο στρατόπεδο.

Il a trouvé Pete, toujours dans ses couvertures, tué lors de la première attaque.

Βρήκε τον Πιτ, ακόμα σκεπασμένο με τις κουβέρτες του, νεκρό στην πρώτη επίθεση.

Les signes du dernier combat de Thornton étaient marqués dans la terre à proximité.

Σημάδια της τελευταίας μάχης του Θόρντον ήταν εμφανή στο χώμα κοντά.

Buck a suivi chaque trace, reniflant chaque marque jusqu'à un point final.

Ο Μπακ ακολούθησε κάθε ίχνος, μυρίζοντας κάθε σημάδι μέχρι το τελευταίο σημείο.

Au bord d'un bassin profond, il trouva le fidèle Skeet, allongé immobile.

Στην άκρη μιας βαθιάς λίμνης, βρήκε τον πιστό Σκιτ, ξαπλωμένο ακίνητο.

La tête et les pattes avant de Skeet étaient dans l'eau, immobiles dans la mort.

Το κεφάλι και τα μπροστινά πόδια του Σκιτ ήταν μέσα στο νερό, ακίνητα μέσα στον θάνατο.

La piscine était boueuse et contaminée par les eaux de ruissellement provenant des écluses.

Η πισίνα ήταν λασπωμένη και μολυσμένη με τα νερά των υδροφρακτών.

Sa surface nuageuse cachait ce qui se trouvait en dessous, mais Buck connaissait la vérité.

Η θολή επιφάνειά του έκρυβε ό,τι βρισκόταν από κάτω, αλλά ο Μπακ ήξερε την αλήθεια.

Il a suivi l'odeur de Thornton dans la piscine, mais l'odeur ne menait nulle part ailleurs.

Ακολούθησε τη μυρωδιά του Θόρντον μέσα στην πισίνα — αλλά η μυρωδιά δεν οδηγούσε πουθενά αλλού.

Aucune odeur ne menait à l'extérieur, seulement le silence des eaux profondes.

Δεν υπήρχε καμία μυρωδιά που να προεξείχε — μόνο η σιωπή του βαθιού νερού.

Toute la journée, Buck resta près de la piscine, arpentant le camp avec chagrin.
Όλη μέρα ο Μπακ έμεινε κοντά στην πισίνα, περπατώντας μέσα στο στρατόπεδο με θλίψη.
Il errait sans cesse ou restait assis, immobile, perdu dans ses pensées.
Περιπλανιόταν ανήσυχα ή καθόταν ακίνητος, χαμένος σε βαριές σκέψεις.
Il connaissait la mort, la fin de la vie, la disparition de tout mouvement.
Γνώριζε τον θάνατο· το τέλος της ζωής· την εξαφάνιση κάθε κίνησης.
Il comprit que John Thornton était parti et ne reviendrait jamais.
Κατάλαβε ότι ο Τζον Θόρντον είχε φύγει και δεν θα επέστρεφε ποτέ.
La perte a laissé en lui un vide qui palpitait comme la faim.
Η απώλεια άφησε μέσα του ένα κενό που πάλλονταν σαν πείνα.
Mais c'était une faim que la nourriture ne pouvait apaiser, peu importe la quantité qu'il mangeait.
Αλλά αυτή ήταν μια πείνα που η τροφή δεν μπορούσε να καταπραΰνει, όσο κι αν έτρωγε.
Parfois, alors qu'il regardait les Yeehats morts, la douleur s'estompait.
Κατά καιρούς, καθώς κοίταζε τους νεκρούς Γίχατς, ο πόνος υποχωρούσε.
Et puis une étrange fierté monta en lui, féroce et complète.
Και τότε μια παράξενη υπερηφάνεια ανέβηκε μέσα του, άγρια και ολοκληρωτική.
Il avait tué l'homme, le gibier le plus élevé et le plus dangereux de tous.
Είχε σκοτώσει τον άνθρωπο, το πιο ύπουλο και επικίνδυνο παιχνίδι από όλα.
Il avait tué au mépris de l'ancienne loi du gourdin et des crocs.

Είχε σκοτώσει παραβιάζοντας τον αρχαίο νόμο του μπαστουνιού και του κυνόδοντα.

Buck renifla leurs corps sans vie, curieux et pensif.

Ο Μπακ μύρισε τα άψυχα σώματά τους, περίεργος και σκεπτικός.

Ils étaient morts si facilement, bien plus facilement qu'un husky dans un combat.

Είχαν πεθάνει τόσο εύκολα — πολύ πιο εύκολα από ένα χάσκι σε μια μάχη.

Sans leurs armes, ils n'avaient aucune véritable force ni menace.

Χωρίς τα όπλα τους, δεν είχαν καμία πραγματική δύναμη ή απειλή.

Buck n'aurait plus jamais peur d'eux, à moins qu'ils ne soient armés.

Ο Μπακ δεν επρόκειτο να τους φοβηθεί ποτέ ξανά, εκτός κι αν ήταν οπλισμένοι.

Ce n'est que lorsqu'ils portaient des gourdins, des lances ou des flèches qu'il se méfiait.

Μόνο όταν κουβαλούσαν ρόπαλα, δόρατα ή βέλη θα πρόσεχε.

La nuit tomba et une pleine lune se leva au-dessus de la cime des arbres.

Η νύχτα έπεσε και ένα ολόγιομο φεγγάρι ανέβηκε ψηλά πάνω από τις κορυφές των δέντρων.

La pâle lumière de la lune baignait la terre d'une douce lueur fantomatique, comme le jour.

Το χλωμό φως του φεγγαριού έλουζε τη γη με μια απαλή, φαντασματική λάμψη σαν μέρα.

Alors que la nuit s'approfondissait, Buck pleurait toujours au bord de la piscine silencieuse.

Καθώς η νύχτα βάθυνε, ο Μπακ εξακολουθούσε να θρηνεί δίπλα στη σιωπηλή λίμνη.

Puis il prit conscience d'un autre mouvement dans la forêt.

Τότε αντιλήφθηκε μια διαφορετική αναταραχή στο δάσος.

L'agitation ne venait pas des Yeehats, mais de quelque chose de plus ancien et de plus profond.
Η αναστάτωση δεν προερχόταν από τους Γιχατς, αλλά από κάτι παλαιότερο και βαθύτερο.
Il se leva, les oreilles dressées, le nez testant la brise avec précaution.
Σηκώθηκε όρθιος, με τα αυτιά σηκωμένα και τη μύτη του να δοκιμάζει προσεκτικά το αεράκι.
De loin, un cri faible et aigu perça le silence.
Από μακριά ακούστηκε ένα αχνό, κοφτό ουρλιαχτό που διέκοψε τη σιωπή.
Puis un chœur de cris similaires suivit de près le premier.
Έπειτα, μια χορωδία παρόμοιων κραυγών ακολούθησε από κοντά την πρώτη.
Le bruit se rapprochait, devenant plus fort à chaque instant qui passait.
Ο ήχος πλησίαζε όλο και πιο κοντά, δυναμώνοντας με κάθε λεπτό που περνούσε.
Buck connaissait ce cri : il venait de cet autre monde dans sa mémoire.
Ο Μπακ ήξερε αυτή την κραυγή — προερχόταν από εκείνον τον άλλο κόσμο που θυμόταν.
Il se dirigea vers le centre de l'espace ouvert et écouta attentivement.
Περπάτησε μέχρι το κέντρο του ανοιχτού χώρου και άκουσε προσεκτικά.
L'appel retentit, multiple et plus puissant que jamais.
Το κάλεσμα αντήχησε, πολύ γνωστό και πιο ισχυρό από ποτέ.
Et maintenant, plus que jamais, Buck était prêt à répondre à son appel.
Και τώρα, περισσότερο από ποτέ, ο Μπακ ήταν έτοιμος να ανταποκριθεί στο κάλεσμά του.
John Thornton était mort et il ne lui restait plus aucun lien avec l'homme.
Ο Τζον Θόρντον ήταν νεκρός και κανένας δεσμός με τον άνθρωπο δεν είχε απομείνει μέσα του.

L'homme et toutes ses prétentions avaient disparu : il était enfin libre.
Ο άνθρωπος και όλες οι ανθρώπινες αξιώσεις είχαν εξαφανιστεί—ήταν επιτέλους ελεύθερος.
La meute de loups chassait de la viande comme les Yeehats l'avaient fait autrefois.
Η αγέλη λύκων κυνηγούσε κρέας όπως κάποτε οι Γίχατς.
Ils avaient suivi les orignaux depuis les terres boisées.
Είχαν ακολουθήσει άλκες κάτω από τις δασώδεις εκτάσεις.
Maintenant, sauvages et affamés de proies, ils traversèrent sa vallée.
Τώρα, άγριοι και πεινασμένοι για θήραμα, διέσχισαν την κοιλάδα του.
Ils arrivèrent dans la clairière éclairée par la lune, coulant comme de l'eau argentée.
Μπήκαν στο φεγγαρόλουστο ξέφωτο, ρέοντας σαν ασημένιο νερό.
Buck se tenait immobile au centre, les attendant.
Ο Μπακ έμεινε ακίνητος στο κέντρο, ακίνητος και τους περίμενε.
Sa présence calme et imposante a stupéfié la meute et l'a plongée dans un bref silence.
Η ήρεμη, μεγαλοπρεπής παρουσία του άφησε την αγέλη άναυδη και σε μια σύντομη σιωπή.
Alors le loup le plus audacieux sauta droit sur lui sans hésitation.
Τότε ο πιο τολμηρός λύκος όρμησε κατευθείαν πάνω του χωρίς δισταγμό.
Buck frappa vite et brisa le cou du loup d'un seul coup.
Ο Μπακ χτύπησε γρήγορα και έσπασε τον λαιμό του λύκου με ένα μόνο χτύπημα.
Il resta immobile à nouveau tandis que le loup mourant se tordait derrière lui.
Στάθηκε ξανά ακίνητος καθώς ο ετοιμοθάνατος λύκος στριφογύριζε πίσω του.
Trois autres loups ont attaqué rapidement, l'un après l'autre.

Τρεις ακόμη λύκοι επιτέθηκαν γρήγορα, ο ένας μετά τον άλλον.

Chacun d'eux s'est retiré en sang, la gorge ou les épaules tranchées.

Ο καθένας υποχωρούσε αιμορραγώντας, με κομμένους τους λαιμούς ή τους ώμους.

Cela a suffi à déclencher une charge sauvage de toute la meute.

Αυτό ήταν αρκετό για να πυροδοτήσει ολόκληρη την αγέλη σε μια άγρια επιδρομή.

Ils se précipitèrent ensemble, trop impatients et trop nombreux pour bien frapper.

Όρμησαν όλοι μαζί, πολύ πρόθυμοι και συνωστισμένοι για να χτυπήσουν καλά.

La vitesse et l'habileté de Buck lui ont permis de rester en tête de l'attaque.

Η ταχύτητα και η επιδεξιότητα του Μπακ του επέτρεψαν να προηγείται της επίθεσης.

Il tournait sur ses pattes arrière, claquant et frappant dans toutes les directions.

Γυρίστηκε στα πίσω του πόδια, σπάζοντας και χτυπώντας προς όλες τις κατευθύνσεις.

Pour les loups, cela donnait l'impression que sa défense ne s'était jamais ouverte ou n'avait jamais faibli.

Στους λύκους, αυτό φαινόταν σαν η άμυνά του να μην άνοιξε ποτέ ή να μην έχασε.

Il s'est retourné et a frappé si vite qu'ils ne pouvaient pas passer derrière lui.

Γύρισε και χτύπησε τόσο γρήγορα που δεν μπορούσαν να τον ακολουθήσουν.

Néanmoins, leur nombre l'obligea à céder du terrain et à reculer.

Παρ'όλα αυτά, ο αριθμός τους τον ανάγκασε να υποχωρήσει και να υποχωρήσει.

Il passa devant la piscine et descendit dans le lit rocheux du ruisseau.

Πέρασε την πισίνα και κατέβηκε στην βραχώδη κοίτη του ρυακιού.
Là, il se heurta à un talus abrupt de gravier et de terre.
Εκεί συνάντησε μια απότομη πλαγιά από χαλίκια και χώμα.
Il s'est retrouvé coincé dans un coin coupé lors des fouilles des mineurs.
Έπεσε σε μια γωνιακή τομή κατά τη διάρκεια του παλιού σκάψιματος των ανθρακωρύχων.
Désormais protégé sur trois côtés, Buck ne faisait face qu'au loup de devant.
Τώρα, προστατευμένος από τρεις πλευρές, ο Μπακ αντιμετώπιζε μόνο τον μπροστινό λύκο.
Là, il se tenait à distance, prêt pour la prochaine vague d'assaut.
Εκεί, στεκόταν σε απόσταση, έτοιμος για το επόμενο κύμα επίθεσης.
Buck a tenu bon si farouchement que les loups ont reculé.
Ο Μπακ κράτησε τη θέση του τόσο σθεναρά που οι λύκοι υποχώρησαν.
Au bout d'une demi-heure, ils étaient épuisés et visiblement vaincus.
Μετά από μισή ώρα, ήταν εξαντλημένοι και εμφανώς ηττημένοι.
Leurs langues pendaient, leurs crocs blancs brillaient au clair de lune.
Οι γλώσσες τους κρέμονταν έξω, τα λευκά τους δόντια έλαμπαν στο φως του φεγγαριού.
Certains loups se sont couchés, la tête levée, les oreilles dressées vers Buck.
Μερικοί λύκοι ξάπλωσαν, με τα κεφάλια σηκωμένα, τα αυτιά τεντωμένα προς τον Μπακ.
D'autres restaient immobiles, vigilants et observant chacun de ses mouvements.
Άλλοι στέκονταν ακίνητοι, σε εγρήγορση και παρακολουθούσαν κάθε του κίνηση.

Quelques-uns se sont dirigés vers la piscine et ont bu de l'eau froide.
Μερικοί περιπλανήθηκαν στην πισίνα και ήπιαν κρύο νερό.
Puis un loup gris, long et maigre, s'avança doucement.
Τότε ένας ψηλός, αδύνατος γκρίζος λύκος σέρθηκε μπροστά με απαλό τρόπο.
Buck le reconnut : c'était le frère sauvage de tout à l'heure.
Ο Μπακ τον αναγνώρισε — ήταν ο άγριος αδερφός από πριν.
Le loup gris gémit doucement, et Buck répondit par un gémissement.
Ο γκρίζος λύκος γκρίνιαξε απαλά, και ο Μπακ απάντησε με ένα γκρίνια.
Ils se touchèrent le nez, tranquillement et sans menace ni peur.
Άγγιξαν μύτες, αθόρυβα και χωρίς απειλή ή φόβο.
Ensuite est arrivé un loup plus âgé, maigre et marqué par de nombreuses batailles.
Στη συνέχεια ήρθε ένας μεγαλύτερος σε ηλικία λύκος, αδύνατος και σημαδεμένος από πολλές μάχες.
Buck commença à grogner, mais s'arrêta et renifla le nez du vieux loup.
Ο Μπακ άρχισε να γρυλίζει, αλλά σταμάτησε και μύρισε τη μύτη του γέρου λύκου.
Le vieux s'assit, leva le nez et hurla à la lune.
Ο γέρος κάθισε, σήκωσε τη μύτη του και ούρλιαξε στο φεγγάρι.
Le reste de la meute s'assit et se joignit au long hurlement.
Η υπόλοιπη αγέλη κάθισε και συμμετείχε στο μακρύ ουρλιαχτό.
Et maintenant, l'appel est venu à Buck, indubitable et fort.
Και τώρα το κάλεσμα ήρθε στον Μπακ, αλάνθαστο και δυνατό.
Il s'assit, leva la tête et hurla avec les autres.
Κάθισε, σήκωσε το κεφάλι του και ούρλιαξε μαζί με τους άλλους.

Lorsque les hurlements ont cessé, Buck est sorti de son abri rocheux.
Όταν σταμάτησαν τα ουρλιαχτά, ο Μπακ βγήκε από το βραχώδες καταφύγιό του.
La meute se referma autour de lui, reniflant à la fois gentiment et avec prudence.
Η αγέλη σφίχτηκε γύρω του, οσφραίνοντάς τον ευγενικά και επιφυλακτικά.
Les chefs ont alors poussé un cri et se sont précipités dans la forêt.
Τότε οι αρχηγοί έβγαλαν μια κραυγή και έτρεξαν στο δάσος.
Les autres loups suivirent, hurlant en chœur, sauvages et rapides dans la nuit.
Οι άλλοι λύκοι ακολούθησαν, ουρλιάζοντας σε χορωδία, άγριοι και γρήγοροι μέσα στη νύχτα.
Buck courait avec eux, à côté de son frère sauvage, hurlant en courant.
Ο Μπακ έτρεξε μαζί τους, δίπλα στον άγριο αδερφό του, ουρλιάζοντας καθώς έτρεχε.

Ici, l'histoire de Buck fait bien de se terminer.
Εδώ, η ιστορία του Μπακ φτάνει για τα καλά στο τέλος της.
Dans les années qui suivirent, les Yeehats remarquèrent d'étranges loups.
Στα χρόνια που ακολούθησαν, οι Yeehats παρατήρησαν παράξενους λύκους.
Certains avaient du brun sur la tête et le museau, du blanc sur la poitrine.
Κάποιοι είχαν καφέ χρώμα στο κεφάλι και τη μουσούδα τους, άσπρο στο στήθος.
Mais plus encore, ils craignaient une silhouette fantomatique parmi les loups.
Αλλά ακόμη περισσότερο, φοβόντουσαν μια φαντασματική φιγούρα ανάμεσα στους λύκους.
Ils parlaient à voix basse du Chien Fantôme, chef de la meute.

Μιλούσαν ψιθυριστά για τον Σκύλο-Φάντασμα, τον αρχηγό της αγέλης.
Ce chien fantôme était plus rusé que le plus audacieux des chasseurs Yeehat.
Αυτό το Σκυλί-Φάντασμα είχε περισσότερη πονηριά από τον πιο τολμηρό κυνηγό Γίχατ.
Le chien fantôme a volé dans les camps en plein hiver et a déchiré leurs pièges.
Το σκυλί-φάντασμα έκλεβε από καταυλισμούς μέσα στο βαθύ χειμώνα και έσκιζε τις παγίδες τους.
Le chien fantôme a tué leurs chiens et a échappé à leurs flèches sans laisser de trace.
Το σκυλί-φάντασμα σκότωσε τα σκυλιά τους και ξέφυγε από τα βέλη τους χωρίς να αφήσει ίχνη.
Même leurs guerriers les plus courageux craignaient d'affronter cet esprit sauvage.
Ακόμα και οι πιο γενναίοι πολεμιστές τους φοβόντουσαν να αντιμετωπίσουν αυτό το άγριο πνεύμα.
Non, l'histoire devient encore plus sombre à mesure que les années passent dans la nature.
Όχι, η ιστορία γίνεται ακόμη πιο σκοτεινή, καθώς τα χρόνια περνούν στην άγρια φύση.
Certains chasseurs disparaissent et ne reviennent jamais dans leurs camps éloignés.
Μερικοί κυνηγοί εξαφανίζονται και δεν επιστρέφουν ποτέ στα μακρινά τους στρατόπεδα.
D'autres sont retrouvés la gorge arrachée, tués dans la neige.
Άλλοι βρίσκονται με ανοιχτούς τους λαιμούς, σκοτωμένοι στο χιόνι.
Autour de leur corps se trouvent des traces plus grandes que celles que n'importe quel loup pourrait laisser.
Γύρω από τα σώματά τους υπάρχουν ίχνη—μεγαλύτερα από όσα θα μπορούσε να κάνει οποιοσδήποτε λύκος.
Chaque automne, les Yeehats suivent la piste de l'élan.
Κάθε φθινόπωρο, οι Yeehats ακολουθούν τα ίχνη της άλκης.

Mais ils évitent une vallée avec la peur profondément gravée dans leur cœur.
Αλλά αποφεύγουν μια κοιλάδα με τον φόβο χαραγμένο βαθιά στην καρδιά τους.
Ils disent que la vallée a été choisie par l'Esprit du Mal pour y vivre.
Λένε ότι η κοιλάδα έχει επιλεγεί από το Κακό Πνεύμα για το σπίτι του.
Et quand l'histoire est racontée, certaines femmes pleurent près du feu.
Και όταν λέγεται η ιστορία, μερικές γυναίκες κλαίνε δίπλα στη φωτιά.
Mais en été, un visiteur vient dans cette vallée tranquille et sacrée.
Αλλά το καλοκαίρι, ένας επισκέπτης έρχεται σε εκείνη την ήσυχη, ιερή κοιλάδα.
Les Yeehats ne le connaissent pas et ne peuvent pas le comprendre.
Οι Γίχατς δεν τον γνωρίζουν, ούτε μπορούν να τον καταλάβουν.
Le loup est un grand loup, revêtu de gloire, comme aucun autre de son espèce.
Ο λύκος είναι ένας σπουδαίος λύκος, ντυμένος με δόξα, σαν κανέναν άλλον του είδους του.
Lui seul traverse le bois vert et entre dans la clairière de la forêt.
Μόνος του διασχίζει ένα καταπράσινο δάσος και μπαίνει στο ξέφωτο του δάσους.
Là, la poussière dorée des sacs en peau d'élan s'infiltre dans le sol.
Εκεί, χρυσή σκόνη από σάκους από δέρμα άλκης εισχωρεί στο χώμα.
L'herbe et les vieilles feuilles ont caché le jaune du soleil.
Το γρασίδι και τα παλιά φύλλα έχουν κρύψει το κίτρινο από τον ήλιο.
Ici, le loup se tient en silence, réfléchissant et se souvenant.

Εδώ, ο λύκος στέκεται σιωπηλός, σκεπτόμενος και θυμούμενος.

Il hurle une fois, longuement et tristement, avant de se retourner pour partir.

Ουρλιάζει μια φορά —μακριά και θλιμμένη— πριν γυρίσει να φύγει.

Mais il n'est pas toujours seul au pays du froid et de la neige.

Ωστόσο, δεν είναι πάντα μόνος στη χώρα του κρύου και του χιονιού.

Quand les longues nuits d'hiver descendent sur les basses vallées.

Όταν οι μακριές χειμωνιάτικες νύχτες πέφτουν στις χαμηλότερες κοιλάδες.

Quand les loups suivent le gibier à travers le clair de lune et le gel.

Όταν οι λύκοι ακολουθούν το θήραμα μέσα στο φως του φεγγαριού και τον παγετό.

Puis il court en tête du peloton, sautant haut et sauvagement.

Έπειτα τρέχει επικεφαλής της αγέλης, πηδώντας ψηλά και ξέφρενα.

Sa silhouette domine les autres, sa gorge est animée par le chant.

Το σχήμα του υψώνεται πάνω από τους άλλους, ο λαιμός του ζει από το τραγούδι.

C'est le chant du monde plus jeune, la voix de la meute.

Είναι το τραγούδι του νεότερου κόσμου, η φωνή της αγέλης.

Il chante en courant, fort, libre et toujours sauvage.

Τραγουδάει καθώς τρέχει—δυνατός, ελεύθερος και για πάντα άγριος.

www.ingramcontent.com/pod-product-compliance
Lightning Source LLC
Chambersburg PA
CBHW010028040426
42333CB00048B/2739